穆旦传
新生的野力

邹汉明 著

译林出版社

图书在版编目（CIP）数据

穆旦传：新生的野力 / 邹汉明著. -- 南京：译林出版社, 2025. 2. -- ISBN 978-7-5753-0321-7

Ⅰ. K825.6

中国国家版本馆CIP数据核字第20244XV797号

穆旦传：新生的野力　邹汉明／著

责任编辑　　张　黎
装帧设计　　周伟伟
校　　对　　梅　娟
责任印制　　闻媛媛

出版发行　译林出版社
地　　址　南京市湖南路1号A楼
邮　　箱　yilin@yilin.com
网　　址　www.yilin.com
市场热线　025-86633278
排　　版　南京展望文化发展有限公司
印　　刷　徐州绪权印刷有限公司
开　　本　880毫米×1240毫米　1/32
印　　张　13.375
插　　页　36
版　　次　2025年2月第1版
印　　次　2025年2月第1次印刷
书　　号　ISBN 978-7-5753-0321-7
定　　价　78.00元

版权所有·侵权必究

译林版图书若有印装错误可向出版社调换。质量热线：025-83658316

● 1935年至1937年在北平清华大学期间

● 1934年7月10日,天津法国花园亭

● 穆旦(中)与少年伙伴堂兄查良铮(右)、堂弟查良锐(左)

● 南开中学时期,天津宁园

● 祖父查美荫

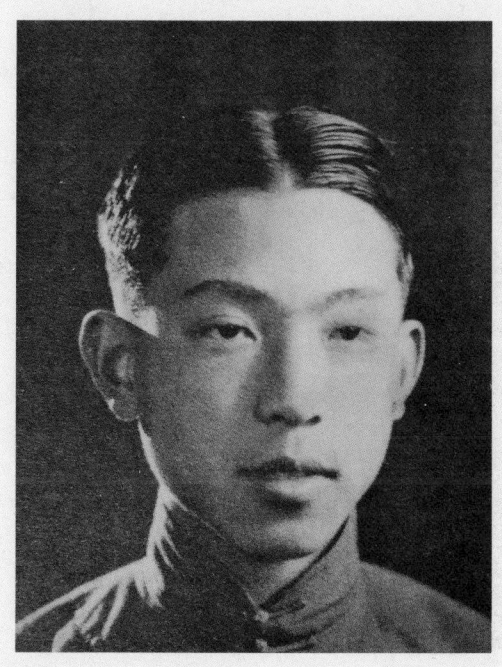

● 少年穆旦

● 父亲查枢卿（1891～1977）
母亲徐禄（1892～1974）

● 抗战胜利后返乡与母亲、妹妹查良铃团聚（1946年摄）

● 李尧林任教于南开中学时

● 南开中学国文老师孟志荪

● 南开中学国文老师赖天缦

● 空袭后的长沙

● 长沙韭菜园圣经学校，1917年美国传教士葛荫华创办，临时大学所在地

● 圣经学校南岳分校

● 湘黔滇旅行团由十一名教授和助教组成辅导团。右起：毛应斗、吴征镒、曾昭抡、袁复礼、闻一多、黄钰生、许维遹、李继侗、郭海峰、李嘉言、王钟山（缺）

● 1938年2月19日旅行团夜渡启航

● 努力加餐饭

● 旅行团炊事班在埋锅造饭

● 旅行团盘江摆渡（王兰珍供图）

● 湘黔滇旅行团第二大队第一中队第一分队。前排左起：王宗炯、洪朝生、王乃梁、蔡孝敏、王洪藻、吴大昌、高仕功；后排左起：何广慈、林宗基、赵泽丰、白祥麟、许安民、刘金旭、陆智常。穆旦所在的小分队却独缺穆旦的照片

● 湘黔滇旅行团行军途中（王兰珍供图）

● 湘黔滇旅行团接受民众慰问

● 湘黔滇旅行团到达昆明（王兰珍供图）

● 黄师岳团长最后一次点名之后,将名册交与梅贻琦先生

● 穆旦在照片背面自题:"摄于湘黔滇旅行之后,一九三八年五月一日。"

● 1938年春，西南联大文法学院部分师生去蒙自时在昆明火车站合影。后左三为穆旦，图由陆智常（前右一）提供

● 1938年8月。穆旦（右）在云南蒙自西南联大文法学院男生宿舍前

●西南联大校门

●西南联大校训

● 1939年4月,西南联大新校舍建成。图为图书馆,馆前草坪即著名的民主草坪(又称民主广场),各种集会常于此举行

● 1939年4月,西南联大新校舍竣工,图为男生宿舍区

● 西南联大工学院图书馆一座难求的景象

● 1938年12月高原文艺社社员游昆明海源寺。左起：李廷揆、周正仪、陈登亿、林蒲（坐者）、邵森棣、王鸿图、周定一、向长清、于仅、穆旦、周贞一、何燕晖。（周定一供图）

● 昆明大西门外西南联大校址

● 遭日军轰炸后的西南联大校舍

●1946年初萧珊摄于重庆

●1939年杨苡在西南联大后门外莲花池畔

● T.S.艾略特

● 奥登

● 1939年王佐良拍摄于昆明

● 威廉·燕卜荪

● 闻一多

● 吴宓

●1942年2月25日远征军第一次入缅作战

● 1942年10月摄于印度加尔各答

● 1942年初至1943年10月间。参加中国远征军入缅对日作战前后摄于昆明。

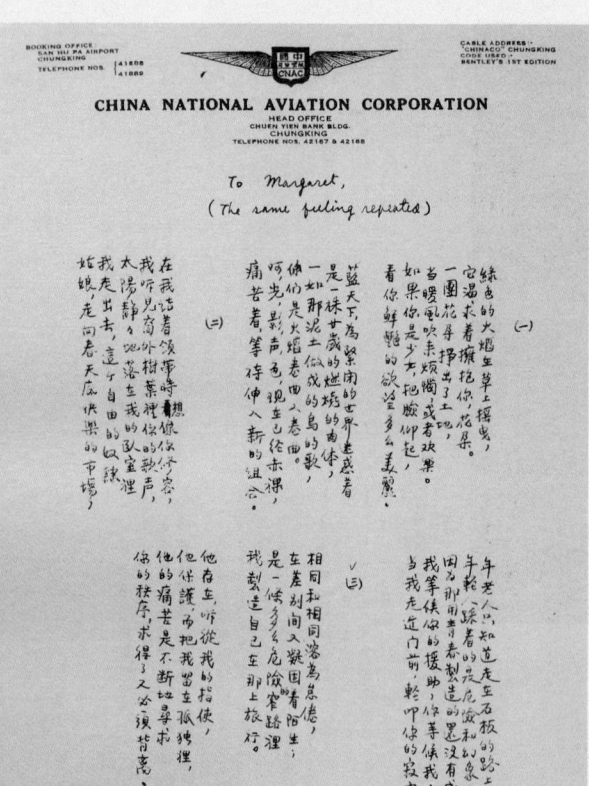

● 给玛格丽特的诗稿，写在航空公司的稿纸上

● 四十年代中留影

● 1943年至1946年间在重庆

● 1947年2月，摄于沈阳《新报》办公室。

● 1948年8月摄于南京

● 1949年3月摄于曼谷朱拉隆功大学。时任曼谷联合国粮农组织译员。

● 1949年8月由曼谷抵美国旧金山,巧遇周珏良经此返国

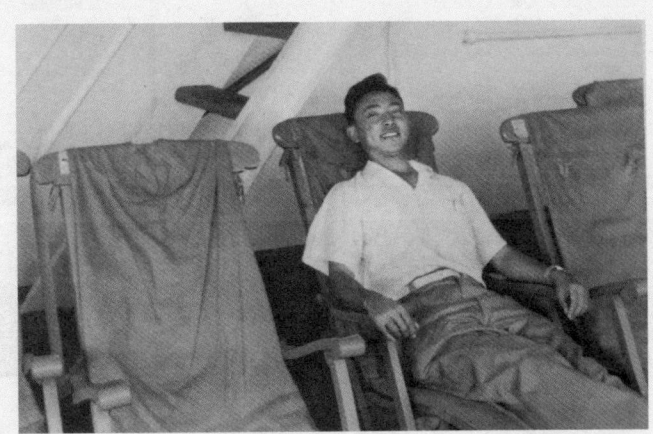

● 1949年8月在由泰国曼谷至美国旧金山的轮船上

● 新婚的穆旦夫妇

相信终点有爱在等待。
——穆旦《诗四首》

目 录

引　言　　　　　我要向世界笑　　　　　　　　　　001

第 一 章　　　　海宁查家　　　　　　　　　　　　013
第 二 章　　　　童年　　　　　　　　　　　　　　021
第 三 章　　　　南开生　　　　　　　　　　　　　031
第 四 章　　　　清华园　　　　　　　　　　　　　055
第 五 章　　　　玫瑰和铁血的故事　　　　　　　　077
第 六 章　　　　在路上　　　　　　　　　　　　　091
第 七 章　　　　灵魂记住了南岳的秋天　　　　　　109
第 八 章　　　　三千里步行　　　　　　　　　　　127
第 九 章　　　　蒙自湖畔，燕卜荪的火种　　　　　155
第 十 章　　　　防空洞里的抒情诗　　　　　　　　191
第十一章　　　　西南联大的生活及其写作　　　　　211
第十二章　　　　丰富，和丰富的痛苦——《赞美》前后　247
第十三章　　　　一个诗人的从军远征　　　　　　　267
第十四章　　　　隐现的诗歌与漂泊的生活　　　　　301
第十五章　　　　灿烂的焦灼——诗与爱的一年　　　323
第十六章　　　　北归　　　　　　　　　　　　　　361
第十七章　　　　远行　　　　　　　　　　　　　　375

　　　　　　　　后　记　　　　　　　　　　　　　407
　　　　　　　　征引书目　　　　　　　　　　　　417

引 言

我要向世界笑

穆旦,一个躲在众多诗句中的名字;一个藏在汉语或说汉字中的名字。具体一点说吧,它其实就躲藏在百家姓的这个"查"字里。这个姓氏在中国有两千六百多年的历史,在海宁已经延续了六百六十余年,在天津也有一百多年的历史。

当查良铮第一次使用穆旦这个笔名的时候,还是南开中学的一名高中生。一九三三年十二月十六日晚上,十五岁的他开始思考人生,写了一篇《梦》,告诉自己"不要平凡地度过"这一生。他把"查"字一拆为二,开始做起一个超过他年纪的半完满的梦。在梦里,他的笑如一枝带露的玫瑰,正努力地绽放出惊险、爱情和远方。

从学生时代开始,他似乎就喜欢拍照。在穆旦这个笔名出现之前,照片上的他显得青涩,有着内向的大男孩通常见到陌生人会略略脸红的那种羞涩。但是，他的少年时代很快结束，不可一世的青春汹涌而至。他眉宇间的英气大面积地舒展开来。青春，在这张俊逸的脸上，如同北方响晴的天空，哗的一下就打开了。

他一生所拍的照片一定不在少数，若在一张长桌上排列开来，我们就会发现一个有趣的现象：大约从一九三五年入读清华大学开始，一直到一九五四年十一月南开大学外文系事件发生，这二十年间他的大部分照片都有着相似的笑容：一种鲜明的灿烂的微笑，尤其是右边脸颊的笑靥，无可遏制地从心底里洋溢而出。就像绿色从植物里泼出来，英气从俊美的身体里飘逸出来，树叶从树枝上长出来一样，他笑得相当自然。而这种笑，成为他性格的一部分。

如果就此认定他是一个性格外向的男孩，那就大错特错了。事实上，他相当拘谨，不善交际。朋友圈永远固定在不多的几个人。他斯斯文文，各科成绩也不错，却不足以引起老师特别的注意，这其中包括清华或联大教授吴宓（吴宓一九四九年前的日记著者所见也只记了他九次）。与此相反，在文字里，他又显得老成。他睁着一双与其说热情不如说好奇的眼睛，一方面，老成地打量着外部世界；另一方面，又专注于省察自己的灵魂。那时南开出来的学子比较注重仪表，一套中式长衫以及后来的学生装甚至卡其布军装穿在他身上无不得体。他头发乌黑，额头发亮，又才华横溢，朋友们一律称他"查诗人"。（杨苡还开玩笑称他"查公"，这是暗笑他的早熟？）他的那双锐利而火热的眼睛，光芒集中,决不旁顾,一句话,他犀利地盯视着人性。他受英美文学的影响很深,也早早地接受了民主和自由的思想。如此,端正挺直的鼻梁底下,必然会出来一个勇于向现实发言的声音。面对危难重重的民国世界,他成长着,也经历着;感受着,也命名着。他选择一种小众的文体立言发声,直接或曲折地批判社会,以诗歌有限的隐喻观照无边的现实。他早早地就决定了,这一生要为汉语服务。在流亡、漂泊、辛苦谋生的前半生,吃足苦头的同时也增广了见闻。在创造力特别旺盛的二十世纪四十年代,文学因神圣的抗战而行使着使命,作为知识分子的一员,他张开双臂,拥抱大众,但也始终固守着知识分子的主体意识。他目标明确,坚定地向着缺损了一角的世界展示他顽强而完整的笑容。那是诗人特有的一种笑:纯粹,无邪,真挚,热情。这种笑里有着不设防的、坦率的、心直口快的性质,如同静静的山岗上那一片野花,自由,热烈,灿烂,但也有着一个不世出的天才被放逐在时间之外的寂寞。

　　诗人的笑并非固定不变,也绝不单一、浮于表面。这种笑,在他的诗歌中,比在他的生活中更早地显示出了非同一般的复杂性和不确定性。《防空洞里的抒情诗》(1939)开头写到大众脸上那种泛泛的笑,"他向我,笑着,这儿倒凉快",在躲避敌机的紧张时刻,一位普通市民无所畏惧的笑,呈现出中国人天性中的乐观,这实在是战争和死亡所恫吓不了的。我们仔细分辨一九四〇年代他写下的那些诗,吃惊于他竟然如此频密地写到了姿态各异的笑:既有"欢笑"("新生的野力涌出了祖国的欢笑",

《一九三九年火炬行列在昆明》），又有"疲乏的笑"（"疲乏的笑，它张开像一个新的国家"，《从空虚到充实》），"粗野的笑"（"我听见了传开的笑声，粗野，洪亮"，《从空虚到充实》），以及"忍耐的微笑"（"那使他自由的只有忍耐的微笑"，《幻想底乘客》）。此外，还有"冷笑"（"多少个骷髅露齿冷笑"，《鼠穴》），"暗笑"（"不断的暗笑在周身传开"，《我向自己说》），"讽笑"（"当世的讽笑"，《控诉》），"嘲笑"（"每秒钟嘲笑我，每秒过去了"，《悲观论者的画像》）……总之，诗人以他多层次的擅笑，立体地、意味深长地"笑着春天的笑容"（《控诉》）。许多年以后，我们认定他是那个时代最擅长书写各种类型的笑的诗人。这么多带着"笑"字的诗行，丰富了中国诗歌的人性，加深了人性的深度。

　　时代创造了诗人的传奇。抗战军兴，他放弃西南联大的教职，穿上军装，应征入伍，去杜聿明亲率的远征军第五军报到。他以军部少校翻译官的身份奔赴缅甸战场，参加对日作战。二十世纪的中国诗坛，在国家危急存亡之秋，他强烈的民族大义显得如此突出，令人动容。非常不幸，远征军经历了一次大惨败，他的部队被迫从事自杀性的殿后战。在万不得已的情况下，他随参谋部撤退，盲目地走入胡康河谷的原始丛林。一路上，第五军尸横满山，惨不忍睹。足足有四个多月的时间，他在茂密幽深、毒虫和病疫轮番袭击的原始森林里兜兜转转，绝望地寻找活命的出口。地狱在他面前张开了血盆大口，他差点战死、累死、饿死、摔死、毒死、发疟疾病死、被激流冲走淹死、被无数的大蚂蚁啃食而死。

最后，到了印度，差点又因吃得过饱而撑死……九死一生的经历，全来自他自身所在的这个惨烈的历史现场。所幸他翻越野人山，活了下来。从战场上归来，他觉出了活着的沉重和珍贵，从此变了一个人。生活在继续，肉体因穿越地狱而受到的创伤，终究需要诗歌的光芒来救治。这大约也是他此后一直没有放下诗歌的原因。实际上，诗人精神的创伤，需要以一辈子的时间来自我疗救。

漫山遍野的死亡被他所目睹，最痛苦的人类经验属于他，灵魂的质地从此变得硬朗而深邃。野人山地狱逃生记，也方便他一把抓住了那个时代的主要矛盾。在他最具传奇性的诗歌《森林之魅——祭胡康河谷上的白骨》里，他不动声色地写到了一种非人间的、全然异样的、有别于他以前的"笑"："没有人看见我笑"的无声之笑（"我笑而无声"）。而在另一首也许更加深刻反思战争的长诗《隐现》中，他同样写到这无声之笑："等我们欢笑时已经没有声音。"若非亲历，我们根本无法想象人世间还有这样一种比哭更加可怕的笑。《隐现》还直接写到了这"笑"的反面（"……领我到绝顶的黑暗，/坐在山岗上让我静静地哭泣"），哭和笑，构成了一个地狱归来的诗人最基本的面容。作为人类情感的两个极点，读者有必要把它们看成是可以合并的同类项，也就是说，哭可以归并到笑中，正是这种合并了哭的笑，加重了笑的分量，也内蕴着丰富的表情：痛苦的面容。用他的一行诗表述，即"丰富，和丰富的痛苦"。

作为一名二十世纪四十年代追随现代主义诗歌的强力诗人，

他良好的学院背景，决定了他会注重诗歌的形式，讲究诗歌的技艺。据此，以他为首的联大诗人必然会发展白话新诗的文本形式。与此同时，一代人又在这种流行于英美的现代派诗中注入了强有力的时代内容。至于他本人的成功，我们认为，毫无疑问是综合了这两方面的一次再发明，而其中的黏合剂，不外乎他出类拔萃的语言天才。

诗人早慧，又接受了最好的学校教育，特别是受到了艾略特、奥登等当时最前沿的西方诗的影响，所以，从根本上说，他是有学养的学院诗人。他置身于汉语诗歌创作的第一现场，年纪轻轻就定义了一种新型的现代诗。比较遗憾的是，现代文学史接纳了西北角波涛如怒的抗战现实主义新诗，却对同一时期的大西南的现代主义诗潮迟迟不予接纳，这样的文学史终究是不完整的。实际上，中国的现代主义，当年也是风云际会，颇得时势的照拂。由于"二次大战迫使中国向世界开放，成为民主阵营中的一个重要堡垒"（郑敏语），在四十年代已汇聚成一股不小的潮流。而国家的开放又"迫使中国和世界产生了文化的血液循环"（同上），联大的这批学院诗人因此得以迅速成熟。他更是创作出了无愧于时代的诗歌。

他属于"五四"以后的那一代人，也很明显受惠于"五四"以来日渐成熟的白话。在具体的创作中，这一代诗人跟他的前辈已经有所不同，最明显的一点是，他毫不在乎公众俗知的那套诗性语言。相反，他弃绝俗烂的古典语汇，弃绝一切陈词滥调，而偏爱于使用经过他大刀阔斧改造过的现代汉语。这或许就是王佐良认定"他的最好的品质却全然是非中国的"原因。当然,实际情况显然没这么简单。但不管怎么说,他是对的。他敏锐地觉出了新诗之新的本质所在。他毕生追逐这种新奇,并无所顾惜地将全部的才华倾注在这种直见性命的现代白话中。他灵光闪闪,三十岁左右就写出了充满"发现底惊异"的现代诗。他有理由进出这关乎灵魂的豪迈的大笑:

> 我要向世界笑,再一次闪着幸福的光,
> 我是永远地,被时间冲向寒凛的地方。
>
> ——《阻滞的路》

诗人是种族的触须(庞德语),其卓特处,不仅是早早地发明了这种笑,还预言了它最后悲惨的结局。

被诬为对抗组织的南开大学"外文系事件"是诗人后半生绕不过去的一个节点。外文系事件之后的一九五八年十二月,天津市人民法院宣布"查良铮为历史反革命","接受机关管制"。严酷的现实彻底摧毁了诗人纯乎出自天性的笑容。此后,他自觉地闭紧了中年的嘴巴,满怀的热情一变而为少有的严厉。最明显的例子是一九六五年秋夫妇俩与四个子女的一张合照。照片上,他一反常态,严肃地盯着眼下这"严厉的岁月"。比对同一时期的几张证件照,我们同样发现了这一严肃的表情。不过,他很快就藏起这种怒容，竭力平和下来，甘愿屈居于僻静的南开大学图书馆（整整十九年）。"文革"结束，新时期的早春到来，习惯了穿中山装、走过了另一座"野人山"的诗人，他本性中的那抹微笑，随苍老的皱纹，再一次展现在他的老友们面前。

一九七六年，即去世前一年，他集中精力写诗。从短短一年之内写出的这批晚期作品中，我们希望能够找到前期那种丰富复杂、意味深长的笑。很有意思，晚期诗歌中的这种笑，经过了残酷岁月的改造、摧折，已经成了一种"抗议的大笑"（"……在雷电的闪射下／我见它对我发出抗议的大笑"，《城市的心》）。他不同程度写到的笑，我们粗略地统计一下，有只在舞台的演出节目中的"欢笑"（"慷慨陈词，愤怒，赞美和欢笑"，《演出》），也有"含泪强为言笑"（《诗》）的笑，但更多的似乎是"嘲笑"（"从四面八方被嘲笑的荒唐"，《好梦》）……总而言之，那是从"历史的谬误中生长"（《好梦》）出来的笑，一种可笑的"好笑"（"我穿着一件破衣衫出门，／这么丑，我看着都觉得好笑"，《听说我老了》）。他原先的微笑，现在终于变成需要寻找的一种表情（"去寻觅你温煦的阳光，会心的微笑"，《友谊》）。正像他在《老年的梦呓》中所说："多少亲切的音容笑貌，／已迁入无边的黑暗与寒冷。"没错，无论如何，他的笑容在消失。所有这一切，暗示即使在他的"一本未写出的传记"（《自己》）里，也早早地成为一种私底下的笑谈（"可怕的是看它终于成笑谈"，《智慧之歌》）。

夫人周与良回忆过一个有意思的细节，二十世纪九十年代初，日本诗人、汉学家秋吉久纪夫为出版穆旦诗集的日文版访问她，日方需挑选作者的一张照片用于诗集。秋吉久纪夫一眼挑中了微笑的那一张并告诉周与良："虽然穆旦后半生在寂寞中度过，苦难二十年，承受着来自各方的压力，但他对未来充满希望，笑对人生。"久纪夫懂穆旦，但持续二十年的苦难底下，诗人隐藏或始终绽放着的到底是一种什么样的"笑"？什么样的笑像一根不屈的豆芽，从岩石的底部抽出茎来，慢慢地往上长，往上长，最后竟然高出了压在它身上的那块岩石。迄今为止，我们试图阐释这个现象，但直到今天，发觉探究其中的真相，仍显得困难重重。

与他诗歌创作的天分媲美，他翻译的禀赋同样与生俱来。他的文学生涯，可以明确地区分为创作和翻译两个时期。一九四八年前他主要搞创作，一九五三年归国后主要是翻译。如同帕斯捷尔纳克在诗歌不能发表的年代以翻译莎士比亚谋食一样，他以本名"查良铮"翻译普希金为生。后半生因时代的压制，不得不放弃原创，放弃凭借三本薄薄的诗集建立起来的诗人名声，甚至毫不可惜地放弃"穆旦"这个笔名，在一个他暗地里命名为"严厉的岁月"的时期，他勤勉地去做了一名语言的"他者"——以其辛勤的工作，来补汉语新诗的不足。终诗人一生，他的不屈和无畏处，乃是在连译作也不能出版的日子里，开始了最辉煌的、长达一千余页的《唐璜》的翻译。可直到去世，译者也未见到译著出版。去世前几天，似乎预感到了什么，他反常地关照小女儿："你最小，希望你好好保存这些译稿。也许要等你老了才可能出版。"这是何等的绝望！可一回头，他又安慰自己："……处理文字本身即是一种乐趣。"轻轻的一句话，就又把自己拉回到了这"处理文字"的日常工作中。这种苦笑中的"乐趣"，一直伴随到他生命的终了。

诗人生于一九一八年四月五日（农历二月二十四日），一九七七年二月二十六日死于心肌梗死，只活了五十九岁。去世的时候，头上"历史反革命"的棘冠尚未摘下。去世两年后，天津市中级人民法院下达刑事判决书，认定"查良铮的历史身份不应以反革命论处，故撤销原判，宣告无罪"。诗人地下有知，不知会有一番怎样的感慨。又若干年后，这位冷峻而热切的诗人，在"二十世纪中国诗歌大师"的排行榜上，竟被列在显赫的榜首。这会儿他严峻的脸上，又会舒展出怎样的笑容？！

穆旦去世于新的篇章刚刚揭开的时代，那个时候，汉语诗歌根本意识不到它已经失去了一个多么出色的诗人。他短短的一生告诉我们，任何时代，活着的艰难，和一颗有深度的伤痕累累的灵魂，都是文字难以尽述的。他献身语言的这一生，应该像纪念碑记住英雄的名字一样，值得我们民族的语言牢牢地去记住他。如同军人用剑服务于自己的祖国，诗人用语言服务了这个多难的国家。

新生的野力

……骄傲于自己的血。
——《控诉》

新生的野力涌出了祖国的欢笑……
——《一九三九年火炬行列在昆明》

第一章

海宁查家

穆旦出生在天津,在天津离世,他一生并没有到过浙江海宁,但是,一九五三年之后,在需要填写的众多履历表上,关于籍贯,穆旦不忘故籍,总是认认真真填上"浙江海宁"四个字。海宁现在隶属嘉兴市,位于杭州与上海之间。海宁,有穆旦这个北迁的查氏家族的根脉。

海宁查家,明清两代是嘉兴有名的望族。

查姓的历史,可以追溯到周代。周惠王(公元前676—前652年在位)时,有鲁公伯禽的一支姬延,因军功被周惠王封为子爵,肇封于柤邑,柤即查字。从此,这一族就以地为姓了。始祖姬延,号东安,世称查延。从那时算起,查姓绵延两千六百九十多年。难以想象,瓜瓞绵绵的家族在刀光剑影、不断改朝换代的轮替中,究竟是怎么传承下来的。好在查氏有修谱的传统,千载以降,尽管支脉繁复，优秀人物成百上千，但谱系分明，一查便知。

海宁查氏，只是华夏查姓的一个支脉，其源出于婺源。始迁祖查均宝（1325—1385），又名瑜，号仁斋，元提领子玉公的儿子，元校书郎、龙山查氏始祖伯圭公的孙子。至正十七年（1357），查均宝自婺源迁往槜李（今嘉兴）南门，复迁至海宁袁花里，定居于龙山之东。此地，后世因查氏名头震响，人称查家桥。仁斋公懂医理，想必是悬壶济世一类的人物。他生有三个儿子：查忠（早殇）、查恕、查慧。自婺源迁出后，这一支居于海宁龙山，因此，谱称龙山查氏，迄今六百六十余年。查均宝以降迄于查良铮，谱序如次：查均宝（一世）、查慧（二世）、查浩（三世）、查实（四世）、查恒（五世）、查祚（六世）、查琼（七世）、查懋言（八世）、查尚贤（九世）、查孟麟（十世）、查敬宗（十一世）、查嗣馨（十二世）、查焜（十三世）、查昌轼（十四世）、查景（十五世）、查世芳（十六世）、查有新（十七世）、查人渶（十八世）、查光泰（十九世）、查美荫（二十世）、查厚堉（二十一世）、查良铮（二十二世）。龙山查氏自第七世开始，以字辈排行，依次为：秉、志、允、大、继、嗣、克、昌、奕、世、有、人、济、美、忠、良。道光戊子（1828）后又续"传、家、孝、友、华、国、文、章、宗、英、绍、起、祖、德、载、光"十六字。海宁查氏一脉，世系辈分，清清楚楚，毫不紊乱。[1]

---

1 家族谱系略见查济民主修，陈伯良、吴德健主编的《海宁查氏》（五卷本），中国书画出版社，2006年。

龙山查氏，"以儒为业""耕读为务"八字传家。其显贵，实际起于有明一代。换言之，这个家族的科第，始自五世孙东谷公（查焕）和六世孙毖斋公（查约）。查焕（1464—1510），字文显，号东谷，十七岁考中明成化庚子科（1480）举人，弘治庚戌（1490）进士。龙山科第自此始。此人由部曹官至山东布政司参议。至于查约（1472—1530），字原博，号毖斋，明弘治乙卯（1495）举人，壬戌（1502）进士。查约曾任南京刑部主事员外郎，官一直做到山东巡抚、都察院右副都御使。查焕、查约之后，查氏家族似乎尝到了做官的甜头，不断通过科考，进入国家的中枢。但是，涉足官场，妄议朝政，或者跟错班、站错队，有时也要付出抄家甚至杀头的代价。

入清以后，到康熙一朝，查氏家族达到极盛的时期。康熙称查氏为"唐宋以来巨族，江南有数人家"。关于这个家族，海宁有一句乡谚道尽它的不凡："查祝许董周，陈杨在后头。"祝、许、董、周、陈、杨六家姓，在海宁也是赫赫有名的大族。不过居于首席地位的，非查姓莫属。

查氏人才辈出，有清一代，就有查继佐、查慎行、查嗣瑮、查昇、查容、查祥、查揆、查人渶等。其中，查慎行、查嗣瑮兄弟，均以诗文著闻。穆旦这一支，据谱系，与查慎行同出于四始祖查实。查慎行（1650—1727）原名嗣琏，后更名慎行，自号初白，学者称初白先生，为清代著名诗人。其人平生作诗不下万首，经他亲自删定的就有四千六百多首，有《敬业堂诗集》《敬业堂文集》传世。查慎行是著名史学家黄宗羲的及门弟子,与清初浙西词派的创始人朱彝尊为中表兄弟,因得朱彝尊的鼓吹而声名早著。清初浙派诗人,不约而同地宗奉宋诗。查慎行力学宋调,注苏轼诗凡三十年,甚有心得,实为清初取法宋诗最有成就的诗人。雍正四年(1726),因三弟查嗣庭讪谤案,以家长失教获罪,被逮入京,亏得初白先生人老实,做事勤恳,言行又谨慎,加上老眼昏花,年纪实在也很大了,精明的雍正皇帝这才网开一面,放他回了故里。但查慎行回到老家海宁不过一个多月,就抱恨离开了人世。

文字狱的结果,会彻底改变一个家族或者一个地方,甚至一个时代的诉求。雍正朝著名的吕留良案发生后,吕氏所在的浙江崇德县几乎已无认真读书求取功名的士人。这个地方的读书人大多数去从事相对保身的绘画或篆刻等末艺。清初的查嗣庭一案,海宁查家差一点灭族。看来,皇帝的确是不好陪伴的。做官付出的代价实在也太大了。这个曾经重臣迭出的家族,此时已经有一支落户在平津一带。但经此一劫,家族中有识之士不得不另辟生存之道,那就是经商。当然,最理想的商机仍在北方。所以,十九世纪初,海宁查家十七世"有"字辈、纯粹书香门第出身的查有圻(1775—1827,号小山,祖上是查氏一族鼎鼎有名的书法家查昇),利用芦纲公所纲总的身份,以经营盐业起家。其家族居于天津,大富时有"遮(查)半天"之称。海宁查氏曾一析为三:南支、北支和小支。以仕宦和盐贾两途在天津立足的这一支,仍称南支。穆旦这一支,大抵在海宁查氏第十九世查光泰(1829—

1894）时迁居天津。查光泰，"有"字辈查有新孙，查人渊四子，因人渊二哥查人溁二子早殇而出继。查光泰原名如济，字如江，太学生。他是穆旦的曾祖父。不过，穆旦的祖上好像没有经商的才能，仍走着读书仕宦的老路。查光泰循老例，终其一生，都在京畿一带做官，曾先后摄宁河、房山、宝坻等县事。尽管官职不大，所至却颇多惠政，最后竟因劳瘁卒于任上，留下很好的官声。查光泰不像他的父亲查人溁死后归葬故里海宁，他葬在了当时的顺天府三河县城北高庙五谷庄（今北京郊区平谷县）。

穆旦的祖父查美荫（1860—1915），字仲嘉，号觉圆。查光泰次子，太学生。查美荫留有一帧中年发福的照片，瓜皮帽，八字胡，一副绅士的行头。照片上的他，天庭饱满，大眼睛，双眼皮，方面大耳，气度雍容。这副好相貌也遗传给了穆旦，穆旦中年时有一阵子发福，人一胖，照片上看起来，就酷似他的祖父了。（诗人唐湜一九四九年元旦第一次见到穆旦，特别地注意到了穆旦的"方面大耳与潇然气度"。）查美荫承父志，也一直在天津、河间、张家口、万全等地做那么一个小小的芝麻官。查美荫的经济状况应该不错，穆旦曾在自书的履历上写到"（祖父）死后留下一所房子由各房儿子合住，还有一笔不大的财产"。[1]他也有经济的头脑，依照开埠后天津有钱人的做派，将数额不小的存款放在银号里生钱。一九一五年，在他五十六岁的时候，银号突然倒闭，一生的

---

[1] 穆旦档案之《历史思想自传》（1955），南开大学档案馆馆藏人事档案查良铮卷。

积蓄全都打了水漂,查美荫急火攻心,哀叹数声,病死家中,家道也随之中落。查美荫与蒋氏生有六子(履忠、厚培、厚本、厚埥、厚堃、厚增)二女(厚琇、厚瑄),穆旦的父亲查厚埥为第四子。按家谱,这一代是查姓第二十一世"忠"字辈,但查美荫八个子女中,唯有长子取名"履忠",其他五子二女,均以"厚"字命名,不过,"忠"与"厚",仍是贴得最紧密的两个汉字。

查厚埥(1891—1977),字燮和。海宁查家第二十一世。出生于北京东城区分司厅十号。天津法商学校毕业,有比较长的时间在天津地方法院做一名安分守己的小职员。查燮和与李玉书育有子女三人,即良铮(女)、良铮和良铃(女)。

穆旦的父亲查燮和是一个很有意思的人。他自号"自在逍遥一懒人",颇有一点以旧式文人自居的味道。这可能是他一生不得志而采取的一种自我放废的态度,也是对自己的一次小小的反讽。事实上,民国立元以后,二十来岁的他就彻底断了父祖辈所走的老路。七品芝麻官是再也当不成了,他只好凭法商学校学得的专业知识和写得一手很好的毛笔字,去天津地方法院做了一名书记官,干一点抄写誊录的轻便活。这份"收入微薄,以此养活自己一房人"[1]的活计,他一干就是二十多年。大抵查燮和的工作不繁重,也或者是临时活,无需点卯坐班,所以,在后辈的印象中,他三十多岁以后似乎就失业在家了,加之记忆力差,不擅交

---

[1] 穆旦档案之《历史思想自传》(1955),南开大学档案馆馆藏人事档案查良铮卷。

往，也就不常外出，专在家里以读书、写毛笔字、作旧诗、看报纸打发日子。晚年的查燮和，文弱而清瘦，闲而无所事事，专门在家以管教外孙女写字为乐事。从他晚年的一张照片可见其神态：中山装，光头，上髭与下巴的胡须依稀可见，紧闭的嘴巴，既有对于日常生活的无奈，也仍可以觉出一份世家子弟的清高。

穆旦的母亲李玉书（1892—1974）祖籍浙江余姚，比穆旦的父亲小一岁。据陈伯良《穆旦传》，李氏的父亲本是治理永定河的小官，永定河年年泛滥，他父亲疲于奔命，五十多岁上终因劳累过度离世。一家之主的身故，使得李家随即陷于贫困的境地。李玉书没有读书，从此早早地开始了挣钱糊口讨生活。这样的经历，加上丈夫的文弱，也使她养成了精明强干的性格。李玉书要强，二十一岁嫁到查家之后，坚持要求丈夫每日教她认字。她的努力，使她后来能读《三国演义》《红楼梦》《水浒传》《镜花缘》《笔生花》等旧小说。据此也可知李玉书本性聪明。而她的记性又特别好。原来，穆旦的好记性是遗传了他的母亲。此外，从李玉书去世前留下的一张半身照来看，老人单薄瘦小，却眉清目秀；头发全白了，梳于脑后，纹丝不乱。那是一九七三年，照片摄于北京东直门南小街小菊胡同二十二号院内。李玉书时年八十二岁，子孙满堂，她有理由微笑。她笑起来，还特别甜——不仅嘴巴在笑，眼角眉梢都在笑。细看穆旦母亲的照片，我们发觉，儿子长大以后，即使在最艰苦的环境里，他每一次照相，那一份无邪的微笑，原来秉承自贫寒而要强的母亲。

第二章

童 年

民国七年（1918）农历二月二十四日，穆旦出生在天津北马路恒德里老宅。这一年是马年。按现在的公历计算，这一天是四月五日，正好是清明节。恒德里在西北角天津旧城内。这几座老宅院，是查家聚族而居的祖屋。管理这个大家族的正是查良锐的父亲、查美荫的长子查履忠。[1]三间南向的房屋是客厅，墙角摆放着暗沉沉的书橱，里面锁着查氏祖辈保存下的不少线装书。查家从南方海宁迁居北方天津，本以文化传家的家族徽记渐渐被开埠后渐起的商业氛围所取代，但，这一排书橱仍是这个家族封固保存试图传代的文化包裹，各房的小孩都被告知不可随意翻动。这

---

[1] 陈伯良：《穆旦传》，世界知识出版社，2006年，第13页。书中谓查良锐的父亲是"穆旦的二伯父，当时在这个家庭里是一家之长"。查《海宁查氏》，良锐为穆旦大伯父查履忠第三子。

些蒙尘的书籍，仍被家族供奉着，似乎也在等待一个年轻而富有朝气的灵魂来打开它们。

查家是一个传承有序的大家族，到穆旦这一代，正是查氏南支二十二世"良"字辈。为此，父亲查厚垿（字燮和）给他取名"良铮"。穆旦是他后来开始写诗时将"查"字拆分为"木旦"而取的笔名，木穆谐音而成穆旦。谁都不会知道，查家第四房查燮和家的这个男孩，十多年以后，将以穆旦为笔名成为一名不世出的诗人，并以本名查良铮或以谐音"梁真"为笔名发表翻译作品，成为二十世纪五十、六十、七十年代中国屈指可数的诗歌翻译大家。

穆旦出生的时候，恒德里老宅的主人、祖父查美荫去世已经三年，祖母蒋氏虚龄也不过六十岁［生于咸丰己未年（1859）］。各房合住这一所大房子，有独立的空间，独自过活。穆旦后来回忆"大家庭中有祖母、叔伯数人、姑姑、堂兄弟等多人合住，经济各自独立"。[1] 所谓叔伯，即大伯履忠、二伯厚培、三伯厚本，以及两位叔叔厚堃和厚增；姑姑即厚琇和厚瑄。对这个大家庭，他的回忆并不愉快。因为他的父亲缺乏治生的能力，这从世俗的角度看起来，就是这房男人没有本事，因此，"在大家庭中我们这一房经济最微寒，被人看不起"。[2] 看不起的原因，"经济最微寒"只是一个方面，恐怕另有一些其他的原因。查《海宁查氏世系名录》，始知查燮和原

---

[1] 穆旦档案之《历史思想自传》（1955），南开大学档案馆馆藏人事档案查良铮卷。
[2] 同上。

配庄氏。庄氏的情况家谱失记，揆之情理，不外乎早早订婚，迎娶前病逝，也或者婚后得病故去这几种可能。反正庄氏没有生育。据族谱，穆旦的母亲李玉书是继配，或许这也不是一个原因，但李玉书嫁来查家时并不识字，而查家各房的媳妇却都是大户人家出身，从小都受过良好的书塾教育，娘家条件好的，还专门聘请有名的先生上门教读。这在文化上首先有一种身份的不对等。这一房由此受到经济和文化的双重歧视，这是可能的。其实，李氏也是官宦人家出身。可惜，父亲去世得早，也没有留下多少家产，连相帮的亲戚都没有。俗话说，父死，长兄如父，她这个长兄偏又不争气，李家遂遭受穷困的厄运。以此推测，李玉书嫁入查家，也不会有丰厚的嫁妆，姑嫂妯娌间难免会有些闲言碎语。那时的大家族，是讲究这些的，而且还特别重男轻女，偏偏查燮和李玉书到结婚第三年（1914）的十月初三（农历），才生下他们的第一个孩子查良铮，且是个女娃。这些似乎都可以让这一房在其他房面前抬不起头来。此外，穆旦记得小时候"父母经常吵架，生活不宁"。[1]原来，在小小的穆旦看来，父母并不和合。父亲粗暴，母亲则"经常受压迫，啜泣度日"。[2]但从查燮和的"粗暴"中，我们反过来也可以看到这位清高的世家子弟承受的生活压力。

家庭的这种状况，显然影响到穆旦性格的养成。胞妹查良

---

1 穆旦档案之《历史思想自传》（1955），南开大学档案馆馆藏人事档案查良铮卷。
2 同上。

铃回忆哥哥小时候讲到孙悟空的情形:"他说,他也会变,飞出去,……为爸爸争口气,让母亲享福。"[1]稚气的话语,希望自己获得某种超自然的能力,查良铃记得的这些话,不是空穴来风。这其中已经蕴含着少年穆旦反叛的因子。

查家毕竟是大家族,每次逢年过节,各房聚在一起,一族人热热闹闹共祭自己的祖先那都是免不了的。每当供桌摆正,蜡烛点燃,筛酒完毕,长辈磕头之后,依次就轮到各房的小辈们跪下来磕头拜揖,可是轮到穆旦的时候,他昂着小小的头颅,就是不肯跪下磕头。这也是来自查良铃的记忆。穆旦的这种倔强,可能也有着对于伯伯叔叔以及伯母婶婶们代表的这个大家族的小小不满,并以此为父母的"受气"来出一口气。

无独有偶,比穆旦小九岁的妹妹查良铃的回忆中说到"父亲因没有本事,这一房人就受气"[2]。看来,在恒德里查氏这么一个大家庭中,穆旦家这一房确实不受待见。但正因为这样,小脚的李玉书才特别要强。她果断地要求丈夫教她识字。后来她还真的能读旧小说和一些浅易的文言文了。查良铃以"精明强干"一语回忆自己的母亲,同时记下了母亲的话:"人活着就要争口气,走自己选择的道路。不能一辈子受气,受压迫。"[3]争气的要求就是要子

---

[1] 查良铃:《怀念良铮哥哥》,《一个民族已经起来——怀念诗人、翻译家穆旦》,江苏人民出版社,1987年,第145页。
[2] 同上。
[3] 同上。

女好好念书。这是一位经了世事的母亲的一个非常朴素的愿望。而读书求上进，在任何时代都是中国人根深蒂固的一条出路。

尽管位于老城西北角的恒德里看起来仍是一个紧闭的封建意识很浓的庭院，事实上，天津这个地方，开埠甚早，一八六〇年，《北京条约》签订后，那里就被辟为通商口岸了。经过一个甲子的经营，西方列强在天津划分了各自的势力范围。英租界在海河南岸，"德国、法国和日本租界也在海河南岸，海河北岸则是奥地利、比利时、俄国和意大利的租界。美国人也曾经有他们的租界，但在与英国达成了谅解——美国可以在它愿意的时候在那里驻扎军队——之后，美国人将其转让给了英国"[1]。这是与穆旦同一年出生在天津的英国人布莱恩·鲍尔的回忆。二十世纪二十年代的天津，夏天令人压抑，冬天冰冷刺骨，"飞扬的尘土，平板的光秃秃的地形，以及污浊的小河。海大道上像人河一样涌动的一群群的苦力……"[2]鲍尔看到的这一幕，穆旦也一定看到了，但是，鲍尔还给我们描绘了另一个天津，这是同处一城的穆旦所看不到的完全不一样的天津，这里不仅有维多利亚花园、英国菜市、紫竹林教堂、起士林咖啡馆、赫德主持的海关总税务司、俄国花园、法国学校圣路易学堂以及日本花园，还有咪哆士道、海大道、罗曼诺夫路、放映《人猿泰山》的平安影院等等，当然，还有学校。与

---

[1] ［英］布莱恩·鲍尔著、刘国强译：《租界生活——一个英国人在天津的童年》，天津人民出版社，2007年，第22页。
[2] 同上。

中国传统的书塾教育不同，洋人满道，早早西化的天津城里，也早早地出现了不少西式学校。六岁的鲍尔入读戈登道上英国工部局创办的"教室里所有的一切都干净整齐"的小学校，同一个学期，同龄的穆旦入读"教室内多因陋就简，桌椅等不甚合适，光线亦不见好，学校校园，图书馆既（居）然无有，标本，挂图也是很少，器械操具尚有几种"[1]的一所小学校。

这是民国十二年（1923）的九月初，虚龄六岁的穆旦早早地来到面积不大的城隍庙小学上学。同学中有翟松年，后来的俄国文学翻译家。城隍庙小学就在北马路上，离恒德里查家老宅不远。那是一所简陋的小学，学生倒很不少。分初、高两级授课，初级用新式白话教育，高级则沿用文言。穆旦将在城隍庙小学完成六年制的小学阶段，直到民国十八年（1929）七月小学毕业升入南开中学。

一九二四年三月十六日，小学二年级的穆旦以本名查良铮在天津《妇女日报》儿童花园专栏刊载了一篇连标点在内也只有一百二十个字的小学生作文《不是这样的讲》：

> 呜呜呜——呜呜呜——汽车来了。母亲挽着珍妹的手，急忙站在一边。见汽车很快的过去了。珍妹忽然向母亲说道："这车怎这样的臭呢？不要是车里的人吃饭过多，放的屁吧！"母亲摇摇手。掩着嘴笑道："不是这样的讲。这汽车的臭味，

---

[1] 转引自易彬：《穆旦年谱》，中国社会科学出版社，2010年，第10页。

正是他主人家内最喜爱的气味呢！"

这是穆旦最初印成铅字的文字，署名"城隍庙小学第二年级生查良铮（男）"。作为一篇小学生作文，是否经过国文老师或者编辑的润色，现在我们无从知道。但有一点，这个片段，作者的着眼点确有超出同龄人的地方。比如，它不用通常小学生爱用的第一人称写法，一上来就模拟汽车的声音，以旁观者的视觉来写珍妹和她母亲的对话。对话也有趣，表示七龄儿童难能可贵地已有自己的体会和思考。更难得的是，这是一个社会题材，行文还带着一点小小的反讽。而这里的反讽又似乎是与生俱来的本领。此外，珍妹和母亲是不是实有其人，如果是虚构的，可以表明穆旦在运用语言能力方面，天性中有去除主观而谋求客观的愿望。当然，一篇七岁儿童的幼稚作文，也不宜过度阐述。

就在穆旦快要小学毕业离开城隍庙小学升入南开中学的时候，他童年的玩伴，小他两岁的查良锐入读同一所学校。查良锐是穆旦大伯父查履忠（励刚）的第三个儿子。如果说少年穆旦对自己所在的那个大家庭有那么一点格格不入的话，那也只是对于上一辈的某些作派吧，平辈之间跟良锐却特别亲密无间，常常在一起玩。而且，他还很热心地帮助这位堂弟。良锐后来写有一篇纪念短文，回忆那个时候的穆旦：

小哥比我年长两岁。我上城隍庙小学（现市立第十小学校）高小时，他即将毕业。每逢寒暑假，他天天不是给我讲《三国演义》《封神演义》《水浒传》《东周列国》《聊斋》《济公传》等书中一些感人肺腑的故事，就是领我读唐诗、宋词或《古文观止》中的文章。每次读一首诗词或一篇文章，非读至会背并理解其大意不可。当时我读得很费劲，他不厌其烦地一遍又一遍地讲，讲得通俗易懂。记得有一次，他给我吟诵杜牧写的《清明》七言诗，却又这样念出："清明时节雨，纷纷路上行人，欲断魂；借问酒家何处，有牧童遥指杏花村。"读毕，他笑着说："真又是绝妙的一首好词，多美啊！"[1]

一句略显夸张的"多美啊"可见穆旦的神采以及他的非常规的思维和创造力。看来高小六年，穆旦的阅读除了传统的中国古典诗词古文之外，课外也读了不少的野书。这跟传统的书塾教育不一样，城隍庙小学没有戒尺，没有对句，更没有对"四书五经"的死记硬背，却有放任自由的通俗文学阅读。在一个孩子的心里，这就是最初的文学启蒙。

迄今为止，除了穆旦的胞妹查良铃，查良锐是唯一撰文回忆童年穆旦的查氏子弟。当然，恒德里查家大院的"良"字辈，出息者甚多，有教授、医师、校长、工程师、教师等，但都不从文，

---

[1] 查良锐：《忆铮兄》，《丰富和丰富的痛苦：穆旦逝世20周年纪念文集》，北京师范大学出版社，1997年，第217页。

他们对穆旦的新诗也不能说有多少理解。而查良锐因从小与穆旦关系密切，还爱上了文学和美术。此外，值得一提的是，穆旦还有一位年龄相仿的玩伴，那就是远房堂兄查良铎。良铎是查厚堉（字第孙）次子。与穆旦一样，良铎的母亲孙氏也是继室，两人应该有更多的话要说，也很容易走近。良铎家里还有同父异母的长兄和姐姐。他长大后从军，从黄埔军校毕业后，参加了抗日战争并活了下来。他与穆旦从军的经历不无重合之处。穆旦、查良锐、查良铎在抗战胜利后有过一次会面，其间还合了一张三人照留存至今，照片中，穆旦居中，右手搭在堂弟良锐的肩膀，左手扶住堂兄良铎的肩膀，三兄弟都是一表人才，年龄都还不到三十岁，正处在年轻有为的最好年华。穆旦左右了画面，他目光坚定，年轻英俊，眉宇之间，无声地出来一种击水三千里的自信。

第三章

南开生

民国十八年（1929）九月，穆旦升入南开中学。

新学年开始了。老东楼中间的过道左侧，照例立着一面一人多高的大镜子，镜子上面，覆挂着一块长方形木板，木板上，自右至左，校父严范孙写着八行四十字箴言，前四行，三字经："面必净，发必理，衣必整，纽必结，头容正，肩容平，胸容宽，背容直。"后四行，两字箴言："气象：勿傲，勿暴，勿怠。颜色：宜和，宜静，宜庄。"第一次步入这样焕然一新的学校，与城隍庙小学自是大不一样，穆旦的精神为之一振。南开著名的"四十字镜箴"，每个新生都要求背诵，直到现在，它仍高挂在南开学子的寝室里。

南开新生穆旦走在九月初老生返校的人流中，随学兄学姐们鱼贯而入校门，抬头，看见了一座大楼已经破土动工。这大楼，还是刚刚毕业（一九二九届）的校友阎子亨同学设计的，不久前由校友及在校学生两千多人捐建，以纪念四月份去世的校父严范孙先生。诸校友深念先生创办南开之苦心，遂以先生之字以名斯楼。范孙楼翌年竣工，随后投入使用。范孙楼前，穆旦不止一次看到，那里张贴的标语和传单，也曾一次次激起他青春的热血。

南开学校是张伯苓一手经办的一所很有名的私立中学。一九〇四年十月，张伯苓在平津教育界卓有声望的严范孙的资助下，利用严家的一个偏院，整修成两间教室和一间大罩棚，成立了"私立敬业中学堂"，从此开始了他作为一名现代职业教育家的生涯。一年后更名为"私立第一中学堂"。一九〇七年秋，张伯苓置换到天津城南电车公司后面的十余亩荒地，起造东楼和北楼两栋崭新的教育楼。一九一一年，因接受公款而短暂地更名为公立南开中学堂。这是"南开"一名最初的启用。所谓南开，指天津城西南的开洼地带。说白了，这里是一块荒芜的废地，旁边还有一条臭水沟。这一年，武昌首义，民国肇立，按民国新学制规定，改名南开学校。为了少受一点政府的干涉，张伯苓考虑再三，决定采用私立的形式。仅仅几年以后，南开学校翻倍扩大，相继建成北斋、南斋、西斋以及浴池等设施。南开引入美式教育，重视英文教育。学制采行"三三制"，即前三年初级，后三年高级。查初、高两级学点安排，以国文与英文的学点最多。初级第一年国文八个学点，英文七个学点，第二、第三年国文六个学点，英文上升为八个学点。到了高中，以普通部甲组（为升入文科之预备）

为例，三年国文都是四个学点，而英文则六个学点。出于时事的需要，南开初级第一年开设童子军训练课。高中第二、第三年则直接设有军事训练课。

穆旦入学的一九二九年，南开学校经过二十五年的经营，已颇具规模。

穆旦到南开学校读书，得穿过西半个老城。尽管现在看来，北马路老城厢到南开也不算远，但那时的路没现在的那么好走，对一个虚龄十二岁的少年来说，背着书包步行显然是一段不短的路程。好在天津一九〇六年就已经有比利时经营的有轨电车在北马路上行驶了。自从天津的城墙拆除后，老地方修筑了东、西、南、北四条大马路，这会儿，电车公司的白牌电车开始在北马路踩铃（那时候的铃铛设置在电车司机的脚下，便于警示行人避让）行驶了。白牌电车从西马路出发，经南马路、东马路、北马路，最后回到西马路，完成一个循环，看惯西洋镜的天津市民就有"白牌电车围城转"的口头禅。电车是那个年代的新生事物，当然，车票也不贵，乘三站只需两分钱，四站三分钱。穆旦家附近北马路有一个乘车点，南开附近也有一个，穆旦上学，电车当然是首选。不过，下车后，到上课的地方，他仍需步行一小段路。上学放学，每天与他结伴同行的人，其中就有他的堂弟查良锐。良锐说：

> 我上南开初中时，他正上高中，每天我俩一同乘电车赴

西南角，下车还要步行一段很长的路，才到学校。中午一起到食堂就餐，我们总在一张桌上。边吃饭，边问我学习过程中有什么困难和疑难的问题。有时提出，当面立即解决，有时未能解决，就在当天放学回家的路途上给予解决。[1]

南开的初级部和高级部（相当于现在的初中和高中）同在一个校园，共用一个食堂。查良锐小穆旦两岁，如按他与穆旦一样年龄入学推算，他回忆中的"初中时"，起码是在初二或初三，穆旦则刚上高一或高二。良锐的回忆告诉我们，他们这些住在北马路的南开生并不住校。他们是走读生。

穆旦在南开学校的六年，所在班组并不固定，有一个人却和他两次同班并成为挚友。赵清华，笔名赵照，绍兴人，比穆旦大两岁。入学第二个学年（1930—1931）他们同在三班。他坐在穆旦的前排，他清楚地记得一个细节：

> 那一年教我们国文的是一位梳着平头的张老师，年纪也只有二十来岁吧。他很喜爱良铮的诗作。每当上作文评选课时，他时时朗诵出来，读得抑扬顿挫，铿锵和谐，节奏感很强，诗意盎然。每当这时，良铮不禁涨红了脸，讷讷地说：

---

[1] 查良锐：《忆铮兄》，《丰富和丰富的痛苦：穆旦逝世20周年纪念文集》，北京师范大学出版社，1997年，第217页。

"这……这……"所以留给我的印象颇深,事隔半个多世纪,至今仍然历历在目。[1]

赵清华追忆了穆旦在课堂朗诵自己诗歌的情况,这种追忆,大约是基于穆旦后来因诗歌创作成名的基础上的,然而,张老师的作文课,一定以叙事文为主。一九三〇年六月七日,天津《大公报·儿童》(第七号)刊出了一篇题为《笑话》的记叙文,署名查良铮:

笑　话
查良铮(十三岁)

一

王儿是一个狡猾的学生。一日,他的先生对他说:"这次该轮到你演说了。"王儿听了先生的话,便上了演说台。但是他一句话也没有说,涨得满脸通红,敢(赶)紧下台。先生问他道:"你为什么一句话也没说呢!"王儿答道:"我因为在上台之前,没有饮水,所以哑得口都说不出话来了。"

二

王儿是□□□(三字漶漫不清)。一天,他的母亲叫他做

---

[1] 赵清华:《忆良铮》,《丰富和丰富的痛苦:穆旦逝世20周年纪念文集》,北京师范大学出版社,1997年,第192、193页。

饭。但是，王儿现在玩的正高兴，所以他一声也没听见。王儿的母亲遂急喊道："快滚进来吃饭吧。"王儿听了这话随说道："妈妈我穿着新衣服哩，怎能滚进去呢？"

三

自然先生问学生道："你们知道地球怎么会绕着太阳转动呢？"一个学生答道："先生！我知道，因为地球有脚，所以会绕着太阳转。"

作文的关键是对于日常生活要有新鲜发现的能力，《笑话》截取三个片段，围绕"笑话"这一主题做文章，可以看出虚龄十三岁的穆旦的机智。作文的灵感，基本上可以断定，来自这个初一学生对于身边琐事的观察。至于此文偶然的发表，如同穆旦小学时期的作文一样，应该也是任课老师鼓励所投寄，再说，《大公报》的《儿童》专栏，本来就是为本地的小作者（学生）所开设的。穆旦早年习作存世极少，这篇《笑话》"也是目前能找到穆旦初中阶段的唯一作品"。[1]

穆旦初中三年的诗歌习作未见保存。从赵清华的回忆文章也可以证实，十三岁的穆旦已经在悄悄地练习写诗。当然，他选择

---

[1] 汤志辉：《新发现穆旦早年佚文〈笑话〉》，原载《文汇读书周报》2018年4月16日。

诗歌这种文体,是有原因的。南开是一所新式的学校,有广阔的办学视野,努力趋于维新,这从它的"允公允能,日新月异"的校训即可看出,反映在国文教育方面,就是学校那时已经将尚在尝试阶段的白话诗编入了试讲的国文课本当中。比如,穆旦就是读了国文课本上选用的《繁星》《春水》两集中的诗歌才开始模仿诗歌创作的。《繁星》《春水》都是小诗,不复杂,也很容易让少年人发生兴趣。穆旦不仅喜爱冰心女士的这些诗,还将课本上的选诗都背诵了下来。然后,出于一个少年敏感的天性,他开始了仿作:

啊,小溪,
你缓缓地流过我的身旁,
那么平静,
那么清澈,
那么纯真,
……

如果老同学赵清华的记忆无误,这并不出色的五行,乃是穆旦新诗的发轫之作。如同德语诗人里尔克一样,一个汉语的天才也开始了他平庸的起步。穆旦一直被认为是一个早慧的诗人,但是,任何一名天才诗人也都会有一个学徒期。穆旦也不例外。

例外的是,穆旦一直在吸取新文学的营养。如果说在城隍庙读小学时他的课外阅读还在那些旧小说,那么,到南开后,他的兴趣发生了转移，尤其是后三年，他常到图书馆借阅《文学季刊》《小说月报》《东方杂志》等期刊，前两种是文学杂志，后一种是以"历史的忠实记录者"著称的大型综合性杂志，以刊载时事政治为主，但也刊有小说。现在看来，穆旦发表在《南开中学生》（一九三四年春季第二期）上的资料性长文《亚洲弱小民族及其独立运动》的背景材料，很可能来自《东方杂志》的阅读。

穆旦非常自觉地阅读杂志，开拓着他的课外世界。他的功课一直很好，课堂所花的时间不需要那么多，陈伯良《穆旦传》曾记录穆旦母亲晚年夸赞儿子的话："（他）能写会画，从小就聪明，门门功课都好，考大学也没费过力。"[1]

现在他的时间大多花费在新文学的阅读上，如果说《东方杂志》上经常刊登文章的梁启超、蔡元培、严复、陈独秀等人偏于老气，那么，"五四"一代名家如鲁迅、茅盾、郭沫若、巴金等，就来得虎虎有生气得多了。查良锐记得他这位小哥"很早就读了"《呐喊》《彷徨》《子夜》《女神》《家》等小说和诗歌。良锐所说的"很早"，其实是穆旦读高中的阶段了。可以说，以上这些著名作品一经发表或者刚出版单行本，穆旦就找来读了。他不仅自己读，还推荐给堂弟和同学读，这也可知他对于新文学的热衷。进入高三后，他的心智进一步打开，加上社会课教员介绍他读社会学一类的理论书，这也使得他较早地开始关注和理解社会问题。穆旦

---

[1] 陈伯良：《穆旦传》，世界知识出版社，2006年，第12页。

非常善于利用时间，他的很多课外书，实际上是充分利用了中饭后休息的一个多小时读完的。

南开初级三年中的第一、第二学年，有一门"图画手工"课，第一学年三个学点，第二学年多了一点达到四个学点。这门课的设置，是艺术训练与职业训练的结合。穆旦对于画图的喜爱，来自初入南开的这两年。妹妹查良铃的怀念文章中写到"他（穆旦）还善于画画，三笔两笔就能画出一个人物。画大马更突出，因为他属马"。或许受查良铃回忆的影响，十年后，查良锐的回忆文章中也写到了穆旦画画的细节：

> ……迈入他的居室时，却又鸦雀无声，哪知他是在描绘着连环图画（俗称"小人书"），画得是那么入神。一个个故事的内容完全是自编、自绘、自写。完成之后，一页页用密密麻麻的线，缝订成册。封皮上还题上一个名字，很有意思。我只记得有：一本是关于还我河山的《血魂》；一本是伟大中华民族、黄河的《摇篮》；一本是生我养我的故土，无名、平凡的《子巷》。均以纤细的工笔画，一笔一笔勾勒而成，个个人物栩栩如生，故事内容丰盈充实而生动，可歌可泣。画的古装人物肖像又是那么逼真，惟妙惟肖，加上着色浓妆淡抹，恰到好处。[1]

---

[1] 查良锐：《忆铮兄》，《丰富和丰富的痛苦：穆旦逝世20周年纪念文集》，北京师范大学出版社，1997年，第218页。

良锐回忆穆旦画《血魂》《摇篮》等小人书，并没有点明时间，从情理上分析，应该是在"九一八"事变之后不久，日本占领东三省，激发了穆旦的爱国情怀。一九三一年九月，穆旦升入南开学校初级第三学年，开学不久，"九一八"事变发生。这是中国现代史上的大事。南开的校园也有所波及，引发学生运动。穆旦的同班同学、与他关系密切的董庶毕业前夕曾写《级史》一文，总结南开六年学习生涯："一千九百三十一年九月十八日，空前的事件发生了。中国的民族迈上几乎绝亡的道途上；南开的命运，也如钻进蜗牛壳里似的，愈走愈狭小，愈黑暗，眼看着这系了千钧之发战战兢兢地几次要中断了！现在想来，不禁心悸。"[1] 面对糜烂的时局，董庶的心悸，很有代表性，这当然也是穆旦的心悸。"九一八"引发的学校风潮，穆旦因"自己年级较低，未参加"，但在随后的一系列事变中，他们，"一群坦白、纯一、热诚的青年学生们立于十字街头彷徨了。开会，贴标语，请愿，这却是学生们的最无效而可厌的伎俩"[2]。这里，董庶是用反讽的话来说的，事实是，小小年纪的他们，跟着南开的学兄学姐们也"开会，贴标语，请愿"了。而新筑的范孙楼前，热血学子们要求停止内战、一致对外的标语张贴得实在很不少。

"九一八"事变之后，在市民中反应最激烈的就是拒买日货。

---

1 转引自易彬：《穆旦评传》，南京大学出版社，2012年，第25、26页。
2 同上。

这当然跟知识分子群体的启蒙有关。课堂上，南开的老师们也在宣讲，号召大家要以实际的行动抵制日货。穆旦的妹妹查良铃回忆："抵制日货时，他（穆旦）就不允许母亲买海带、海蜇皮（当时都是日本进口的），要是买来，他不但一口不吃，后来还把它倒掉。"[1] 穆旦不仅在家里秉持这样的态度，他还"到处告人别买日货"。少年穆旦，早先受到大家庭的压制，此时又激于民族大义，一时之间，在恒德里老宅的叔伯辈中竟然有了"赤色分子"的称号，令老辈侧目，却令平辈心中平添了一份敬意。

南开中学成立之日，正是中日甲午一战败衅之后。张伯苓是一个民族主义者，其设学主旨就是教育救国，培养学生的"现代能力"，服务社会。"九一八"事变后，日军不断在华北制造事端。而南开中学离日军驻扎的海光寺非常近，日军听得到学生的读书声。日军训练的打靶声在课堂上也时有耳闻。有一次，学生在校门口打出了一幅"收复失地"的巨大标语，很快被日军发现，竟然派一队士兵前来将标语取下。就在这样危险的情势下，南开学生却无所忌惮，每到"九一八"和"一·二八"等纪念日，都要组织学生召开纪念大会。穆旦的好友、同班同学赵清华对此有过记述：

1　查良铃：《怀念良铮哥哥》，《一个民族已经起来——怀念诗人、翻译家穆旦》，江苏人民出版社，1987年，第146页。

学校迭次在瑞庭礼堂召开大会，一次又一次地纪念"九一八"、"一·二八"，纪念"热河事变"，接着又出现了《塘沽协定》《何梅协定》，说明华北已处在风雨飘摇中了。每逢集会，师生同登讲台，或慷慨陈词，或长歌当哭，无不义愤填膺。每当这时，我们望着垂悬在礼堂舞台两侧的一副"莫自馁，莫因循，多难可以兴邦；要沉着，要强毅，立志必复失土"的长联，思索着祖国和个人的命运，往往泣不能抑。[1]

现在我们知道，少年穆旦正是在这样的情景里养成了敏感、多思、沉郁的性格的。

但是，南开学校当年的社团活动——田径队、篮球队、新剧团等——不管办得多么有声有色，却始终不见穆旦的身影。同班同学申泮文晚年曾对前去采访他的穆旦研究者易彬说："查良铮不活动，他是个文弱书生。"[2]

文弱书生开始专注于他的文学世界。他有丰富的内心世界。在田径队、篮球队看不到他，但在《南开高中学生》这样的校刊上，同学们却频繁地看到了他的诗与文章。

穆旦是一九三二年九月升入高中部的，英文和国文仍是两门

---

1 赵清华：《忆良铮》，《丰富和丰富的痛苦：穆旦逝世20周年纪念文集》，北京师范大学出版社，1997年，第194页。
2 易彬：《穆旦年谱》，中国社会科学出版社，2010年，第24页。

最主要的课程。赵清华《忆良铮》一文，对他们高中班的国文课以及重要的任课老师有所回忆：

> 南开中学高中班的"国文"课有选科四种：国文一，诸子百家（叶石甫主讲）；国文二，古代文学（孟志荪主讲）；国文三，现代文学（赖天缦主讲）；国文四，应用文（关键南主讲）。良铮和我都选了国文二和国文三。[1]

穆旦选修现代文学一课对他后来从事现代诗创作可谓意义重大。须知，现代文学的发展，至此不过十来年的时间，学界根本还没有形成共识，也没有教材，一切全凭老师赖天缦的即兴发挥。这种情况，老师就显得特别重要。而赖天缦正好毕业于新文化运动的中心北京大学，他是与吴组缃、余冠英齐名的三位著名高材生之一。赖天缦本人承惠于胡适之、周氏兄弟等人的新文学创作实绩。而且，二十世纪三十年代初，他教穆旦他们班现代文学的时候，不过二十来岁，一双大大的火热的眼睛，尤显得年轻而活力四射。从《南开高中学生》印制的赖先生的一帧照片可以看出，赖天缦着白衬衫，西装领带，略略中分的短发，英气逼人，极具诗人的气质。这样有才气的先生，很容易接纳日新月异的白话文。

---

[1] 赵清华：《忆良铮》，《丰富和丰富的痛苦：穆旦逝世20周年纪念文集》，北京师范大学出版社，1997年，第193页。

那个时候穆旦开读鲁迅的《呐喊》与《彷徨》，不能说没有赖天缦的指引。

另一个对穆旦有影响的老师是英语老师李尧林。李先生是巴金的嫡亲二哥，但巴金一直遵循大家族的排行，习惯称他为三哥。李尧林黑瘦的脸孔，小平头，戴着一副圆形的深度近视眼镜，西装笔挺，非常讲究仪表。一到冬天，脖子上常围着一条针织围巾。他有一句口头禅："蛮好！"不知道面对英文出众的查良铮，他有没有当面对自己的学生说"蛮好"。李先生早年考入东吴大学，后转入燕京大学，一九三一年毕业，这一年秋天，他考入南开中学，借债买了两件西装，系上一条斜纹的领带，风度翩翩，做起了英语教师。李先生操一口流利的英语，写得一手非常美观的印刷体的板书，授课前喜欢用英文讲个小笑话，然后提问。"讲课时，他爱两手按在桌上，微微向前倾身"（赵清华的回忆），讲着讲着，他不知不觉就离开了讲台，走到了学生们中间。李先生上课还不屑于点名，因此很容易跟学生打成一片。他跟穆旦他们讲《悲惨世界》《茶花女》《少奶奶的扇子》等世界名著，还经常组织学生在课堂上表演英文剧。他在课堂上讲解辜鸿铭译成英文的杜甫诗《赠卫八处士》，穆旦晚年与南开校友董言声等通信时曾回忆那个课堂场景，很长一段时间里，它还成为一个"通讯的主题"：

人生不相见，In life, friends are seldom brought near,

动如参与商。	Like stars, each one shines in its sphere.
今夕复何夕,	To-night, oh what a happy night,
共此灯烛光。	We sit beneath the same candle light.
少壮能几时,	Our youth and strength last but a day,
鬓发各已苍。	You and I, Oh Our hairs are grey.
访旧半为鬼,	Friends half are in a better land.
惊呼热中肠。	With tears we grasp each others hand.
焉知二十载,	Twenty more years short after,
重上君子堂。	Again I attend your hall.
昔别君未婚,	When we met, you had not a wife,
儿女忽成行。	But now you have children, such is life.
怡然敬父执,	Beaming they greet their father's chum,
问我来何方。	They ask me from where I have come.
问答乃未已,	Before our say we each have said,
驱儿罗酒浆。	The table is already laid.
夜雨剪春韭,	Fresh salad from the garden near,
新炊间黄粱。	Rice mixed millet frugal cheer.
主称会面难,	When shall we meet, it's hard to know,
一举累十觞。	And so let the wine freely flow.
十觞亦不醉,	The wine I know will do no harm,
感子故意长。	My old friend's welcome is so warm.
明日隔山岳,	Tomorrow I'll go to be whirled,

世事两茫茫。Again in to the wide wide world.[1]

很多年以后，穆旦和他的同学们还都能背诵老杜的这首关于他和卫八处士之间的友谊之歌。可见李尧林上英文课留给他们的记忆之深。当然，除了李尧林，教穆旦英文的还有童仰之等其他老师。南开六年，穆旦的英文能力达到何种程度，对于我们来说仍是一个谜。但毫无疑问，高中三年，穆旦"自由运用语体文"[2]的能力有了明显的进度。一九三三年三月，天津《益世报》的"小朋友"栏目，穆旦的小说《管家的丈夫》和《傻女婿的故事》连续两次得以刊发，特别是《傻女婿的故事》，尽管很可能取材于民间关于憨大女婿的传说，但篇幅已经超过了两千字，对于尚在读高一下学期的一名中学生来说，实属难能可贵。

除了以上两篇叙事文，一九三三年三月十一日，穆旦另作《事业与努力》一文，强调事业的成功需要"知识和经验"两项，体裁颇类似于今日高中生的论说文。这当然算不得真正意义上的文学创作。此文让我们印象深刻的是穆旦的旁征博引，他对于国内外政界人物的广泛征引尤令人刮目相看。这一定跟他平时大量

1　英文转引自申泮文：《深切怀念名师李尧林先生》一文，原文载李致、李斧编选：《巴金的两个哥哥》，中国华侨出版社，2009年，第143页。
2　一九三二年，中华民国教育部颁布《高级中学国文课程标准》，第二条指明高中教学目标为"继续使学生能自由运用语体文，并养成用文言文叙事、说理、表情、达意之技能"。见易彬：《穆旦年谱》，中国社会科学出版社，2010年，第17页。

的阅读有关。这年年底，穆旦在古代文学老师孟志荪的指导下，于病中完成《诗经六十篇之文学评鉴》。鉴于他的好友、同班同学董庶在《南开高中学生》（一九三四年秋第三期）上发表有同样标题的文章，若不是两人较劲写同题——就像现代文学史上另一对好友俞平伯和朱自清一道写《桨声灯影里的秦淮河》——我们可以肯定，此文是孟先生布置的古代文学课外阅读作业。按照穆旦平时"不愿读古书"的性格，这篇长篇的"评鉴报告"也可能是被动写成的。此文的"后记"透露了穆旦在写下它时那种勉为其难的抱怨口气："六十篇的诗经总算读完了……居然，评鉴的报告也写完了，再回看一遍，才知满纸上只是写着字而已。现在连抒一口长气也觉得是闷在心口里。""写时实在费力气，竟而病了……"读完已是勉强，写完更是出乎自己的意料。当然，对于这篇研究性的习作，穆旦自己也并不满意。此后，终其一生，我们再也没有看到穆旦类似的"研究"。

董庶的《诗经六十篇之文学评鉴》文末有"此文承孟志荪先生指正，特此致谢"的话，穆旦没有具名指正之类的客套话，但在行文间，穆旦有"诚如孟先生所云，'诗经之伟大，全在它的真纯和朴素'"一语，也含蓄地表示了对孟志荪先生的敬意和谢意。如果说穆旦对于《诗经》六十篇的评鉴有老师孟志荪的启发，那么，他的诸如《杕杜》的"抒情是多么平淡寡味"，《公刘》的"叙事是多么拙笨和板滞"，以及《黍离》"像是一位神经病患者的口吻"等主观性极强的判断，这些"批评《诗经》坏点的话"则无疑是他的发明。此外，我们也必须看到，十六岁的穆旦在评鉴上古诗歌的时候也有了他对于新诗的主见，比如，"文学的要素还不只是情感而已，思想也是很重要的一部分"，这在少年的眼里是极可贵的发见。还有，他对于《诗经》缺乏长篇的论断而衍生出的一句话——"一个人跳高跳到六尺的时候，让他再跳六尺一寸就很难过去。同样的，诗能写到短篇成熟的时候，再写成精彩的长篇就尤其难了"——倒似乎是一名已有创作经验的老手说的话。

一九三三年十二月十六日晚上，穆旦写下短文《梦》，发表于次年一月五日出版的第一卷第四五期合刊的《南开高中学生》，署名"穆旦"。这是查良铮首次以"穆旦"这个笔名发表作品。穆旦结合自己从"梦飞机，飞翔于凌空"而"忽然醒来"写起，开始思考他这个年纪即将展开的人生问题。"由生而死，你若只为捞钱吃饭，娶妻生子，做为一个人家口中的好人，一生平安过去，那只不过算你做了一个平凡的梦，你自身又觉到有什么趣味呢？"少年穆旦，已经读了不少有关人生的文学书，他的文学想象力正在一日胜似一日地打开，他注定要超拔安于平凡的庸众，"最好也要尝些劳苦的滋味"，"叫它受些惊险"，或者，变化一下常规的生活。他似乎觉得自己不应该那么无趣地度过一生。他渴望冒险，渴望去经历更丰富的艺术的人生。这是一篇带有课堂习作的说理性的文章，有那么一点学生腔，本身也没有什么特别之处。但是，读此文，我们也可以觉出，做有意思的梦，是穆旦最初的艺术愿景。他那时还不知道,为了这个诗歌的"梦",这一生,他将付出他完全没有预想到的"丰富和丰富的痛苦"。

穆旦十六岁生日后十天,便开始写作《流浪人》一诗。写讫后具了"四月十五日晚"的日期。作品写讫具上日期,这完全出于一个诗人的写作习惯,也或者,他对自己的作品具有一种编年史的意识。看来穆旦是一开始就养成了一个好的写作习惯。这可能也跟他心思(性格)的细密有关。他不是大大咧咧甚至疯疯癫癫的一类诗人。他心地澄明,也很有理性。此后他所创作的诗文,绝大部分具有明确的创作时间,这大大方便了后世对他作品的研究。此诗因刊载而得以留存,是迄今为止穆旦存世最早的一首诗。但是,它并没有标明具体的年份。我们之所以断定为一九三四年,是根据它刊发在一九三四年五月四日出版的《南开高中学生》(该年春天第二期)而推断出来。托实地讲,此作运用"五四"初期流行的"底"字来书写那个后来通行的"的"(穆旦晚年仍喜欢以"底"取代"的"),通篇尚不脱"五四"以降幼稚的措辞。作为现代诗歌的文本形式,它当然尚未确立。唯一值得我们留意的是它的取材。穆旦一开始即关注底层,一点儿都没有他那个年纪不免要流露的浅薄的情感主题。就这首描述底层人物的诗歌判断,确认诗人一生创作方向的,乃是入世的情怀。所以,我们也可以事后诸葛亮地说,诗人穆旦,从此开始,将创造一种见证一个时代的诗歌。

稍后,《神秘》《两个世界》《夏夜》《一个老木匠》《前夕》

《冬夜》[1]等诗作陆陆续续地创作出来。这些作品构成了我们今天所知悉的穆旦一九三四年创作的"全部"诗歌。

这是穆旦最初的一批诗歌作品。从诗的题材取向看，穆旦爱写流浪人、丝厂女工和老木匠，换言之，他倾向于关注社会主题远胜于关注个人的情感世界。作者非常清楚"文学是必须带有感情的"（《诗经六十篇之文学评鉴》）。他一上来就关注人物。《神秘》一诗的开头就有这么两行："朋友，宇宙间本没有什么神秘/要记住最神秘的还是你自己。"这是"五四"以来所强调的对个人的最充分的肯定，也可以说是对周作人"人的文学"的一个回声。

但，考察诗歌，题材并不能够特别地反映出什么，也不能做出一种诗歌才能的判断。在这里，我们以为值得注意的是诗人磨砺诗歌技艺的那种努力。从《流浪人》到《神秘》和《两个世界》，技艺的进展不是一点点，简直是突飞猛进。从这个角度考察，这两首应该在《夏夜》之后，比色调与《流浪人》类似的《夏夜》成熟得多。穆旦在《南开高中学生》发表作品的时候，就是按照《夏夜》《神秘》《两个世界》的顺序排列的。

在穆旦最初的诗歌中，我们也找到了他此后习以为常的语调和诸多穆旦式的句子，比如"春、夏、秋、冬……一年地，两年地/老人的一生过去了"（《一个老木匠》），又如"一点的放肆只不

---

[1] 此六诗的顺序，著者按照李方《穆旦诗文集》认定并编辑的创作时间顺序。

过/完成了你一点的责任"(《前夕》)。在《冬夜》一诗中，出现了许多穆旦爱用的语词：严悚、寂寞、疲倦、瑟缩等等。穆旦生造的"严悚"一词，我们在他毕业前夕所写的《谈"读书"》一文中已经留下阅读记忆："一种严悚的面孔来见着我们的。"而这一行，几乎是现代诗了。

看得出，穆旦以其卓越的诗歌天赋，极快地进入了现代诗的创作。通常情况下，成熟的诗文本的建立，须得有三五年的时间。但从穆旦的这个作品序列来看，他的学徒期非常短。这也是他被看成"早熟"的一个重要原因。

与南开高中时期的穆旦关系最密切的同学是董庶。穆旦曾说："董庶对我的影响最大，引起我对文学的爱好，他借给我书和文学杂志看，并鼓励我写作。"[1]董庶很早开始写作，举凡诗、小说、散文、戏剧四大文体都有涉猎。穆旦的这位好朋友还出任《南开高中学生》一九三四年第一期的干事长、编辑股总编辑。也可能是出于董庶的动员，穆旦开始为校刊写作。我们今天已经知道，除了诗歌，穆旦还创作小说。有研究者在一九三三年二月二十六日、三月十二日的《益世报》上找到了穆旦的两篇小说：《管家的丈夫》和《傻女婿的故事》。这证明穆旦一九五五年被逼写下的《历史思想自传》"在中学高二、三年级开始写诗及小说，全是个人情感的发泄，也有些对社会的不平之鸣"的"交代"是可信的。不

---

[1] 穆旦档案之《历史思想自传》(1955)，南开大学档案馆馆藏人事档案查良铮卷。

过,细加考量,穆旦所谓的"对社会的不平之鸣"有之,"个人情感的发泄"却未必。后者是他被逼无奈的"交代"——诗人尽量拣程度轻一点、再轻一点的事情来交代。

《南开高中学生》这个学生刊物催生了一名诗人。在毕业前的一年半时间里,穆旦在这本刊物上一共发表了四篇文章和八首诗歌。这成为我们现在得以窥见穆旦早期创作的一个窗口。

一九三五年七月,穆旦高中毕业。学校举行了隆重的毕业庆典,连续两个晚上,同学们演剧庆祝。一个晚上演南开的老节目——他们的老师张彭春指导爱徒曹禺排练的新剧《新村正》;另一个晚上,是演李尧林指导排练的英文剧《Honesty is the Best Policy》(《诚实是上策》)。穆旦坐在下面,他看到同年级不同班的周珏良在剧中竟然扮演了一位老爷爷,居然也形神酷似。而就是这个周珏良,在担任《南开高中学生》干事长兼总编辑的最后一个学年(1934—1935),临到刊物发排,巧妇难为无米之炊时,常来催他的稿子。晚年的周珏良回忆这一时期的穆旦时曾说:

> 穆旦的诗才从十几岁时就显露出来,而且非常敏捷。这里有一件回忆起来很有趣的事。当时南开高中学生有一个刊物,叫《南开高中学生》,一九三四年我和穆旦都在高中二年级时我当选为主编。每一两个月出一期。当时他是写稿人的两大台柱之一,主要是写诗,也写些散文,另一位同学则是

写小说的。每到集稿时，篇幅不够，我总是找他救急，而他也总是热心帮忙，如期拿出稿子来。[1]

有意思的是，在穆旦眼里那时有那么一点公子哥儿气息的同学周珏良，后来做了他的二舅佬。他是周与良的二哥，来自赫赫有名的天津周家。[2]

六年的南开生涯终于结束了。沧海桑田的六十年以后，穆旦的同班好友赵清华回忆，他们那一届初入学校时，初级一年级有九个组之多，人数在四百五十人之上，毕业时却只剩下一百二十五位同学了。[3] 王正尧、申泮文两位同学晚年的回忆都证实了这一届毕业人数稀少这一点。申泮文至今还保存着他们这一届的毕业纪念册。这本由校长张伯苓亲题的名为《南开中学校一九三五班毕业纪念册》中有一张题写有"硕果仅存 旧初一二组"的合影。所谓"硕果仅存"，是自我解嘲的幽默的说法，也就是，原先他们班（组）三十人，三年后毕业，就剩下他们十二人了。这十二位同学中穆旦居于中间一排左起第二位。也就在这一张合

---

[1] 周珏良：《穆旦的诗和译诗》，《一个民族已经起来——怀念诗人、翻译家穆旦》，江苏人民出版社，1987年，第19页。
[2] 周家也是一个北迁的家族，来自安徽建德。建德县民国时一度称为东至，东至或说建德周氏，也是近代史上留下特殊影响的望族。关于这个家族，可参阅周景良《谈建德周家》一文。
[3] 据董庶《级史》，人数为一百四十一人，同级不同班的王正尧回忆初中入学九个组，共四百七十余人，高中毕业时有五个组，共一百四十一人。他们有留存的毕业纪念册可参考，应更为可信。

照上,我们看到了少年穆旦的形象——双眼皮,笔挺的鼻梁,因为头发理得较短,一双耳朵就更加突出;两道长眉,鼻梁的上部有一个收缩;因为清瘦,下巴略微显尖;中分的头发,纹丝不乱,显然穆旦拍摄前特地去理发店理了一下。穿着上,是中式扣襻上衣,领口扣得紧紧的。这完全符合学校关于学生服装春、夏、秋三季着布大褂的规定。看得出,他是一个好学生。穆旦嘴巴微启,微微地露齿,似乎有点羞涩。总之,作为南开生的穆旦,是一个很清爽的少年,略显未经世事的少年人的拘谨。但是,正是在他微启的嘴巴上,我们完全可以觉出,未来,这种羞涩的微笑正在缓慢地扩大为不设防的诗人的招牌笑。少年的拘谨将很快被随之而来跨入大学的青春的自信所取代。

第四章

清华园

……

早起的少年危立在假山石上,
红荷招展在他脚底,
旭日灿烂在他头上,
早起的少年对着新生的太阳
如同对着他的严师,
背诵庄周屈子底鸿文,
背诵沙翁弥氏底巨制。

万籁无声,宇宙在敛息倾听,
驯雀飞于平地来倾听,
金鱼浮上池面来倾听——

少年对着新生的太阳，

背诵着他的生命底课本。

……

——《园内》（闻一多，1923）

这是诗人闻一多的清华园。写下这首长诗的一九二三年，闻先生正在美国。因此，这个少年迎着朝阳背诵中外诗歌的形象，既来自他的经验，也出自他的想象。十二年以后，西风拂面的清华园里，果然来了这样一位热爱诗歌的翩翩少年——穆旦那年十八岁。

南方的学子来到京城，有两个印象他们是一生不会遗忘的，一是北平的服务业从业人员一律笑脸迎人，不厌其烦，热情周到；二是语言风俗不同，常会引起一些小小的误会，比如，北平把鸡蛋称作鸡子，南方的油条，到这里，外形上变成了油炸的面圈圈……诸如此类。不过，穆旦生于开埠很早的天津，而且平津风习相沿，他踏入北平的那一天，自然不会如他南来的同学那样大惊小怪。

清华大学校园在京城西北郊，那里原是一片幽静的皇家园林，在清初曾是康熙帝的行园之一，后来也一直为皇族所据有。一九〇八年，因美国退还半数庚子赔款，故决定在清华园建"清华国立学堂"，作为"游美预备学校"。次年大筑校舍。一九一一年春，首批校舍成，随即开学，取名"清华学堂"。辛亥革命后更名"清华学校"。初时,清华学校只占旧有清华园的部分,随后,原园林旧址近春园和长春园一隅并入学校,到穆旦入学的二十世纪三十年代,清华学校的规模早已成倍扩大,非昔日可比。这里有一个数字或许可以略作参考:一九一一年,学校面积不过四百五十亩,可到一九三七年,清华园园墙内面积已达两千亩之谱。

清华学校是一所美式学校。新筑的场馆如大礼堂、图书馆、体育馆、生物馆、化学馆、气象台乃至早年的西校门一律西洋建筑。设置的学制、课程、教材、教学法、体育、兵操乃至课外活动,也无不效仿美国的大学。上课除了少数的几门国学课,其他均以英语讲授。可以说,早期的清华学校就是一个讲英语而少讲甚至不讲汉语的地方。按照哲学家罗素一九二〇年的观感,没错,它就是"一个由美国移植到中国来的大学校"。

公布清华大学一九三五年新生录取名单的第一八六号通告八月二十一日由校长办公室发布,三百一十八名新生中,查良铮、周珏良、王佐良等人列在密密麻麻的名单中。周珏良是穆旦南开学校同级不同班的同学,常来约他为校刊写稿,两人早就熟悉。王佐良系新识,来自浙江上虞,此后成为最能理解他新诗的知交。穆旦最要好的南开同学及文学的领路人董庶则考取了北京大学。

在升学的问题上,穆旦一直很顺利,不需父母操心。他的母亲也一直为之骄傲。这一次,在入读大学的考试中,据闻他同时报考三所大学,结果,三所大学同时录取了他。比较之后,他选择入读清华大学外文系。[1] 外文系的全称是"外国语文学系"。清华设置该系的目的是培养"博雅之士",而"博雅"的关键,是"熟读西洋文学之名著"和"了解西洋文明之精神"。在如何培养"博雅"的方法论上,外文系的课程以"博通"与"专治"并用为原则,即规定学生必须选修"西洋文学概要及各时代文学史",此属于"博通"的"全体之研究",此外则"专治一国之语言、文字及文学"的"局部之深造"。换言之,课程的设置,从广度与深度两个方面考量,总体上仍偏向于通识教育。

穆旦在一九五五年十月的《历史思想自传》中,对自己之所以选择入外文系读英国文学给出了一个原因:"要学文学,但中文系太古旧,要考据,不愿读古书,因此入(档案因装订原因遮蔽一字,疑为'入'字)了外文系。"穆旦说得很坦率。从这个说法也可以看出,他早就有学习文学的志向,只是不喜欢中文系繁琐的考据和"之乎者也"的古书。而他喜欢的新诗,从根本上来说是一个外来的文体,更多地需要另一种语言来培育。外文系符合他的心愿,而且清华外文系还有一个成文的授课目标:创造当今之中国文学。

暑期,各大学的招生名单在报纸上陆续发布,可以想象,当穆旦找到自己被清华大学录取的消息,他本人以及他的家庭该有

---

[1] 李方:《穆旦(查良铮)年谱》,《穆旦诗文集》(2),人民文学出版社,2018年,第375页。

多么高兴。那个年代，全国各地每年报考清华大学的考生总有数千人之多，而录取学生不过区区三百人左右。他们这一级，按清华改成大学后通称为清华第十一级。

比穆旦晚一年入读清华园的刘绪贻晚年著有口述回忆录，从中我们略略得知当年清华报到时的一些细节，可知清华对于新生入学的照顾相当周到：

> 学校在寄给新生的报到通知上写明，清华校车在北平城内哪些地方设有停车站，同学们可以根据自己的方便到那些地方去乘校车上清华。九月一日，我和李宏纲乘清华校车去学校报到、注册……报到、注册过程中，在领取公费和上缴应付费用时，需要我付出两三个铜板……到我进清华时，校园面积已达两千余亩，仍总称清华园。园外名园古迹林立，园内水木清华，清澈的万泉河水蜿蜒腹地，勾画出一处处小湖小溪，润育着园内花草禽鱼，加上古典式的工字厅和古月堂，回廊曲折，花木扶疏。工字厅后面的荷塘，倒映着周围的小阜丛树，水光山色，幽静宜人。置身园中，真是心旷神怡。[1]

---

[1] 刘绪贻口述、余坦坦整理：《箫声剑影：刘绪贻口述自传》，广西师范大学出版社，2010年，第90、91、92页。

穆旦早刘绪贻一年去学校报到。报到、注册的过程大同小异。刘考取的是清华公费生。清华大学每年只有十名公费生。没有资料表明穆旦也是公费生，故穆旦除了不确定"领取公费"一项，其他跟刘必定一样。比如说吧，他很可能也得"付出两三个铜板"之类的小钱。此外，他还领到了两个此时尚不知派什么用处的布袋。每个清华新生都有这么两个布袋。

很多人对清华园的生活满怀感激。比穆旦早一级的历史学家何炳棣晚年富有感情地回忆："如果我今生曾进过'天堂'，那'天堂'只可能是一九三四至一九三七年间的清华园。"何炳棣记录了进入清华园的第一印象：

> 当一九三四年九月以一年级新生的身份走进清华园的大门（现校墙已拆除，这南门已不通行），空旷草坪的北面屹立着古罗马万神殿（Pantheon）式的大礼堂。无论是它那古希腊爱奥尼亚（Ionic）式的四大石柱，古罗马式青铜铸成的圆顶，建筑整体和各部分的几何形状、线条、相叠和突出的层面、三角、拱门等等的设计，以及雪白大理石和淡红色砖瓦的配合，无一不给人以庄严、肃穆、简单、对称、色调和谐的多维美感。……清华的大礼堂，因有南面无限的阳光和开阔草坪的"扶持"，显得格外"洵美且都"。[1]

---

[1] 何炳棣：《读史阅世六十年》，中华书局，2012年，第88、89页。

何炳棣与穆旦一样来自南开。两位后来还同在西南联大求学，不过他们似乎不曾有过交集。

晚穆旦一级的刘绪贻的自传对清华的学生宿舍以及饭厅回忆甚详，因这些细节所描绘的场景，也曾是穆旦所亲历，故不惮繁琐，引述如下：

> 清华对学生生活的安排是很周到的。每间寝室住两个人，各有一床、一套桌椅、一书架、一衣柜。为防风沙，窗子有五层：最外层为竹帘，其次为百叶窗，再次为玻璃窗，玻璃窗上附一层白绸布，最里面是一层淡色厚布帘。此外，白天还有马拉洒水车不停地在各条路上洒水防沙。报到时每人发有两个布袋，晚上将要洗的衣物装在袋内放在寝室门旁，第二天一大早便有人收了去，隔天早上，便可在原地取回盛有洗好烫好的衣物的布袋，而装有要洗衣物的另一布袋又被人拿走了。真是方便！就餐有新建的北大饭厅……厅内全部白色的长桌圆凳，清爽亮洁。主食有大、小米稀饭，大米饭，包子和馒头，任你吃饱，菜可向暖箱里自取，平均每餐大约一角钱。[1]

"北大饭厅"是一九三四年增办的一个大食堂，一式白瓷漆的

---

[1] 刘绪贻口述、余坦坦整理：《箫声剑影：刘绪贻口述自传》，广西师范大学出版社，2010年，第94页。

长桌、圆凳以及新式的灯光、磨石子地面,对每个学生来说都是摩登的用餐体验。当来自湖北黄陂的刘绪贻对清华园的寝室与饭厅啧啧称奇的时候,穆旦已经像个老朋友似的和它们相处一年之久了。不独如此,穆旦和他的同学们,如果兜里有余钱,或者意外地收到一笔稿费,也会想着法子换一换口味,去工字厅的西餐馆尝一尝新,还多半会遇到它最重要的经常光临的顾客吴宓教授。还有,校园里有个"售品公社",那里可以买到豆浆、水果、各种西式的糕点、冰淇淋、汽水、花生等。懒惰一点的,甚至可以打个电话,让园外的小店跑堂送进寝室来。浪漫一点的女生呢,只需花费一角钱,就可以请回一盆花,慢慢地欣赏一个月而保证花朵儿不败。

清华是培养未来的领袖的,考取的都是来自各地的精英。课程的安排,用吴宓《外国语文系概况》中的话,乃是"使所学确能实用,足应世需"。外文系一年级共设五门课程:国文,第一年英文,中国通史与西洋通史择一,逻辑、高级算学与微积分择一,普通物理、普通化学、普通地质学与普通生物学择一,共三十六或三十八个学分。新生入学,按清华大学的规定,主修自然学科的学生需选修一门人文学科,读人文学科的学生则需要选修一门自然学科,穆旦在普通物理、普通化学、普通地质学与普通生物学中选择了略偏于人文的普通地质学。[1]

---

[1] 李方:《穆旦(查良铮)年谱》,《穆旦诗文集》(2),人民文学出版社,2018年,第375页。1992年3月21日对周钰良的采访。周钰良回忆:"查入清华后,(穆旦)可能主要选读了地质方面的课程,我则选修了化学与生物方面的课程。"

清华园对于第一学年英文课教育的严格是出了名的，每堂提问，每天留有作业，每周还布置作文。有的老师一周有两次作业。读本以文学作品选读为主。英文课本程度之深和教学进度之大，使得很多新生学起来非常吃力。有同学统计大一英文一年教下来，竟有四百六十页之多，可见泛读的进度之快。但对于南开来的穆旦、周珏良等人来说，似乎难不倒他们。这就显出南开学校英文教学的优势了。但即使这样，他们这届"一九三五年入学的学生，甚至全体联名请求学校减轻大一英文分量，减少文学作品"。哪想到，学校对学生的建议，根本不予考虑，理由很简单，清华坚持通才教育。

穆旦进入清华的一九三五年前后，是旧清华的鼎盛时期，校长梅贻琦，名师有杨振声、杨树达、朱自清、陈寅恪、刘文典、赵元任、钱玄同、俞平伯、闻一多、浦江清、余冠英、王文显、陈福田、冯友兰、潘光旦、叶公超、钱稻孙、蒋廷黻、萧公权、张荫麟、吴晗、沈有鼎、唐兰、张岱年、陈省身、陈梦家以及外籍教师温德、瑞恰慈、毕莲等一大批精英，为当时国内包括北大在内的其他学校所无法比。很幸运，在清华园，穆旦碰到了中西汇通的博雅之士吴宓，并与他保持了比较密切的师生关系。吴宓（1894—1978），字雨僧，又字雨生，陕西泾阳人。一九一六年毕业于清华学校。一九一八年入读哈佛大学，师从白璧德教授，学有专长。新文化运动起，他与同人创办《学衡》杂志，以"昌明国粹，融化新知"为宗旨，以微弱的声音捍卫文言文。吴宓因鲁迅的文章而成为"学衡派"的著名人物。一九三五年夏，吴宓第三次出任外文系代行系主任一职。不过，穆旦的名字出现在吴雨僧著名的日记中，须得两年之后的民国二十六年（1937）十二月六日。穆旦与吴雨僧的关系，容后详叙，此处不赘述。

对于穆旦来说，除了教室，平时去得最多的地方就是图书馆的中西文阅览室了。在铺设软木塞地板的、采光好、有暖气而且卫生设备极好的图书馆里坐上一整天，那是常事。

> 图书馆外墙用意大利大理石筑成，常春藤几乎爬满；铜门厚实，使人进出有必须慎重之感；阅览室地面系软木砌成，着革履行其上，亦无声响，四面摆满应有尽有的工具书和参考书，查检极便，灯光柔和，座椅舒适，虽座无虚席，却鸦雀无声；书库不独藏书丰富，且向本科生开放，任何书都可自由阅览，地板为厚玻璃，防火采光两宜。国内似乎没有一个高校图书馆比这个图书馆更适宜于阅读和写作。[1]

清华因是留美预备专校，故图书馆"西文文学书籍杂志订购甚多，积久日丰"（吴宓语）。穆旦的大学同学李赋宁回忆，"清华大学图书馆允许学生于每周日上午十一时至十二时进入书库翻阅

---

[1] 刘绪贻口述、余坦坦整理：《箫声剑影：刘绪贻口述自传》，广西师范大学出版社，2010年，第92页。

图书，让学生随意浏览"。清华图书的管理也非常完善。比穆旦高一级的王勉（笔名鲲西）回忆，借书处在图书馆大楼的右翼二楼，"那里有一具玻璃书柜专门陈列新到的西书。教授、学生都可先期预约。三十年代最显眼的一本新书即是林语堂第一部英文著作 *My Country and My People*。"[1]这些西书中有很多杂志，可以看到欧美诗界的最新创作成果。事实上，穆旦的诗歌营养很大一部分来自对这些西书的阅读。毕竟，文学史上，任何一名早熟的天才，无不由大量的高质量的文学阅读催生。

一九三五年的穆旦，上半年忙于应付升学考试，下半年忙于繁重的大一听课和作业，即使作为学徒期的创作来考察，那也是歉收的一年。迄今为止，我们只发现一首诗《哀国难》和一篇《谈"读书"》的文章，且很可能是六月份周珏良所谓"救急"的习作。《哀国难》是一个大题目，也是对他那个时代有所发言的一个作品。穆旦的过人之处是，他关注社会大问题，一开始就抓住了时代的主要矛盾。他把自己的诗歌放置在一个宏大的时代主题上：

> 一样的青天一样的太阳，
> 一样的白山黑水铺陈一片大麦场；

---

[1] 鲲西：《清华园感旧录》，上海古籍出版社，2002年，第91页。

起首的两行，极富汉语流利的语调。而更值得注意的是，第一行的"青天"与"太阳"对应着第六行"我们同忍受这傲红的国旗在空中飘荡"。"国旗"这个意象非常值得注意，因为随后，他会一而再再而三地写到它。此外，这首现实主义的诗歌，从诗歌技艺的探索上考察，它是讲究韵律的。这应该跟穆旦当时的阅读有关。此时，他尚未接触艾略特、奥登等现代派。他那时的诗歌观念来自课堂讲授的浪漫派。

至于《谈"读书"》一文，可知穆旦对读书的认识是清醒的。他们这一代人面对的是一个与旧时的士大夫完全不同的时代，就穆旦本人来说，读书讲究"学以致用"，即王阳明提倡的"知行合一"，并不屑使自己"做一个书呆子"。也就在此文中，穆旦透露了自己还喜欢读小说，读流行的一般杂志的秘密。

不知何故，穆旦进入清华园的第二年，创作仍属歉收。清华校园刊物《清华副刊》和《清华周刊》一九三六年十一月发表了署名"慕旦"的《我们肃立，向国旗致敬》和《更夫》两诗。前者以复数的"我们"代替单数的"我"，并延续了上一年的"国旗"意象，是一首一唱三叹的庄严的颂诗。后者，承南开中学时期关于底层人物的书写主题，但诗歌的技艺比两年前写流浪人、丝工、老木匠时成熟多了。此外，两诗均以四行一节构筑完成一种整饬的诗歌形式。这种四行一节的分行方式，此后成为穆旦诗歌最基本的一种建行规制。

这一年，比诗更值得注意的创作是十月二十一日夜穆旦改定的《山道上的夜——九月十日记游》和十一月十一日夜写的《生活的一页》两篇生活散文。通过两文反映出来的情绪，可知作者对现实或自己的状态是不满意的。特别是前一篇，尽管正如穆旦在后一篇中所言，他"愿意看到光明和黑暗交界的地方"，但此篇频密地出现"黑夜""黑暗"这样的词语，也使得文章几乎蕴含着一种"象征的苦闷"，这恰与夜游的底色相一致。而通过《生活的一页》，正可以考察穆旦的校园生活——那是一个鄙视分数，不愿意整天泡在图书馆死读书的"左派"学生形象。他希望像他的"江南朋友"那样接触现实，"在现实中磨练自己的性格和意志"。这里，所谓"江南朋友"，基本上可以断定是他的南开同学赵清华；而与他夜游山道的那一位"庶"，应该就是好友董庶，至于另一位"柏"，除了知道是他的一位同学，其他不详。两文创作的时间相隔只二十天，时间不算很长，这正好可以从社会以及校园生活两方面集中观察穆旦所受到的影响。

《山道上的夜》恰如穆旦列出的副题，是一篇关于九月十日的记游作品。像这样的来自日常生活的散文，穆旦一生极少写，但通过偶然的所作，我们也完全可以感觉到他出色的描述才能。这一篇记游文，看得出，他运用现代汉语的能力又前进了一大步。而后文，穆旦对于自己泡在图书馆死读书的大学生活产生了怀疑。此文简直就是一篇诗人内心的挣扎之文。这当然是有原因的——我们不得不从二十世纪三十年代北中国的现实背景说起。

在穆旦进入清华园的这两个学年（1935—1937），恰是中华民族的多事之秋，日本军阀在侵占东三省之后又开始觊觎我华北各省。一九三二年一月二十八日，"一·二八"事变，日军进攻上海，进逼中华民国首都南京。一九三三年一月，日军占领热河省会承德，五月三十日，国民政府与日本签订《塘沽协定》；六月九日，又签订《何梅协定》，控制天津、北平二市；六月二十七日，日本关东军特务机关长土肥原贤二又和察哈尔省代理主席秦德纯签订《秦土协定》，控制察哈尔省。至此，日本入侵者在军事、政治、经济全方位控制了我华北地区。在如此险恶的情势下，日本人还煽动汉奸策动"华北防共自治"，企图成立类似于"满洲国"的"华北国"，分裂中华版图以达到最终占领的目的。中华民族真正到了退无可退，忍不可忍的地步。在此背景下，华北危急！中华民族危急！年轻的穆旦，满怀弱国子民的屈辱，他满腔的悲愤无处发泄，内心的苦闷可以想见。而此时的清华园，热血开始汇聚成一股潮流，时刻都在寻找一个喷涌的出口。

一九三五年十二月三日，清华大学全校大会通过《通电全国，反对一切伪组织、伪自治，联合北平各大中学校进行请愿的决议》。校园里，爱国的热情被点燃了。"清华大学救国会"在散布的《清华大学救国会告全国民众书》中出现了"华北之大，已经安放不得一张平静的书桌了"的激愤、痛切之言，这句话很快传遍知识界，成为师生们走上街头游行、请愿的理由。十二月九日，清华大学、北京大学、东北大学、中国大学、北平大学法学院、师范大学、女一中、东北中山中学等五六千人举行抗日救国游行，学生振臂高呼"反抗华北自治，抵抗日本侵略"等口号，史称"一·二九"运动。黄延复《水木清华——二三十年代清华校园文化》一书对此有一段细节叙述：

……清华同学早晨七时就在操场集合。这天风刮得很大，气温降到零下十六七度，但是每个人的热血却是沸腾的。同学们带着连夜赶制出来的旗帜和标语，徒步沿平绥线往西直门进发。沿途北风呼啸，风沙打在脸上，好似针刺一般。脚底下踩着冻得坚硬的冰，滑倒了爬起来再前进。九时左右，赶到了西直门，此刻城门已被下了锁，而且用障碍物堵住了。城外的店铺全被勒令收了市。城楼上和城门外，都站满宪兵、警察和二十九军的士兵，个个荷枪实弹，如临大敌，大刀、枪刺在寒风中闪烁着白光。面对着这紧闭着的城门，面对着那些满脸阴沉的士兵，同学们都被激怒了。……各校分别派出两名代表，去西直门派出所向军警抗议，要求立即开城，回答是：没有上边的命令，不敢开城。于是，清华、燕京的领队决定，留两队人员在西直门外召开群众大会，向他们做抗日救国宣传，其余奔向阜城门，可是阜城门也关了；又奔向广安门，广安门也关闭着；再到西便门，照样关闭着。为铁道通过的城门洞也已紧闭，火车已经断绝，门内堆着砖瓦石块，城头站着武装军警。如此对峙了一天，接近傍晚时，城内传出了消息：城里的游行队伍遭到了二十九军和一部分武装警察的镇压，同学们更加怒不可遏。[1]

清华大学在西北郊。从清华园到北京城里，西直门是必经之地，约有十几里路，步行需两个小时。穆旦挟裹在游行的队伍里，除了散发《清华大学救国会告全国民众书》，他当然随同大家一起喊了口号。

一周以后的十二月十六日，是一次更大规模的示威游行。组织者吸取教训，事先分派一部分学生进城接应，以避免像上次那样被阻于西直门外。这次，清华学生八点钟就到了西直门，城门照例紧闭着，组织者留了四百名学生在西便门，另六百人直奔永定门，在永定门，军警与学生发生冲突，但最终学生冲开了城门，一路向天桥行进。大批清华、燕京学生赶到城内。我们来看一看北大国文系学生柳雨生（即柳存仁）的描述：

> 在宣武门大街外头，在南长街，在西长安街，在新华门，在西直门大街，在西单牌楼，在米市大街……几条长蛇似的阵势由几千几万个赤手空拳的学生们严密地拉着手组成，高呼出来的口号和手头沿途散发的传单并不被塞满路旁的群众嘲笑或践踏，相反的，有着若干老年或青年的人也感动地加

---

[1] 黄延复：《水木清华：二三十年代清华校园文化》，广西师范大学出版社，2001年，第312、313页。

入了学生们的队伍……[1]

但学生队伍在正阳门、宣武门都受到了军警的阻挡。当游行队伍到达宣武门的时候,有一位北大的同学勇敢地站出来,走到了队伍前头,独自去和军警交涉,试图说服他们打开城门,好让被阻隔在城外的队伍进城。军警拘留了他,还蛮横无理地殴打了他一顿。看到这位北大学生没有返回,站在茫茫暮色中的学生队伍不干了,群情激昂,一致要求释放扣押的学生。当这一天的黑夜到来的时候,被扣学生终于回来了。整个游行队伍数千人迎着他走上去,大家一致鼓掌欢呼,欢迎他的归队。年轻的北大学生微笑着回到队伍中,像一个温和、凯旋的战士。他的名字叫林振述,北大外语系二年级学生。[2]若干年以后,北大南迁,他成为西南联大外文系学生,以林蒲为笔名写诗,成为穆旦的诗友。两人一道参加了蒙自以及昆明的诗社活动。而此刻,他们各自以饱满的青春,走在游行的队伍中,也以具体的行动书写了同一行热血之诗。

游行队伍当晚回返校园的过程中,终于发生了严重的冲突。这就是穆旦后来在《历史思想自传》里说他"参加过'一二·九'

---

[1] 转引自陈晓卿、李继锋、朱乐贤:《一个时代的侧影:中国1931—1945》,广西师范大学出版社,2005年,第134页。
[2] 周定一:《赠林蒲(并序)》,杜运燮、张同道编选:《西南联大现代诗钞》,中国文学出版社,1997年,第280页。

和'一二·一六'爱国示威游行,受过大刀和水龙的驱逐"的原委。穆旦所记及的,或许正是这一次。

我们在一些存留至今的历史照片中尚能看到"一二·九"清华学生在西直门外向民众宣传抗日救亡的情景;在"一二·一六"学运中看到学生在宣武门外示威以及夺下军警手中的水龙反身冲击军警的照片。在这些特定的珍贵的历史镜头里,我们也可以感受到诗人穆旦成长的时代背景。穆旦后来写下了众多为一个民族立言的诗歌,那是有他亲身体验到的现实背景的。

发生在一九三五年岁末的两次学运,正是穆旦刚入清华的第一个学期,作为新生,他不可能十分活跃。事实上,清华十级生中的黄诚、吴承明、姚克广(即姚依林)等那时已经问鼎全校性的学生自治会。"一九三五年秋……黄诚已经是名至实归的清华学生会主席,也因此当了'一·二九''一二·一六'天安门大会的总主席。"[1]没有资料表明穆旦跟这些左派学长熟悉,他本人列出的与之有交往的左派同学是赵甡(即赵俪生)和王瑶。当然,穆旦自谓"读了一些进步书籍如'大众哲学'等……常向同学(如贺善徽,现在大公报馆)发左的论调……"。[2]穆旦的"思想交代"是中国特定年代里的产物。他在回忆中,为了过关,免不了要突出自己的左派形象。这其实是需要我们加以甄别的。当然,正因

---

[1] 《清华大学十级(1938)毕业50周年特刊》(台北,1988),转引自何炳棣:《读史阅世六十年》,中华书局,2012年,第73页。
[2] 穆旦档案之《历史思想自传》(1955),南开大学档案馆藏人事档案查良铮卷。

为赵俪生和王瑶的关系，穆旦参加了"左翼作家联盟"清华园小组。这个小组后来扩大改组成"清华文学会"，赵俪生被推荐为主席。赵氏晚年的《篱槿堂自叙》中有"后来入校的新生中，有不少参加我们的会，如诗人查良铮（穆旦）就是一例"。[1] 回忆录点到了穆旦的名字。

其实，一九三五年"一·二九"及随后的"一二·一六"运动时期的穆旦，像任何一个热血青年一样，激于一种民族大义而走上街头，他本人并没有什么政治背景。但他也因亲身参与如火如荼的学运而显得兴奋异常。在给南开中学同学、好友赵清华的信中，穆旦描述了游行的场景，可惜这些信件在离乱的年代早已毁去。我们在赵清华的回忆文章中还能感受到穆旦不同寻常的激动：

> 良铮的信不断从北平雪片似的飞来华舍。[2]……良铮笔如游龙，绘声绘色地向我描述了这场运动的情景……"一·二九"那天，清华、燕大的师生冒着严寒，高唱聂耳的《毕业歌》："同学们！大家起来，担负起天下的兴亡！"庄严地列着队向西直门走去，竟被紧闭着的城门阻于城外，当即惨遭军警驱赶和镇压。随后，国民党的冀察当局对平津学生运动开始了大规模的镇压和搜捕。我则回信对良铮的爱国行动

---

[1] 赵俪生、高昭一著：《赵俪生高昭一夫妇回忆录》，山西人民出版社，2010年，第35页。
[2] 华舍，赵清华故乡村名，在浙江绍兴柯桥，一九三五至一九三六年，赵居于此间。

表示钦敬，并对他的安全表示担忧。良铮接着回信说，不怕，几乎所有教授，其中包括冯友兰、朱自清、闻一多和张申府等进步教授，都在支持他们，清华没有一个学生被捕。这些热情洋溢的信件，其中还夹有照片和即景抒情的诗歌。[1]

九日，被阻于城外的清华学生与军警的冲突似乎并未发生。"当即惨遭军警驱赶和镇压"的，应该是十六日的游行。仔细推敲，此文对穆旦在"一二·九"和"一二·一六"的叙述比较笼统而模糊。赵清华的回忆《忆良铮》写于一九九七年，由于这一代人共通的经历，行文不免带有时文的影响。穆旦的这位老同学显然给后世过度地塑造了一个左派学生查良铮的形象。不过，剔除这些，我们在赵的回忆里，也确实看到了一个脱口而出"不怕"的"兴奋的穆旦形象"。而这与他青少年时期所拍摄的照片中往往露齿一笑的形象也确有几分相似之处——一个直率的、无保留的少年形象。

关于一九三五年的学生运动，与知情人回忆里的穆旦倾向于左派的观点有所不同的，还有是像何炳棣这样的回忆。何氏晚年的回忆录，明确地表示了"请愿、罢课、罢考使得任何人都无法专心读书"的观点。我们必须清楚，当年轻的穆旦沉浸在兴奋的

---

[1] 赵清华：《忆良铮》，《丰富和丰富的痛苦：穆旦逝世20周年纪念文集》，北京师范大学出版社，1997年，第195页。

讲述中的时候,清华校长梅贻琦先生却忧心忡忡,于"一·二九"运动的次日,即发布通告,谆谆告诫学子:"在此时局多故之际,诸同学应努力于实力之培养,切不可荒废学业,作无代价之牺牲,望各安心上课,勿得有规外行动,是为至要。"几乎相同的内容,清华大学校长办公处后来还连续发布了数次,好不容易才使得沸腾的校园安静下来,令学生们坐回到自己的书桌旁。然而,苦闷随之而生。我们完全可以从此后穆旦所作的《生活的一页》里体会到。穆旦如此总结这一段时期的思想:

> 我是陷进浓厚的忧郁里了,我不能摆脱开环境所加于我的窒闷……我躺在床上,心胸上如压了一块沉重的铁,窒息了我的呼吸。我的头脑在经过长时的斗争后,也似乎已经粉碎了。

第五章

玫瑰和铁血的故事

学运以后的穆旦曾对自己一天到晚不得不泡图书馆的生活表示了不满,他因不能更多地与现实接触而感觉到了某种空洞。"我的生活是太空洞了,是的,已经空洞到可怕的程度。"[1]他这样自言自语。

考察二十世纪的学运,革命的现实主义往往跟革命的浪漫主义结合在一起。正当穆旦哀叹生活空洞、试图"为自己打通一条更好的路"[2]的时候,有一种东西像细雨一样开始悄悄地前来滋润他的心田了,没错,那就是爱情。也许,我们可以从他发表在《清华周刊》第四十五卷第十二期(总第636期)的一首诗《玫瑰

1　穆旦:《生活的一页》,《穆旦诗文集》(2),人民文学出版社,2018年,第53页。
2　同上。

的故事》来讲述一下他的初恋。

事实上，这首发表于一九三七年一月二十五日的诗，创作的时间是上一年的最后三天，甚至还要早。一九三六年十二月二十九、三十、三十一日这三天，穆旦正忙于考试，清华的考试向来不轻松，他却无视这种复习应考的紧张，反常地将全部的精力专注在一首标题为《玫瑰的故事》的长诗写作上，其中隐含的动机不难分析。

其实，《玫瑰的故事》是一首有所本的诗歌，是穆旦根据英国现代散文家史密斯（L.P. Smith）的小品《玫瑰》改写的，原文收入在清华大学的大一英文课本中。[1]穆旦在小序中说原文"大部分织进这一篇诗里"了，按此，似乎说明此诗在"背景也一仍原篇"的情况下，仍有部分的创造，这也就是他说的"这诗对于我本来便是一个大胆的尝试"的意思。但是，史密斯的小品在尊之以高贵的分行之后，穆旦并不满意。这种不满意是对自己的诗歌技艺的不满意，因此，他仍苦苦地在完善技艺上改了又改，改得异常认真，最后总算"不三不四地把它完成了"。"不三不四"并非指完成得勉强，可以认为是"既非原创又非因袭"之意。单从这首八十行的长诗的写作时间，诗的玫瑰的标题，以及花费了三大工夫等等来分析，在穆旦的创作中，这诗显得有那么点儿不同寻常。

1　按，同班同学王佐良证实此文"正是我们在1935—1936年间在清华读的大一英文教科书的文章"。

庭院里盛开着老妇人的玫瑰，
有如焰焰的火狮子雄踞在人前，
当老妇人讲起来玫瑰的故事，
回忆和喜悦就轻轻飘过她的脸。

　　拥有玫瑰的老妇人同时拥有爱情、婚姻和回忆，长诗就在老妇人的讲述中开始了。原来，婚后她与丈夫乘马车在意大利周游，不想马车在罗马南面的山路上颠坏了，在修理马车的三天里，他们住到了一个"栖息在高耸的山顶"的客栈，而围绕着客栈的是几十户围在短墙里的人家。他们在酒店里遇到了一个有着雄健谈锋的老头。老头邀请这对年轻的夫妇去他的庄园做客。就在老人的园子里，女人一眼就看到了一棵伸向高空的紫红的玫瑰。酒席间，老人向她讲述了这一枝玫瑰的故事——很多年前他的一段不幸的爱情：

可是那女郎待我并不怎样仁慈，
她要故意让我等，啊，从日出到日中！
在她的园子里我只有急躁地徘徊，
激动的心中充满了热情和期待。

　　老人接下来讲到，他在女人的园子里无意中摘下一枝玫瑰，悄悄藏进衣袋，把它带回了家。从此，玫瑰落户在他的园子里。

几十年后,这棵包含着一段无望爱情的玫瑰长成了一棵很大的玫瑰树。告别的时候,老人从这棵树上折下一枝赠给这对正在度蜜月的恋人并祝福了他们。

这是一首双重讲述的诗——讲述中套着讲述,回忆中有着回忆,而且都是两个老人的回望。"现在,那老人该早已去世了/年青的太太也斑白了头发!""只有庭院的玫瑰在繁茂地滋长,/年年的六月里它鲜艳的苞蕾怒放。"最后的这几行诗里,似乎也隐含着长诗的主题:青春易逝,肉体也很快会消失,但是,玫瑰永存,爱情永存。

在很多情况下,这似乎是一首讲述爱情经验的诗,老人以及老妇人各自讲述他们的玫瑰故事,在人生的回望里延续着玫瑰的传奇。当年轻的穆旦写下这首诗的时候,他未尝没有重续玫瑰故事的愿望。

我们还是用穆旦自己的话来说吧,他"当时和一个资产阶级的'小姐'在恋爱中,做着小资产阶级追求幸福的幻梦"。这是穆旦一九五五年十月撰写的《历史思想自传》中的一句话。语气中明显有着一种自嘲的意味。后来,他在给好友杨苡的一封信里,因杨苡问起而谈到了这场爱情,"你(杨苡)来信提及万卫芳……她和我相识两年多,彼此写了一百多封信"[1]。

---

[1] 易彬:《"他非常渴望安定的生活"——同学四人谈穆旦》,载李怡、易彬编:《穆旦研究资料》(上),知识产权出版社,2013年,第80页。

穆旦的初恋对象万卫芳，出生在天津一个富裕的家庭，家境很好。这可能也助长了这女子的任性。在同一封信里，穆旦跟杨苡吐露："……我相信那是表现了她的最好的一面，诗的一面。可是她还有其他方面，虚荣、自傲和极端个人主义及享乐主义……"穆旦的信是他与万卫芳分手多年以后写的，这时，他比较理智而清楚地看明白女友的性格了。

按，穆旦与万卫芳分手在西南联大时期的一九三八年初，由此上溯穆旦所谓的"两年多"，那就是在一九三五年的下半年。看来，诗人考入清华大学的第一个学期就开始了与万卫芳的恋爱。知情的杨苡曾如此回忆："穆旦在清华大学的时候开始了初恋，女子名叫万卫芳，当时在燕京大学，是天津的富家女，家境很好，且有婚约，在清华南迁过程中，两人南下。"[1]也证实他是清华大学时开始的初恋。

我们在分析《玫瑰的故事》的时候，目光自然落到了这几行诗上：

> 她年轻，美丽，有如春天的鸟，
> 她黄莺般的喉咙会给我歌唱，
> 我常常去找她，把马儿骑得飞快，

---

[1] 易彬：《"他非常渴望安定的生活"——同学四人谈穆旦》，载李怡、易彬编：《穆旦研究资料》（上），知识产权出版社，2013年，第80页。

越过草坪，穿出小桥，又抛下寂寞的墓场。

可是那女郎待我并不怎样仁慈，
她要故意让我等，啊，从日出到日中！
在她的园子里我只有急躁地徘徊，
激动的心中充满了热情和期待。

　　这是一个具体的"玫瑰故事"。他爱上了她，常常去找她，非常渴望得到她。她却耍小性子，故意折磨他。或许是在测试他，最终却在远离他。穆旦铺排这些诗句的时候，他敏感而自尊的一颗心定有所感，有他自己对于飘忽的初恋的体验。从他后来写给杨苡的信中对初恋女友的评判来看，他们之间不会和和顺顺，疙疙瘩瘩的小吵小闹在所难免。事实上，在这场恋爱分手后的第三年（1941），穆旦在《华参先生的疲倦》一诗中尚有这样的诗句："她（指诗中的杨小姐）的美丽找出来我过去的一个女友"，"我曾经固执着像一架推草机，/曾经爱过，在山峦的起伏上奔走……""山峦的起伏"，正是情感不稳定如过山车似的一个隐喻。很可惜，他写给万卫芳的一百多封信并没有保存下来，很多有意思的恋爱细节就这样全放任在风中散逸了。

　　杨苡回忆中关于穆旦与万卫芳"两人南下"的过程，吴宓日记记有一笔，但语焉不详。查一九三七年十二月六日吴宓日记云：

下午约近4:00，抵衡山站……入城已晚（6:00），觅旅馆，不得。皆已住满。卒于县署近旁之松柏旅馆（即董氏宗祠，又办一小学校。）得二室。宓与宁、博居其一，又一室则慈、婉与万卫芳（燕京借读女生，查良铮偕来此）。居之。（万终未与宓识面。）[1]

吴宓的日记特此注明万卫芳的"燕京借读女生"身份。后面一句"查良铮偕来此"，证明是吴宓亲见，也是他的第一直觉。这一句透露的信息无非是，穆旦与万卫芳关系不一般。吴宓本人是一个情种，他对女生是敏感而在意的，"万终未与宓识面"，日记中记此一笔，大可见吴宓的酸葡萄心理。怎么说呢，万卫芳的青春活力可能也引起了吴宓的注意，两人却不交一言。总之，在吴宓的日记中，万卫芳像幽灵似的飘忽过去了。但话说回来，万卫芳，一名女生，此时又处在与穆旦的恋爱中，她哪会跟一个师长辈的中年男人有闲聊的工夫。

穆旦的这一场初恋并没有什么结果。杨苡回忆，万卫芳曾有婚约，男的也是燕京大学学生。大概在一九三八年初，他们就分手了。看来，分手并非因为两人之间发生了什么，而是来自万卫芳的家庭。杨苡清楚穆旦的这一段感情，她说：

---

[1] 吴宓：《吴宓日记》第6册（1936—1938），三联书店，1998年，第269页。

女子家里来一封电报，说是母亲病重，希望女子回去。穆旦不希望女子回去，他说它只是一个骗局，回去了就出不来，但女子还是回去了，并且被迫和原来有婚约的男子结婚。男子也是在燕京大学，姓余，两家门当户对，这件事引起了穆旦相当大的愤怒。有人说，从来也没有看过穆旦那么愤怒过，整个楼道都听得到他愤怒的声音。很多人认为是那女子把穆旦甩了。诗人受了很多苦。大家都很同情诗人。[1]

杨苡是穆旦很多往事的见证人，但这里穆旦的愤怒，却不是她亲见，而是她丈夫赵瑞蕻的温州同乡叶桎（也是联大同学）转告她的。按杨苡对事件的回忆，似乎也不能说是万卫芳的错。错在女子的家庭，以母病为由，诓骗万卫芳回乡。从这件事看，万卫芳也并非心硬之人，她的急急归乡也在情理之中。但，强扭的瓜不会甜，事实证明，此事种下了万卫芳后半生非常不幸的种子。

杨苡一九三八年入读西南联大，低穆旦两级。她关于万卫芳的叙事，很多是从她也在燕京大学读书的姐姐杨敏如那里听来的。她说她那时"还没到昆明"，"我是听我姐姐和她在燕京的同学议论说：'万卫芳又回来了。''那个诗人真倒霉，硬是被万卫芳抛弃了。'"从同学的议论中我们当然可以断定，在清华或西南联大，

---

[1] 易彬：《"他非常渴望安定的生活"——同学四人谈穆旦》，载李怡、易彬编：《穆旦研究资料》（上），知识产权出版社，2013年，第80页。

穆旦与万卫芳这两个天津同城人的爱情大家都知道，两人的关系早就已经公开。而且，他们读的都是外国语文学系，两人是有共同爱好的。至于那一句"万卫芳又回来了"，似乎是说，万卫芳本来就是跟着穆旦从燕京大学跑出来的。

《西南联合大学校史》记录了一九三八年一月长沙临时大学学生的名录，在外国语文学系二年级名单上，"万卫芳（J）"赫然在目。J表明是借读生，即具有燕京大学学籍而在联大借读的学生。跟她同为借读生的同班同学有赵瑞蕻——杨静如（杨苡）后来的丈夫。

一九三八年下半年，万卫芳已经离开昆明回到了天津。果然不出穆旦所料，万卫芳回去不久就被家庭逼着与余姓男子结婚了。婚后，两人一同去了美国。消息很快传到穆旦耳朵里，他还听说万卫芳结婚出国本是她的自愿，这伤透了自尊心极强又极度敏感的穆旦。爱情的这种结局，似乎也印证了他们相爱时他无意中写下的那一句诗："可是那女郎待我并不怎样仁慈。"（《玫瑰的故事》）

几年后，穆旦也到了美国。此时万卫芳已经育有两个孩子，但过得并不幸福。昔日的恋人致信穆旦，希望能够在美国见上一面。穆旦拒绝了，拒绝的原因，除了自尊心受挫的因素，还有那时穆旦已经跟周与良确定了关系。后来，万卫芳的丈夫因精神分裂而先死去，万卫芳天涯寄身，孤苦无助，不幸也得了精神分裂症，病发中她竟把自己的两个亲生子女杀死，酿成了一出惨绝人寰的悲剧。这是后话，不赘述。

一九三七年的春夏之交，对于穆旦来说，除了柔软的爱情，还有铁血的军训。军训课是大中学校必修的，早在一九三四年七月，南开中学修完高二课程的那个暑假，穆旦就去天津西郊的韩柳墅军营参加过军训，那次，他的同学赵清华有这样的描述："军训时，每晚同学们齐集操场，高歌岳飞的《满江红》，人人憋着劲儿唱，脸都红了……良铮和大家一样，穿着草绿色军装，头剃得光光的。"身在战云密布的三十年代，学生也很容易有战士报国杀敌的情怀，所以，例行的学校军训，原本不值得惊讶，但这一年，却有点儿异乎寻常。

这一年全面的威胁来自日本。"九一八"事变之后，日本加紧了对我华北的占领。根据现在公布的当年拍摄的一张照片，上一年即一九三六年十月下旬，日军曾举行万人秋季大演习，演习以北平为假想目标。四天后，宋哲元领导的二十九军有针对性地也进行了大规模演习。中日军队摩擦不断，且日军故意寻找这种摩擦，天天制造事端。

这一年的《良友日报》上，民众从图片和文字中已经感受到了战争的临近。比如，"女子体育学校的学生在军训中进行射击、冲锋、打拳等项目的训练；在南京的毕业生也接受就业训导的军训；在武汉，还举行了防空大演习"。[1]华北的局势相当紧张，从

---

[1] 陈晓卿、李继锋、朱乐贤：《一个时代的侧影：中国1931—1945》，广西师范大学出版社，2005年，第165页。

当年拍摄的照片看，居民已经开挖防空洞备战。

一年一度的军训开始了，这一年，平津两地的大中学校军训意义更是非凡。时为南开大学二年级学生的刘兆吉回忆："可能是一九三七年五月中旬，南开大学接到二年级学生集中军训的通知，华北大学生分北平（当时的名称）、天津两地接受军训。当时大学生的心态，只要对抗日有利，就是赴汤蹈火，也在所不惜。"[1] 刘兆吉在天津西郊的韩柳墅参加了军训（军训队长为张自忠将军），穆旦参加了在北平西苑二十九军大本营的军训。不过，据当年在场的北大经济系学生余道南回忆，北平的军训是一九三七年六月初。提出集中北平大中学校学生实行军事训练建议的是二十九军三十七师师长冯治安，此举得到了北平各学校当局的赞同。此外，余文说为避免日方干扰，军事训练对外称体育训练。

"七七事变"的前夕，穆旦站在四千受训的学生队列中间，还听到了清华大学教务长潘光旦先生亲临兵营的演讲。胖乎乎的潘先生那天讲"民族与武备"，以激励军队士气。

军训的时间是两个月。受训学生将按照一个士兵的要求，从拔慢步、列队、正步、跑步开始，进行最基本的步兵操练。

> 我们一入伍就给我们准备好士兵穿过的旧军装，北方士

---

1 刘兆吉：《为母校南开大学补一页校史——回忆"七七"事变前夕在张自忠将军部下受军训情况》，《刘兆吉诗文选》，西南师范大学出版社，2003年，第326页。

兵身体比较高大,大个子同学穿上合身,小个子像我就很不合身,裤子长,扎上绑腿还勉强凑合,上身太长像短大衣,班长要我们扎皮带时向上提起,提高了,但后背鼓起,像驼背,我们戏之为"史公",因为戏台上《史公案》中的史公是驼背。最麻烦的是袖子太长了,只好卷几层……队长要求一律穿军衣,戴军帽,扎皮带,缠绑腿,天天上操。几天时间这些白面书生都晒得脸发紫有黑光,摘下军帽,额头上都印上半个月亮。[1]

刘兆吉和穆旦身形差不多,都是中等略高的个子。与个头比较高大的北方士兵相比,刘穿旧军装遇到的问题,穆旦同样会遇到。但这难不倒他们,年轻人在军营中过擦枪的集体生活,一切都是新鲜的,即使天天在大太阳下走步,敬礼,上操,他们也很兴奋。青春的热血不因为姓刘姓查而有所不同,它们共有一个热度。

不知道穆旦在西苑兵营的军训中有没有摸到枪,刘兆吉在韩柳墅的兵营里摸到了,很兴奋。不过,枪是存放在军械库里几十年的老式大枪,有的还是袁世凯小站练兵时使用的毛瑟枪。还有一种老鸹嘴,因这种枪的枪机很像乌鸦的头和嘴。这两种枪重,

---

[1] 刘兆吉:《为母校南开大学补一页校史——回忆"七七"事变前夕在张自忠将军部下受军训情况》,《刘兆吉诗文选》,西南师范大学出版社,2003年,第327页。

而且枪弹只能单发。最理想的当然是汉阳造步枪，能装五颗子弹。但学生训练所用的汉阳造，也还是不能发弹的废枪，只是叫他们感觉一下，步兵操练时也就有那么一个形式感吧。[1]

一九三七年北平和天津两地的军训，都是由二十九军承担的。西苑营房的军训总队挂名总队长是冯治安，实际主持人是副总队长、二十九军旅长何基沣。穆旦他们"原定训练期为四十五天，上午上术科，全体出操，但不持枪。下午为学科，讲授军队的典范令及二十九军军史，有时也讲一点当前的华北形势"。冯治安就曾来讲过一次形势课。何基沣对日态度强硬，反对与日方媾和，所以，每日清晨朝会，常讲日方的无理行动，要求学生学习军事知识，以防突发事变。这一点也证明了何基沣的先见之明。

谁也没有想到，仅仅过去了四年半，穆旦正式从军，入缅参战，经历了一名军人真正的铁血生涯。九死一生的穆旦，经此而成为一个地狱里回返的战士和诗人。

---

[1] 1955年10月，穆旦填写了一份《履历表》，关于"受过何种训练"一栏，他填写的是"军事训练，步兵操练"。

第六章

在路上

"七七事变"的当天凌晨,何基沣面向全体军训学生讲话,穆旦跟所有的学生都听到了副总队长传递的严峻的形势。很多年以后,余道南回忆了当日凌晨何基沣的讲话:日军昨晚在宛平寻衅,双方军队正在卢沟桥对峙,战争可能一触即发。我军已经做好准备,足以应付局势,希望同学们安心受训,不必惊惧,如期完成学习任务。何讲完,匆匆离去。

"一九三七年七月七日,天还没有亮,就听见飞机从军营上空飞过。当我们集合上早操时,又有前后两批飞机从我们头上掠过,飞机上的日本标志看得很清楚。由于低飞声音很大,震耳欲聋。"[1]

---

1 刘兆吉:《为母校南开大学补一页校史——回忆"七七事变"前夕在张自忠将军部下受军训情况》,《刘兆吉诗文选》,西南师范大学出版社,2003年,第329页。

这是身在天津西郊韩柳墅军营的刘兆吉记忆中的"七七事变"当天早上的情况。在北平万寿山山麓西苑兵营的穆旦，飞机的轰鸣声其实更容易听到。他和他的军训同学们也许并不清楚，日军飞机轰炸的目标是卢沟桥二十九军阵地。过一会儿，飞机回返，还是从他们的兵营上空飞过，"他们（日军飞行员）为了向我们示威，有时低飞轰鸣而过，敌机的驾驶员头部可以看得清清楚楚"。[1] 亲见日军在自己的头顶上肆无忌惮地飞行，学生兵中，报国无门的愤怒和对于一个弱国的悲哀就这样交织在一起。

平津两地的大中学生集中军训还在进行当中。学生意外地发现，西苑的军火库拉走了大批火炮，还有，师部很快抽走了军训的两个大队长；几天后，中队长也走了；最后，各班的班长也全部不见了，他们都被抽调参战去了。受训的学子们从身边发生的这个细节中感觉到了时局的严峻。事变发生后，迫于形势，也为了考虑学生的安全，北平清华、北大以及其他高校在西苑集中接受的军事训练提前结束。各校纷纷派校车将自己的学生接回，然后让学生各自回家。穆旦回到学校时，发觉此时留校学生已经不多，偌大一个清华园，约只有两百名学生尚留在校内了。

七月二十八日，敌机大举轰炸西苑二十九军大本营。清华大学教授浦薛凤在回忆录里记录了当天在清华园抬头看到的一幕：

---

[1] 刘兆吉：《为母校南开大学补一页校史——回忆"七七事变"前夕在张自忠将军部下受军训情况》，《刘兆吉诗文选》，西南师范大学出版社，2003年，第329页。

"忽被巨响惊醒。……飞机轧轧之声自远而近,飞过清华天空,径飞西苑。"¹到了上午十时半,惊魂未定的浦薛凤看见,有一发小炮弹居然落在了清华图书馆的后面,陷入泥内,砰的一声砸出了一个大洞,幸亏没有爆炸。可怕的是,日军的飞机不时飞过水木清华的屋顶,这些整日埋首学问的"学生不解事,且有大批在露天仰观者,飞机遂扫射示威。此后始躲入屋内。有一次飞行极低,人物均清楚,似在侦察园中有无军队"。²至此,清华园也无安全可言了。

二十九日,北平陷落。中国军队战败的消息得到证实,"全校精神解体,顿入混乱状态",潘光旦在日记中记下了这悲哀的一笔。当日吴宓日记:"见学生纷纷乘自行车(携小包)离校,或以人力车运行旅入城。教授亦纷纷以汽车载物送眷入城。"³随后,日军开始滋扰清华园。有随军的翻译等耀武扬威地带领旧居中国的浪人数度来校,还擅自到会计室索看账目,查问存款,简直岂有此理。又不久,占领军来校竟把校卫队的枪支也全部收取了,还假惺惺地出具了一纸收条。

在天津,二十八日黎明,日军大炮轰毁了八里台南开大学。三十日,天津陷落。日军飞机又炸毁了南开中学、女中和小学。晚上,日军百余人闯入南开大学,纵火焚烧,张伯苓苦心经营数

---

1 浦薛凤:《浦薛凤回忆录》(中),黄山书社,2009年,第9页。
2 同上,第10、11页。
3 吴宓:《吴宓日记》第6册(1936—1938),三联书店,1998年,第181页。

十年的美丽南开，两日之内，尽毁于侵略军的毒手。南开大学成为抗战以来第一个被敌军摧毁的高等学府。

此时，北平城外的清华园内，池水中的绿荷尚未开败，丹桂初开，桂香开始弥漫校园，"好景一年，于斯为最，设非南中电召，真有流连而不忍去者"。[1]潘光旦记下了这深情的一笔。离乱的弦歌已经开唱，园中师生本已稀少，此时赏景的心情早已不复有。再说，这个暑期如果不是军训，学生回家也快一个月了吧。

没有资料表明，穆旦是仍逗留在校园还是回到了天津老家。北平离天津不算远，有火车相通，当然，敌兵占领北平后，铁路完全成为敌人的军事工具。出北平口的永定门车站加紧了检查。从北平东车站到天津老站，一辆火车开开停停，一路检查，原本只需两小时半即可到站，现在要磨蹭到九个小时方可到达目的地，后来更是延误到十二个小时以上。按常理，穆旦应该已回天津老家，一则，北平不安全，二则，两地不甚远。最主要的是，"七七事变"发生，军训刚刚解散的那会儿，北平、天津两地的火车还在通行，尽管那时火车上已特多敌人的便衣。

八月一日，日军驻清华园外，日军官试图入校架设无线电台，被拒。八月五日，日军占领清华园。清华首席院长、承担起保管清华校产的冯友兰说："日本人到处接管，我们就觉得，在政权已经失了以后，保管是没有意义的，事实上是替日本保管，等它来

---

1 潘光旦著；潘乃穆、潘乃和编：《潘光旦日记》，群言出版社，2014年，第5页。

接收。这就决定南迁。"[1]

此后，关于清华园的零星记载一再出现在吴宓的日记中："（八月七日）日兵不许清华员生运取书物入城。""（八月十日）校中人极稀少……西园荷花犹茂，荷叶极香……观赏几于无人。胜境鞠为荒草。""（八月十五日）运动场之跑圈中，及其他院落，已蔓草丛生。诸宿舍则扃闭，几无人迹。"我们还从吴宓八月二日的日记中知道，当时的《世界日报》已经刊载消息，清华将迁往长沙。这可能是报纸的猜测，但也未尝不是清华谋事诸公的远虑。记者消息灵通，于此可见。事实上，鉴于华北越来越紧张的局势，清华大学早有应变的准备。曾任清华法学院院长、联大经济系主任及联大法商学院代理院长的陈岱孙教授在一九九五年为《国立西南联合大学校史》所写的序言中说：

> 在卢沟桥事变前两年，为了给预测的应变做准备，清华大学曾拨巨款在长沙岳麓山下修建了一整套的校舍，预计在一九三八年初即可全部完工交付使用。此外，为南迁所做的另一准备是，在卢沟桥事变前两年的冬季，清华大学从清华园火车站，于几个夜间秘密南运好几列的教研工作所急需的图书、仪器，暂存汉口，可以随时运往新校。

---

[1] 冯友兰：《三松堂自序》，人民文学出版社，2008年，第86页。

清华除了一九三五年着手在长沙岳麓山下布建校舍、设置了两个研究所外,他们还将一部分珍贵的仪器图书早早地运到了更为遥远的四川。

八月十九日,国民政府教育部在南京举行会议,讨论在长沙设立临时大学组织筹备委员会事宜。教育部为此曾经制订了草案,"政府为使抗敌期中战区内优良师资不至无处效力,各校学生不至失学,并为非常时期训练各种专门人才以应对国家需要起见,特选定适当地点筹设临时大学若干所"。根据草案,临时大学并非只设长沙一所,而是三所,除了长沙,西安也在考虑之中。

当教育部高层人士在南京商议学校内迁的计划时,北京大学却并未做好准备。"胡适之从南京打电话给我,要我回到南京商量实施这个计划的办法,我经过考虑,勉强同意了这个计划。"北大校长蒋梦麟在昆明开始撰写的《西潮》一书里曾这样回忆。而"勉强"一词,实可见蒋梦麟迁校的态度。北大迟至一九三七年十月份,仍有二十多名教授联名上书蒋梦麟决心留在北平,不愿离开。由此可知,三校南迁,清华主动,北大消极被动,南开是被炸弹炸出来的。

九月十日,国民政府教育部发出第16696号令,正式宣布以北京大学、清华大学、南开大学及中央研究院设立国立长沙临时大学,并公布筹备委员会委员、秘书主任名单。[1]十三日,长沙临时

---

1 按,中央研究院后来没有参与临大的组建。

大学筹备会举行第一次会议，商议了最为紧迫的校舍和经费问题，明确了三常委分工：蒋梦麟负责总务，梅贻琦负责教务，张伯苓负责建筑与设备。在二十八日的第二次常务委员会会议上，决定三校旧生于十月十八日开始报到，二十四日截止，二十五日开学注册选课。十一月一日上课。随后，临大在京、沪、汉、粤、浙、湘、鲁、豫等地登报公告。另外，通过电台广播、私人信函等方式发布限期报到的消息。长沙，一时之间，成为北大、清华、南开三所学校师生共同奔赴的地点。[1]

行路难，何况要去的地方在千里之外，更何况在异族入侵的战时。何兆武《上学记》对一九三七年九月的平汉路和津浦路有简略的回忆：

> 那时候北方打仗，铁路已经不通了，主要的两条铁路，一条是今天的京广线，那时叫平汉路，从北平到汉口，但战争已经打到保定附近，所以这条路断了。还有一条路叫津浦路，到南京浦口，就是今天的京沪线，这条线也因为天津南面打仗中断了。我们只能先到天津，然后坐船到青岛——不能坐船到上海了，因为上海也打，再从青岛换火车到济南，再坐火车到徐州，最后转郑州到汉口，那时候大家都这

---

[1] 西南联合大学北京校友会编：《国立西南联合大学校史》，北京大学出版社，2018年，第13页。

样走。[1]

著者多方翻检本月北平、天津两地教授们南下的日记,他们南下的路线图,也的确印证了何兆武的话:"那时候大家都这样走。"

清华大学文学院院长冯友兰于九月七日与同事吴有训一道离开北平。他们属于第一批南下的教授,但即使是第一批,去长沙最为便捷的京汉路也已经不通车。他们按通例,经天津,走津浦路,先到济南,再到郑州换乘京汉路火车往汉口。他们一路走得相当顺利,但听说北京许多人家人离开,狗没法带,只好抛弃,狗却仍旧每天守在门口,不肯离去的事后,冯友兰说:"这就是所谓丧家之狗,我们都是丧家之狗。"

清华大学教务长潘光旦在处理完家事后于九月十六日早上六时离平。他先从北平东车站乘九个小时火车到天津老站,又转乘太古公司驳船到塘沽,再登岳州轮,经烟台、威海到青岛,碰巧在海轮上还见到二三十位"清华及他校同学,以及若辈之女友"。在青岛,他碰到清华八级毕业的一个正好自汉口来的学生,打听到梅贻琦校长已在长沙,临时大学也在筹组之中的消息。潘光旦断然决定从青岛登胶济车去长沙。车经济南、徐州、开封抵汉口

---

[1] 何兆武:《上学记》,三联书店,2008年,第71页。

大智门，渡江后，在武昌徐家棚车站，经粤汉路乘火车到长沙东站。此时已是九月二十八日傍晚六时半。经过了十三天的艰辛历程后，他终于抵达此行的终点站。他后来在《图南日记》中说："舟车凡六七换：北宁路、岳州轮、胶济路、津浦路、陇海路、平汉路、粤汉路。"[1]潘光旦因为动身早，铁路尚未阻断，较之其后赶赴长沙的师生，已经算是相当顺利了。

清华同仁大多结伴离平，一路上也好有个相互的照应。毕竟长途跋涉，犹豫不决或一再延迟的人也不在少数。还是校长梅贻琦想出了一个办法，告诉这些教授，十月十日以前到长沙，工资九、十两月照折发，否则自到湘之月起算。此法一出，清华更多的同仁"因此心动，决计南下"。浦薛凤带了一帮亲友离平已经是十月十四日，至前门车站，即碰到日兵搜查，所幸无事。浦薛凤坐头等车厢，座中高声笑谈者，几乎都是日本人。中国人都默默无言，彼此对一下眼而已。火车每站必停，九小时后，总算到了天津车站。接下来，原定的盛京轮一再延迟，到十八日才开船，经烟台，抵青岛。接下来入湘的路线出现了分歧。因为津浦陇海每日有日机轰炸，不安全，很多人想坐船到上海，坐浙赣路经南昌赴湘。但浦薛凤坚持在青岛上岸，他买到了青岛到长沙的火车联票，他乘坐的火车，在敌机轰炸的间隙里，经陇海路、粤汉路

---

[1] 潘光旦著；潘乃穆、潘乃和编：《潘光旦日记》，群言出版社，2014年，第26页，注解3。

而安抵长沙东站。此行,浦薛凤印象最深的当在郑州车站,他曾看到车站的墙壁上,粘贴有大大小小的字纸上千条,都是留言告诉走散的亲族如何联络寻找之类。战争的悲情,于此也可见一斑。

清华外文系代主任吴宓,穆旦的老师,其时正痴恋一位比他小二十多岁的女生高棣华,一直迟延不决,不愿南下,为了留平,他甚至给司徒雷登写信想在燕京大学谋教职,给英千里写信谋辅仁大学教职,均不果。最后,在同事的规劝(这里甚至有梅贻琦校长"命诸教授均赴长沙"的严令)以及亲友的一致促行下,才迟至十一月七日带着三位女生动身离平。吴宓一行,也自北平东车站登车至天津,尽管所坐二等车厢多日本军官,却在四小时后,顺利抵达天津东站。第二天购买到直开上海和香港的海口轮船票。在船上,吴宓发现乘客中"北平各大学学生甚多,亦有相识者"。船经烟台、威海卫至青岛上岸,在中国旅行社购联运火车票,买到了青岛至汉口的二等火车票。车经胶济路抵济南,换乘津浦路南行车抵徐州,登陇海车,经郑州而抵汉口大智门车站。乘人力车至江汉关,再渡江,至武昌徐家棚车站上粤汉火车,于十九日下午一点半抵长沙车站。吴宓此行,几乎与潘光旦路线相同,除了在徐州附近的利国驿车站躲了一次日机的警报,总体来讲,比潘光旦他们平顺得多。

从各种途径得到入学通知的清华、北大、南开三校学生,陆陆续续从各地前来报到,这其中还包括没有接到通知只是看到长沙临时大学开办消息的其他学生。温州人赵瑞蕻即是其中之一。这一年,赵瑞蕻刚刚读完国立山东大学外文系一年级。他和两个同乡同学辗转来到长沙,很多年以后,他回忆了去长沙临时大学本部外文系报到的一幕:

> 那天一早我和几个同学一起到外文系办公室报到时,一眼看见一位身披米色风衣,手里拿着一只烟斗,背有点驼,真是神采奕奕的,富于独特风度的老师正坐在一张桌子边上与人谈话。我的老乡,原北大外文系学生叶桎轻轻地告诉我,这个人就是系主任叶公超先生。轮到我前去注册时,叶先生看我一眼,低头看了我填的表格,随即说:"你叫赵瑞蕻,很好,没有问题了,先在这里待几天,再跟大伙儿上南岳去,我们的文学院设在那边。"叶先生在表格上签了字,说"好了"。[1]

不难想象,当穆旦风尘仆仆,从沦陷区报到同一个办公室并见到系主任叶公超的时候,他们之间又会有哪几句对话。只是,穆旦与赵瑞蕻略略有所不同,他是清华的老生,在叶公超眼里,总归有那么一点面熟吧。穆旦这个学期入读外文系三年级。在南

---

[1] 赵瑞蕻:《南岳山中,蒙自湖畔》,《离乱弦歌忆旧游——从西南联大到金色的晚秋》,文汇出版社,2000年,第123页。

岳，在蒙自，他与赵瑞蕻一道，也会去听叶公超的英国文学课。

长沙临时大学主校区设在长沙浏阳门外韭菜园一号湖南圣经学院，三层正楼一座，宿舍三座。另租用陆军第四十九标营房三座，用作男生宿舍，营房为两层木结构，各房间排满双层木床，因是老房子，底层不仅光线暗淡，还潮湿，学生一律睡地板。晴天尚好，一到雨天，屋漏滴沥，男生们只好被子上蒙一块油布，枕畔支开一柄油纸伞，勉强睡踏实。女生宿舍租用的是涵德女校的一座楼房。

正如叶公超告诉赵瑞蕻的，休整以后，文学院的学生得继续赶路，因为长沙临大本部的校舍根本不够分配，文学院临时设在了南岳圣经学院分院，那地方离长沙还有一百多里路呢。

实际上，长沙临时大学开始报到时的师生并不多，吴宓在九月二十二日跟萧公权的闲聊中即有"长沙系三校合办，员生到者现尚少"的记录，如果说这是传闻，那么，九天后的十月一日，从吴宓的清华同事毛玉昆出示的梅校长命诸教授均赴长沙并许诺十月内到达者当给九月薪之七成的电文，我们完全可以推断，临大面临严重的教员短缺的情况。也正是这个原因，长沙临大十一月一日开学后，邀请了张治中、张季鸾、陈诚、白崇禧、徐特立以及获释不久的陈独秀等来大学讲课，这从另一方面说，其实是弥补教员不足的临时举措。学生的情况似乎正相反，穆旦《抗战以来的西南联大》一文没有记载个体特殊的流亡经历，却记录了这一批学生共同的经历：

……一九三七年秋季，大后方的许多学校仍在安然上课时，平津的学生们却挣扎在虎口里。他们有的留在平津，秘密地做救亡工作；有的，几乎是大部分，则丢下了自己的衣服和书籍，几经饥寒和日人的搜查、威吓、留难，终于流浪到青天白日的旗帜下来了。

穆旦还敏锐地观察到，"当时借读于长沙临大者很多，全国各大学学生几乎全有，表面虽似混乱，而实皆为一种国难期间的悲壮紧张空气所包围"。

吴宓也不是最后一个报到长沙的教授。北大的罗常培、罗庸、魏建功、郑天挺、陈雪屏、周作仁等迟至十一月十七日才离平南下。据《郑天挺西南联大日记》，他十七日离平，经天津，至香港，入广西梧州，取道贵县、柳州、桂林、衡阳，于十二月十四日方抵达长沙。而比他们先走的钱穆、贺麟、陈寅恪等人，更到了十一月底才陆续抵达长沙临时大学本部。可知越到后面，青岛坐火车的路线已经被切断，行路越发艰难了。

而此时，临大对各科系做了调整和归并，中国文学系、外国语文学系、历史社会学系、哲学心理教育学系四系组成文学院，分别由朱自清、叶公超、刘崇鋐、冯友兰执掌。一个半月后，刘崇鋐请辞教授会主席一职，改由雷海宗继任。

十一月三日，冯友兰、朱自清、叶公超、闻一多、金岳霖、陈梦家以及威廉·燕卜荪等文学院老师，一行数人，从长沙出发，乘车前往南岳圣经学院分校。

吴宓十一月十九日到了长沙临大本部后，方知道文学院设于衡山（南岳）圣经学院分院。他休整了几天，遍访同事及友人，其间还登了一次岳麓山。等到托运的行李一到，九、十、十一月三个月的薪金领取，学校也开始来催他赴南岳上课了。十二月一日，他带着李赋宁、陈慈、张婉英（后两位女生随他从北平同来）等上午八点钟去火车站候车，候至天明也未见火车来。不得已，拖着行李回圣经学院。三日，第二次去火车站候车，仍无果。四日，吴宓他们赶去汽车站，始知南岳汽车停开，又复于雨中回校。五日，又到汽车站，但汽车全被军政部调用，晚上再去火车站候火车，守候到次日凌晨两点钟，终于登上了去南岳的火车，于六日下午近四点钟抵衡山站。吴宓后来总结说："此段旅行之困难乃过于由北平至长沙也！"

这一章，我们撇开传主、不厌其烦地叙述教授们去长沙甚至衡山分校的行进路线，实在是事出无奈。三校南迁，教授的迁徙因有日记或回忆录，其艰辛且危险的旅程相对比较清楚。学生们从四散的各地奔赴长沙的情况，则很少被记录下来。年轻的学子们那时也没有历史意识，特别是沦陷区来的学生冲破封锁线的危险经历，现在大多淹没在时间的万吨废墟中了。穆旦的情况也是如此。多年之后，我们推测穆旦入湘的路线图，也不外乎依照他的清华导师们所经行的轨迹。反正当我们再次看到穆旦之前，他的女友忽然出现在湖南衡山县署近旁的松柏旅馆里了。

> 下午约近4:00，抵衡山站。宓等下车，幸得李博高为导，雇挑夫担行旅，宓等提小箱随之。沿湘江行三四里，乃乘小艇渡过湘江左（西）岸，即衡山县城，聂云台君之故里也。入城已晚（6:00），觅旅馆，不得。（皆已住满。）卒于县署近旁之松柏旅馆（即董氏宗祠，又办一小学校。）得二室。宓与宁、博居其一，又一室则慈、婉与万卫芳（燕京借读女生，查良铮偕来此。）居之。（万终未与宓识面。）[1]

这是吴宓日记首次记下穆旦的名字。但细细辨味，吴宓要记录的其实是燕大借读女生万卫芳——穆旦的女友。穆旦实是被老师拉来陪记了一笔。

这个时段的穆旦行踪，甚少有其他的记录。不过，我们在李方编撰的《穆旦（查良铮）年谱》里，却发现一九三七年十月穆旦"作为护校队成员，随清华大学南迁长沙"的记载。此说的来源很有可能是李方对于王佐良晚年的采访。但护校的细节、过程不明。此说还有待考证。按，清华大学一九三八级一位经济系学生的看法，清华南迁长沙，纯属"个人的行动"。我们对于以上四位清华教授的入湘过程叙述，也完全可以觉出这一点。换言之，

1　吴宓：《吴宓日记》第6册（1936—1938），三联书店，1998年，第269页。

何来护校南迁之说。不独如此,我们现在连穆旦如何去的长沙,也根本不清楚。但我们知道,穆旦像三校的其他学生一样,一定走过了极艰辛的路程,更何况他是从敌人占领下的平津两地奔逃出来的。

吴宓是从衡山县城遇到穆旦的女友万卫芳的。可以确知,万卫芳也走在长沙赶去衡山的路上。那么穆旦呢,不清楚。吴宓的日记只出现了穆旦的名字,却并不表明穆旦就在现场。那天晚上,吴宓觅得松柏旅馆"二室",松柏旅馆是当地望族董氏的宗祠,祠堂里办有一所小学校,"二室"很有可能是教室充任的简易卧房,这"二室",吴宓与李赋宁、李博高占了一室,另一室安排了陈慈、张婉英、万卫芳三个女子。这里,任何一室都没有穆旦,这很明确地表明,穆旦不和他们在一起。但是,吴宓的这一句"查良铮偕来此",语调轻松随意,表明他与穆旦此前就很熟悉。一个"偕"字,又表明穆旦与万卫芳是一起来的。那么,我们是否可以这样推断,鉴于住室紧张,穆旦另觅住所去了。揆之情理,兵荒马乱的岁月,一个女子也不大可能独行,穆旦一定是在她近旁的吧。

从这一点上分析,可以说,穆旦又是在场的。如因缘际会,学生与老师那天在路上巧遇,那么,穆旦到达长沙的时间我们就可以推断出来。他到得不会很早。他从天津或北平动身南下的时间,恐怕还略晚于吴宓。毕竟,吴宓还在长沙休整了十来天。穆旦可能匆匆赶到长沙,报到后发觉文学院安排在南岳,他就又匆匆上路了。吴宓这惜墨如金的一笔，的确费解。

　　此去临大分校，已不算遥远。第二天八点钟，吴宓离开松柏旅馆。日记未记录万卫芳的动向。猜想，他们的方向其实一致。那天，吴宓一行各人雇一顶轿去南岳市，沿公路缓行。但即使山路平坦，轿夫也不肯走快。长沙的黄包车夫，名声之糟糕是出了名的。大家都知道，他们也不是第一次碰到。一路上，不时遇到赶去分校的临大学生，这其中也有相识的。这些学生和穆旦一样，也是从长沙出来，赶去分校上课。

　　十二月七日正午，吴宓在"甚热且疲"中至南岳临大文学院报到。

第七章

灵魂记住了南岳的秋天

衡山，名列五岳之一的南岳，国民政府此间设置有南岳市，距离长沙一百余里。如果顺利的话，汽车行三四小时即可抵达。但时在战时，汽车多被军政部征用，故南岳与长沙之间的班次甚少，这也影响到正常的邮递，报纸通常要两三天后才能看到。一封念想中的家信，常要迟滞延后很长的时间才勉强送达。此后无论老师还是学生，如果等一个包裹或一封信函，那简直是苍天在考验他们的耐心。

时值秋季，山雨甚多。闻一多随清华同事于十一月三日到达南岳。一连五天，秋雨不断。闻一多原本设想南岳的饮食会比长沙好一点，不料大失所望，"……至于饭菜，真是出生以来没有尝过的。饭里满是沙，肉是臭的，蔬菜大半是奇奇怪怪的树根草叶一类的东西。一桌八个人共吃四个荷包蛋，而且不是每天都有……"[1]闻一多喜欢喝茶,初到时,他为"一天喝不到一次真正的开茶"而抱怨,直到几天后,清华的老同事、外文系主任叶公超到了,带来了他的那只宝贝洋油炉子,闻一多这才"天天也有热茶喝"了。[2]

紧随其后,文学院的学生也开始离开拥挤的长沙前往南岳。也许,赵瑞蕻是唯一记录这个场景的在场学生:

> 那年十月十二日,我随文学院各系同学八十人一起离开长沙,分乘几辆客车到达衡山山脚下,再步行上山,就住入"圣经学院"我们的学生宿舍里了。同车来的同学中,外文系较多,有四十多人,因同住在一个宿舍,而且必读或选读,或旁听几门相同的功课,所以不久我都熟悉了。其中有李鲸石、林振述、王般、李赋宁、查良铮、许国璋、王佐良等。[3]

不过,赵瑞蕻回忆的"十月十二日"的时间显然有误。他本人其实是十月底到的长沙。而按《国立西南联合大学校史》的记载,学生从长沙动身前往南岳的时间是十一月十六日。赵回忆"同学八十人",那正是初到南岳时统计的学生人数。一个月后,

---

1 闻一多致高孝贞,《闻一多全集》,湖北人民出版社,1993年,第12卷,《书信·日记·附录》,第298页。
2 同上,第301页。
3 赵瑞蕻:《南岳山中,蒙自湖畔》,《离乱弦歌忆旧游——从西南联大到金色的晚秋》,文汇出版社,2000年,第123页。

这个数字急剧增加到了一百九十人。

在赵瑞蕻的回忆中，穆旦就在前往的这八十人中。他是十六日乘客车到衡山脚下的衡山镇，然后步行上位于山腰的南岳分校。

南岳分校，教授和学生分住。山上的房子，年久失修，山风又大，有的窗子吹掉不说，阳台上的栏杆也吹歪了。闻一多起初入住的那间房子，"窗子外面有两扇门，是木板做的，刮起风来，噼噼啪啪拍打的响声很大，打一下，楼板就震动一下，天花板的泥土随着往下掉一块"。[1] 钱穆刚到，也是两人一室。同住人移住附近后，钱穆实际上一人独居，得住最大的一间，可是，某次他登山独游归来，发觉宿舍已重新做了安排。他被安排与吴宓、闻一多、沈有鼎四人合居一室。舍在分院大门外右边山麓一所外观看起来尚称精致的洋房。房子里面的装潢也不见得有多好。教授住的房子已经拥挤成这个样子，学生的住宿条件也就可想而知了。

穆旦等学生住在大门内右边一排平房里。大门内左首的一座小楼，据赵瑞蕻的观察，住着叶公超和燕卜荪，而据后者的传记所述，燕卜荪其实和金岳霖住在一起，燕卜荪不洗澡也不洗衣服，金岳霖不得不经常强迫他洗漱。就在穆旦的宿舍和两位老师的小楼之间，是一排教室和一个大厅，分校的食堂和集会就在这个大厅里。

---

[1] 闻一多致闻立鹤、闻立雕、闻立鹏、闻名，《闻一多全集》，湖北人民出版社，1993年，第12卷，《书信·日记·附录》，第300页。

我们现在知道，穆旦在南岳分院所住的宿舍系平房，住有四人，其中有后来成为美术史家的山东莱阳人王逊。（另外两人似是冯宝麟、邵森棣。赵俪生《篱槿堂自序》曾记那年他上南岳，有"那一夜，我们和王逊、冯宝麟、邵森棣、查良铮聚谈了大半夜，次晨依依惜别"语）他们的房舍简陋，逼仄，尽管四个人"住同屋三个月"，穆旦对此的印象却也不坏，诗人晚年回忆，那三个月，于他倒是一段"热热闹闹的过的日子"。[1] 南岳的环境比长沙更加安静，战火暂时还没有延伸到这里，敌机的轧轧声还不与闻。穆旦和同学们新到，一切都是陌生的，何况南岳有白龙潭、水帘洞、祝融峰、有方广寺和王船山归隐处，附近的风景也实在不错。南岳的山路平坦开阔，大多是新近开辟的，很适宜于步行，课余约三五同学游山，那是再好不过的事。

"这里风景却好极了。最有趣的是前天下大雨，我们站在阳台上，望着望着一朵云彩在我们对面，越来越近，一会儿从我们身边飘过去，钻进窗子到屋子里去了。"[2] 闻一多看到的南岳秋天的美景，也正是离开了不过三百八十四个台阶的穆旦他们所看到的。所有这一切，对从大城市里来的穆旦来说，当然会感到新奇，诗人置身于大自然的秋季，有一种生机勃勃的诗意贯穿着他的肺腑。

---

1 穆旦致杨苡，1973年10月15日。《穆旦诗文集》(2)，人民文学出版社，2018年，第169页。
2 闻一多致闻立鹤、闻立雕、闻立鹏、闻名，《闻一多全集》，湖北人民出版社，1993年，第12卷，《书信·日记·附录》，第300页。

刚开始，南岳分校的伙食尚未正常，闻一多受不了。入住五天后，他和他的清华同事一道上街，开开心心去小铺子里开了一次荤，闻一多一共吃了二十个饺子，一盘炒鸡蛋，一碗豆腐汤。看来，南岳的小街也不远，教授们也可以凭薪水维持生活。但学生的情况就不一样了，手头若有余钱的同学，也可以隔三岔五吃一顿的，地僻的山间，反正物价也不贵，但大多数学生穷得叮当响，穆旦清楚地记得"有些同学甚至每日吃一角钱的番薯度日"。（穆旦：《抗战以来的西南联大》）

闻一多到南岳的时间算是早的，他住进一间"曾经蒋委员长住过"的洋房子。但很快，住所不够，安排他与钱穆、吴宓、沈有鼎同室了。"室中一长桌，入夜，一多自燃一灯置其座位前。时一多方勤读《诗经》《楚辞》，遇新见解，分撰成篇。一人在灯下默坐撰写。雨生则为预备明日上课抄笔记写提纲，逐条书之，又有合并，有增加，写定则于逐条下加以红笔勾勒。雨生在清华教书至少已逾十年，在此流寓中上课，其严谨不苟有如此。"[1] 而记录这段文字的钱穆本人，其时正为撰写一部中国通史做苦心的准备；其他人呢，汤用彤在写他的《中国佛教史》第一部分，吴宓每天晚上专记他的日记，冯友兰在写《新理学》，金岳霖写《论道》，朱自清撰写古典文学批评的论文，柳无忌在研读易卜生。中国文化灿烂的篇章，不想在这个人迹罕至的半山腰中悄然绽放出了它

---

1 钱穆：《八十忆双亲·师友杂忆》，三联书店，2006年，第201、202页。

的新芽。

十一月十九日，南岳分校正式上课。开学之初，分校条件之差，出乎师生的意料，上课连一块写粉笔字的小黑板都没有，图书之少，就更不用说了，后来想到了一个办法，"文学院从一些学生手中购买到少量的书，使馆藏略有增加"。[1] 此举既把分散在学生手中的图书集中起来，服务更多的同学，又略可解决一下学生的生计困难。

吴宓这次磨磨蹭蹭，开课二十天之后，才来到南岳。他照例拿根手杖，习惯性地手捧一本书，走在那条通往"山"上教授宿舍的山道上，并好奇地数了一数，拢共是三百八十四级石级。"二层楼，洋房，板壁"，当日日记记下的这七个字，可以看出吴宓对住所是满意的。"每人一木架床，一长漆桌，一椅，煤油灯"。但煤油灯很快就没有了煤油，变成了真正一灯如豆的菜油灯。吃呢，在叶公超的干预下，比闻一多初来时，已大为改观。此时吃有米面两种，"红烧肘子常有，炒菜亦好"，吴宓欣然满足。这个学期，吴宓授三门课：每周三小时的《西洋文学史》，同为三小时的《欧洲名著选读》，以及每周两小时的《欧洲古代文学》。吴宓自谓比在故都时上课来得轻松。因为时局的关系，本学期只有两个半月的课，吴宓又晚到，他实际上只上了一个半

---

[1] 易社强著、饶佳荣译：《战争与革命中的西南联大》，九州出版社，2012年，第22页。

月。穆旦选修了吴宓的欧洲文学史课。吴宓的课是文学院最叫座的课程之一,"他讲课还有一个特点,就是把西方文学的发展同我国古典文学做些恰当的比较,或者告诉我们某个外国作家的创作活动时期相当于中国某个作家,例如但丁和王实甫、马致远,莎士比亚和汤显祖,等等。他把中外诗人作家和主要作品的年代都很工整地写在黑板上,一目了然"[1]。赵瑞蕻晚年还帮助我们复原了吴宓上课的情景:

> 每次上课铃声一响,他(吴宓)就走进来了,非常准时。有时,同学未到齐,他早已捧着一包书站在教室门口。他开始讲课时,总是笑眯眯的,先看看同学,有时也点点名。上课主要用英语,有时也说中文,清清楚楚,自然得很,容易理解。[2]

穆旦后来跟吴宓保持了相对而言比较密切的关系,可能跟他喜欢吴宓的文学史课有关。

此外,穆旦还旁听了冯友兰的《中国哲学史》。当然,英籍教授燕卜荪讲解的"莎士比亚"和"英国诗歌"两门课,穆旦绝不会落下。这是他的兴致所在。

---

1 赵瑞蕻:《离乱弦歌忆旧游——从西南联大到金色的晚秋》,文汇出版社,2000年,第63、64页。
2 同上,第64页。

诗人和批评家，来自英国的威廉·燕卜荪原是北大的教授，他有一根红通通的希腊形状的高鼻子，一对蓝灰色的眼睛，不过，让穆旦印象更深刻的是这位身子修长的外籍老师有着惊人的记忆力。这一学年（1937—1938），燕卜荪教三四年级英文，穆旦恰好在读外文系三年级，与他同班的有李赋宁、王佐良、许国璋，上回和吴宓一道来到南岳的李博高也在这个班。至于穆旦的女友万卫芳，则作为借读生上了外文系二年级。

在南岳，以及后来在蒙自，关于燕卜荪的故事总是特别多，这不仅因为他是一位外籍教师，更因为他是一名不修边幅、才华横溢的诗人。诗人的日常行为总与一般人有所不同。其实，在南岳分院园子里的草坪上，系主任叶公超衔着烟斗，早就兴味盎然地给同学们吹过风了："今年我们新请来的剑桥诗人燕卜荪先生已经来了。他现在正在楼上打字，明天就可以上课了。哦，他是一个诗人。……你们不久可以发现他的天才和一些好玩可爱的地方。这学期他先开莎士比亚、英国诗和三四年级英文。"燕卜荪不会汉语，赵瑞蕻看到他跟从小接受美式教育的叶公超住在一起，想必叶公超充当了他的中文翻译，如此，生活上总可以方便一些吧，好在外文系学生英语会话的本领都不错。对于燕卜荪来说，生活的不便主要反映在吃食方面，首先是不会使用筷子，还有，湖南人的美味调味品油辣子，他哪里吃得惯。第一次在教授食堂看到这东西，还以为是鱼子酱一类的东西，他满满地打来一调羹，一口吞下，一瞬间，可怜的燕卜荪跺着地板，疯了似的跑了出来，一边还伸出舌头，哇哇怪叫："Fire! Fire!"叶公超憋住笑，幽默地给大家做起了翻译："燕卜荪先生说他嘴里起火了，他要我们看看，他的舌头烧掉了没有。"这句话传到隔壁的学生食堂，一位女生噗的一声喷出一口饭来，饭粒正巧落到了一位男生的碗里。

一位剑桥诗人的到来，对于正在从事现代诗创作的穆旦来说，心里的激动是可想而知的。他没有想到，这个整天醉醺醺、不时出一点洋腔的威廉·燕卜荪老师，将会给他带来一种意想不到的惊喜——西方最前沿的现代主义诗歌，而燕卜荪对于现代诗可以精确到词语的精微的辨析能力，教导学生"如何从语言一词多义的特性和语言的含混性的角度深入发掘作品的含义，对作品进行深入的分析"（李赋宁语），并试图教会学生"避免华丽、空洞的词句，学生用明确、朴素的语言直截了当地表达思想"（同上）的方法，对于一名正在发育的新诗人来说，那的确是来得太及时了。

穆旦、王佐良、李赋宁、赵瑞蕻，所有对诗歌创作跃跃欲试的年轻人，都把目光聚焦在了燕卜荪身上。

看见一个身穿灰棕色西装的外国人，手里拿了一根手杖，胁下挟了两瓶红葡萄酒；外衣上一个大口袋里装满火柴和大英牌烟卷儿；另一个大口袋里插着三四本书。他孤独地穿过一座古风的石桥，走进长沙"圣经学院"的"暑期学校"的大门里去，一个挺长的背影消失在园子里的枝条间了。[1]

冯友兰在他的《三松堂自序》里曾经写到"圣经学院"："这座校舍正在南岳衡山的脚下，背后靠着衡山，大门前边有一条从衡山流下来的小河。大雨之后，小河还会变成一个小瀑布。地方很是清幽。"燕卜荪似乎爱上了这条小瀑布，在南岳的三个月，同学们时常看到他"独自在那股瀑布上面一块平滑的大青石上徘徊。不断地抽烟，看书，或是不停地匆匆来去"。

更好玩的是上课的情景：

> 我们的诗人一进门，便开口急急忙忙地说话；一说话，便抓了粉笔往黑板上急急忙忙地不停地写字。然后擦了又写，又抬头望着天花板，"喔，喔，……"地嚷着，弄得大家在肃穆的氛围里迸出欢笑的火花。[2]

那是一个阴沉沉的下午，燕卜荪第一次给外文系三四年级上必修的莎士比亚课的情景。在一间光线幽暗的茅草房里，穆旦和他的同学们挤满了这间简陋的教室。大家注视着有着一头乱蓬蓬的金发的诗人，被他那双闪烁着智慧的蓝灰眼睛吸引住了。燕卜

---

1 赵瑞蕻：《离乱弦歌忆旧游——从西南联大到金色的晚秋》，文汇出版社，2000年，第24页。
2 同上，第26页。

苏一说话，便甩一种标准的牛津腔，语速又快，刚开始大家还不习惯，但这不妨碍大家对诗人由衷的欣赏。

燕卜荪的英文书都搁在长沙，尚未带来南岳。此地又没有图书馆，学生大多没有读过莎士比亚，没有办法，只有靠他惊人的记忆力：

> 在"莎士比亚"班上，第一本读的是《奥赛罗》(Othello)，大家都没书，全凭他的记忆，整段整段地背出来，写在黑板上，给大家念，再一一加以讲解。在"英国诗"班上，最初几天，乔叟(Chaucer)和斯宾塞(Spenser)的一些诗篇也都是他一字不错，一句不漏地默写出来的。他还躲在楼上那间屋子里，那么认真地辛苦地把莎翁名剧和其他要讲的东西统统凭记忆在打字机上打出来。[1]

穆旦的同班好友王佐良对燕卜荪传奇般的记忆力也有回忆：

> （我们）是在湖南衡山南岳第一次听他的课。那时候，由于正在迁移途中，学校里一本像样的外国书也没有，也没有专职的打字员，编选外国文学教材的困难是难以想象的。燕卜荪却一言不发，拿了一些复写纸，坐在他那小小的手提打

---

[1] 赵瑞蕻：《离乱弦歌忆旧游——从西南联大到金色的晚秋》，文汇出版社，2000年，第27页。

字机旁,把莎士比亚的《奥赛罗》一剧硬是凭记忆,全文打了出来,很快就发给我们每人一份!我们惊讶于他的非凡的记忆力;在另一个场合,他在同学们的敦请下,大段大段地背诵了弥尔顿的长诗《失乐园》;他的打字机继续"无中生有"地把斯威夫特的《一个小小的建议》和A.赫胥黎的《论舒适》等文章提供给我们……[1]

燕卜荪的天赋中有着惊人的记忆抒情诗的能力,这一点没错,他所受的教育让他准确无误地记得足够多的英语诗歌,不过,他也坦率地承认"我可记不住散文"。[2]对于此后纷传他把《奥赛罗》全文凭记忆打印出来的说法,他本人是否定的,他的传记作者引述了燕卜荪本人的笔记草稿,道出了事实的真相:"一位好心人借给我一本炫目的一八五〇年版的《莎士比亚全集》(Complete Shakespeare),这让我可以安全地上一门课。这本书中还有一张散开的扉页,上面竟然有斯威夫特和蒲柏的签名,这在这座圣山上显得颇为令人激动。"[3]燕卜荪一直把南岳看成是圣山——他的圣山。一九五三年在谢菲尔德大学的开幕讲座中,针对他在南岳的传奇,他再一次谦逊地说:

---

[1] 王佐良:《怀念燕卜荪》,《心智文采:王佐良随笔》,北京大学出版社,2007年,第58、59页。
[2] [英]约翰·哈芬登著,张剑、王伟滨译:《威廉·燕卜荪传:在名流中间》(第一卷),外语教学与研究出版社,2016年,第537页。
[3] 同上,第538页。

这件事对于中国的讲师们来说并不会像对于大多数人那样恐怖，因为他们有着熟记标准文本的长期传统。我因为可以凭借记忆打出一门课程所需的所有英语诗歌而给人们很好的印象，然而，这事之所以受到赞赏是因为我是一个外国人，若是中国人那就没有什么稀罕的了。实际上，我们当时是有一本散文选集的，可以照着这本书再打印出来在他们的作文课上用［选集中包括林顿·斯特雷奇（Lytton Strachey）、奥尔德斯·赫胥黎、弗吉尼亚·伍尔夫和T.S.艾略特］……但是除了这本书之外，的确是没有什么其他的书了。[1]

在燕卜荪的"英国诗"课上，穆旦对老师讲到的英国诗人布莱克发生了浓厚的兴趣。燕卜荪推崇布莱克，认为他是莎士比亚和弥尔顿之间出现的英国最伟大的诗人。燕卜荪不仅当堂背诵并讲解布莱克的名诗《老虎》和《伦敦》，还极力推荐他们读艾略特的那篇评论《威廉·布莱克》，艾略特的文章不长，但老师告诉学生，此文得仔细阅读。

穆旦"沉静而诚挚的性格，勤奋而善于学习的态度，尤其是对诗歌的热爱"很快吸引了外文系一年级的借读生赵瑞蕻，温州人赵瑞蕻敏锐地观察到这位比自己小三岁的学长的那股"年轻的

---

1 ［英］约翰·哈芬登著，张剑、王伟滨译：《威廉·燕卜荪传：在名流中间》（第一卷），外语教学与研究出版社，2016年，第537、538页。

热狂劲儿":"那时,真巧,穆旦除喜欢拜伦、雪莱、叶慈外,也特别喜欢读布莱克。所以,他在班上听燕卜荪讲布莱克特有兴趣。他几次跟我谈论布莱克……"赵瑞蕻自认识穆旦之初,就觉得他和穆旦之间有许多共同的语言。事实也的确如此,穆旦后来和赵瑞蕻、杨苡夫妇一直保持着密切的朋友关系。

一九三七年下半年,我们现在所能找到的穆旦诗歌有两首,其一就是编入他第一部诗集《探险队》开篇的那首《野兽》:

> 黑夜里叫出了野性的呼喊,
> 是谁,谁噬咬它受了创伤?
> 在坚实的肉里那些深深的
> 血的沟渠,血的沟渠灌溉了
> 翻白的花,在青铜样的皮上!
> 是多大的奇迹,从紫色的血泊中
> 它抖身,它站立,它跃起,
> 风在鞭挞它痛楚的喘息。
>
> 然而,那是一团猛烈的火焰,
> 是对死亡蕴积的野性的凶残,
> 在狂暴的原野和荆棘的山谷里,
> 像一阵怒涛绞着无边的海浪,
> 它拧起全身的力。

在暗黑中，随着一声凄厉的号叫，
它是以如星的锐利的眼睛，
射出那可怕的复仇的光芒。

穆旦在南岳的收获，除了在燕卜荪的指导下有意识地阅读西方诗——从拜伦、雪莱、济慈的阅读延伸到研读布莱克、叶芝、艾略特以至于更为切近的奥登，他的创作也渐渐地受到影响而开始向着现代主义诗风转变。一九三七年十一月，就在南岳，穆旦写下了他诗歌创作以来最为结实的一首诗《野兽》。《野兽》最早刊登在学生自办的墙报上。这是一种相当简易的墙报，实际的情况大概是，同学们找来一张稍大的牛皮纸或报纸，大家把诗文贴在纸上，再把大纸贴到墙上，这就成了一期墙报。《野兽》一诗，是否与布莱克的《老虎》有隐秘的关系，我们认为，除了题目的相似，以及"一团猛烈的火焰"的形象觉得眼熟之外，其他就很难说了。但，艾略特关于布莱克诗歌的分析的确可以加置在这首诗上。比如，艾略特所谓的"布莱克的诗具有伟大的诗所具有的那种不愉快感"，我们在《野兽》中完全可以感知到。此外，艾略特分析布莱克先"有了一个意念（一个感觉、一个形象），然后通过复合或扩充对它加以发展"的成诗技术，用来分析《野兽》的入诗方法，当然也是成立的。事实上，穆旦和布莱克一样，有一种天才少年与生俱来的"极大的吸收能力"。无可置疑，他们的灵魂中有一种共通的血液，都有一种"呈现那些可以被呈现而又不需要加以解释的东西"。[1]

《野兽》是一首凶猛的诗,它的底色建立在三十年代现实的基础上。用词狠猛,词色也是黑沉沉的,泛着青铜的幽光。全诗只有两节,每节八行,对称感很强。经过长期的形式操练,穆旦一把抓住了时代的基调,又极为有力地把握了现代诗的形式——诗遵循了西方学院派的风格,诗人以大理石般沉稳的诗歌形式为自己矗立起了第一座丰碑。

《野兽》是一首成熟的现代诗,它展现出来的这个高度不可能是一蹴而就的。它内蕴的光芒,一定经过了诗人长期的磨练方始达成。但终一九三七年一年,穆旦仅存诗四首。我们完全有理由认为,诗人实际的创作一定不止这个可怜的数字。美国作家易社强在《战争与革命中的西南联大》第一部分第一章《从北平到长沙》中,意外地不完全征引了《穆旦诗文集》未曾收编的一首《在秋天》的四行:"在秋天,我们走出家乡,/像纷纷的落叶到处去飘荡,/我们,我们是群无家的孩子,/等待由秋天走进严冬和死亡。"根据注释,我们得知,以上四句是从《在秋天》的诗句中选出并"拼接起来的",原诗载一九三七年十二月二十八日出版的长沙《火线下三日刊》第十五号第一一九页。根据这一线索,完整的《在秋天》现已找到并公布于世。

---

[1] 艾略特:《威廉·布莱克》,王恩衷编译:《艾略特诗学文集》,国际文化出版公司,1989年,第17页。

在南岳的近三个月时间里，性格内向的穆旦，据赵瑞蕻说，也曾把自己的诗给老师燕卜荪读过。可是，燕卜荪不通中文，难道穆旦把自己的诗作转译或口译成了英文？燕卜荪对此没有品评。

在南岳这座燕卜荪视之为圣山的名山上，年轻的燕卜荪自己也在悄悄地写一部大作——一部叫作《皇家野兽》（真有意思，居然也有"野兽"这个词语）的长篇小说。这是他的传记作者披露的，"奇怪的并不是他（在南岳）没有写完《皇家野兽》，而是他竟然完成了这么多内容"。须知，那八十天，燕卜荪教务繁忙，物质的条件又是如此简陋。他写长篇小说这事，他的南岳同事或学生不曾有过任何的回忆，或许他们根本不知道，倒是他为南岳写下的一首平生最长的诗《南岳之秋》（"Autumn In Nanyue"），大家都还记得。《南岳之秋》有个副题，"从北平来的流亡大学在一起"，点出了诗的时代背景。也正是这首诗，燕卜荪的灵魂永远地和这所流亡大学有了关联。后来，他的学生王佐良把这首长达二百三十四行的诗译成了中文。

灵魂记住了它的寂寞

开篇引用了爱尔兰大诗人叶芝的六行诗。这是石破天惊的第一行引诗。是的，尽管灵魂记住的是"寂寞"，但整首诗的基调还是愉快的。对此，燕卜荪自己曾说过这样的话："我希望当时的愉快心情表达出来了，我有极好的友伴。"

对于一名敏感于季节轮回的诗人来说,南岳是大自然的一个奇迹,燕卜荪以"圣山"一词表达了他对南岳至深的感情。而更重要的是,此时,战火尚未波及这里,风景极佳的南岳简直是一个安静的世外桃源。转眼进入冬天,燕卜荪的心情显然是愉快的。他的同事柳无忌后来有回忆:"十二月二十四日,圣诞节前夕,冷清清的。晚饭时洋人燕卜荪哼圣诞歌数句,聊以点缀。"[1]而那年除夕(一九三八年一月三十日),滞留在衡山上的"文学院师生们开了联欢会,颇为热闹"。[2]

南岳两个多月的授课很快就结束了。趁着假期,崇尚自由的燕卜荪去越南游逛了一圈,然后,他将在云南的蒙自——文学院新搬迁的授课地址——继续与他的"极好的友伴"相伴又一个学年。

1　柳无忌:《南岳日记》,《柳无忌散文选——古稀话旧》,中国友谊出版公司,1984年,第104页。
2　柳无忌:《南岳山中的临大文学院》,冯友兰等编:《联大教授》,新星出版社,2010年,第10页。

第八章

三千里步行

一九三七年十二月十三日,国民政府首都南京陷落。消息传来,长沙临时大学震动。而日军又开始沿着长江向内地进犯,战火逼近,滞留长沙的流亡学生普遍感觉到了时局的动荡与不安。

从南京撤出的千千万万军民及公务人员,沿公路蜂拥而至长沙。蒋梦麟的回忆录写到了这一幕:"卡车、轿车成群结队到达,长沙忽然之间挤满了难民。"[1]而临大的教授们初到长沙时,但见湘字号的汽车,不过数十辆。不出两月,浦薛凤回忆:"及沪陷,首都吃紧,由京中驶来之汽车日众,满街满巷,尽见京字号之大小汽车。"[2]浦薛凤还敏锐地捕捉到:"街头闻人声谈话,逐渐变成江浙

---

1 蒋梦麟:《西潮》,天津教育出版社,2008年,第204、205页。
2 浦薛凤:《浦薛凤回忆录》(中),黄山书社,2009年,第45页。

一带口音。盖中上级江浙人士尽向湘汉移徙。"[1]一时之间,长沙旅店客满,饭馆无座。一句话,长沙满街人头攒动,人满为患,一个人走在大街上,挤在人群中,冷不丁会认出一个多年未见的老友。可见,大家都挤在了一艘逃难的船上。

临大常委会意识到,攻陷南京的日军时刻会有西进之意,也就是说,长沙随时处在敌人攻击的危险之中。严峻的局势,临大搬迁的动议不得不吃紧地摊开在常委会的桌面上。

作为临大文学院的学生,穆旦和大多数同学一样,感觉到了时局"非常不安"。诗人敏感的天性,使得他极易捕捉到"学校进程中一个比较暗淡的时期"。穆旦眼之所见,心有所感,提笔写道:

> 南京陷落后,大局危在旦夕,长沙的情形也非常不安,即是肯用功的同学也觉无法安心读书了,又加以"投笔从戎"的浪潮蜂拥全国,于是长沙临大中乃有大批同学出走。其中有入交辎学校的,有入军校的,有的则结成小组,到山西、陕西、汉口等地参加各种工作团及军队,再没有人梦想大学毕业了。[2]

"再没有人梦想大学毕业了",也许只是诗人惯常的情绪表达,

---

[1] 浦薛凤:《浦薛凤回忆录》(中),黄山书社,2009年,第45页。
[2] 穆旦:《抗战以来的西南联大》,《穆旦诗文集》(2),人民文学出版社,2018年,第65、66页。

但这种情绪未尝不是一个值得注意的现象。其实，穆旦观察到的一切，临大高层洞若观火。他们也正在有步骤地安排着迁校的具体细节。

一九三八年一月十八日上午十点，在阴暗的小雨中，湖南省主席张治中来校讲演，面对抗战局势，张治中直言这个国家应当死中求生，再不容许不生不死下去。张批评学生是变相的难民，正过着不生不死的生活。张还明白地告诉大家：无论如何，他不赞成学校搬迁。这也许出于地方政府狭隘的考虑，因为临大常驻长沙，是可以把它"当作湖南战时动员的教育资源"（易社强语）的。还有，在张治中看来，搬迁的物质条件不具备，"汽车也没有，船也没有"。总之，什么都没有。临了，这位省政府的主席演讲中"极讥诮之能事"（浦薛凤语），说："最好要到哪里去，就用两条腿走，这也是一种教育。"

学校当局担心张治中的讲演加剧学生不安心读书的情绪。事实上，学校也确实出现了"一天一天地过去，同学们是一天一天地少下去"（董奋语）的情况。幸好，国民党军委会政治部长陈诚及时来学校做了一场讲演，他的讲演对于稳定学生的情绪显然起到了很大的作用。陈诚的讲演时间不清楚，董奋一九三七年一月十九日即张治中讲演的次日，日记记有陈诚"你们应当好好读书，为未来的复兴"这样的一句话，我们由此推想，陈诚的讲演似乎在张治中之前而不是过去认为的相反。"陈诚告诉学生，中国有成千上万的士兵，但最缺乏的是有知识的人，而'你们是国家最后的希望',是当之无愧的'国宝'。倘若国之大器都化为炮灰,那么将来的形势肯定会非常严峻。"[1]陈诚的观点其实代表了国民政府对于战时教育的基本看法。但在学生中,这两种观点激起了争论,穆旦明确认识到"'救亡呢?还是上学校呢'的问题就成了'在长沙呢?还是到云南去'的问题"。穆旦记录了陈诚讲演的效果:

> 他(陈诚)给同学们痛快淋漓地分析了当前的局势,同时征引了郭沫若、周恩来、陈独秀等对于青年责任的意见。而他的结论是:学校应当迁移。我这里得说,以后会有很多同学愿随学校赴云南者,陈诚将军是给了很大的影响的。[2]

这一次,不同于三个月前三校的仓促南迁,临大高层对于学校的续迁非常谨慎。我们从蒋梦麟的回忆录中也可以觉出:

> 我飞到汉口,想探探政府对联大续迁内地的意见。我先去看教育部陈立夫部长,他建议我最好还是去看总司令本人。因此我就去谒见委员长了。他赞成把联大再往西迁,我建议

---

[1] 易社强著、饶佳荣译:《战争与革命中的西南联大》,九州出版社,2012年,第24页。
[2] 穆旦:《抗战以来的西南联大》,《穆旦诗文集》(2),人民文学出版社,2018年,第66页。

迁往昆明，因为那里可以经滇越铁路与海运衔接。他马上表示同意，并且提议应先派人到昆明勘寻校址。[1]

一九三八年一月十九日，国民政府教育部批准长沙临时大学迁往昆明。次日，临大常委会举行会议，立即布置实施。决议中规定教职员津贴路费每人六十五元，学生二十元；教职员学生统限于三月十五日前报到昆明新校址。决议于二十一日张贴，有些学生反对迁校，或以嫌二十元太少为由，在这个数字下居然旁注以"放屁"二字，让人啼笑皆非。其实，很多教授后来应叶公超的倡议，将此款捐助给了贫寒学生以作路途的津贴。

搬迁昆明的动议确定之后，南岳分校随之结束。穆旦随同老师和同学返回长沙本部。

随后的几天里，常委会不断开会磋商，学生赴滇求学的手续及路程渐渐明朗起来。学校及时发布通告，俾使学生有所准备。常委会根据熟悉云南交通人士的建议，确定了水陆两路入滇的路线图。水路，经由粤汉线到广州转香港，再搭乘海船到安南（今越南）海防，最后由滇越铁路经河口抵昆明；陆路，直接由湘西经贵州赴昆明。因考虑到陆路可以组织学生沿途调查、采集，增广学生见闻，遂决定组织湘黔滇旅行团，核准自填志愿、经体检合格的二百四十四名男生参加，并发给甲种赴滇就学许可证。女

---

[1] 蒋梦麟：《西潮》，天津教育出版社，2008年，第205页。

生、体弱多病、不宜步行者和愿走海道者则发给乙种许可证。穆旦持甲种许可证，在二月十日发布的《长沙临时大学应行发给甲种赴滇就学许可证学生名单》上，查良铮的名字排在醒目的第二位，列在艾光增之后、他的小学同学翟松年之前。在参加步行的二百四十四人当中，我们不知道穆旦的经济状况，按当事人的回忆，家庭经济宽裕的学生，少有参加步行的。"但凡经济上有一点办法的同学都不愿意参加旅行团。"如此看来，参加旅行团，还得视各人的经济状况而定。穆旦的报名步行，也有其不得已的因素。当然，他的诗人的性格也决定了他还有好奇和冒险的一面。

即使在学校搬迁已经确定的情况下，学生自治会仍发动大家签名反对搬迁。去不去昆明，变成了同学们见面谈论的首要问题。据说签名反对搬迁者超过了半数，但，签名归签名，另一种签名——填取云南入学证的签名，"大概要超过三分之二了"。大多数学生的心态，大抵与化学系二年级生董奋相类，也即"能不去为最好，去也就只好跟的去，反对搬家者，我也是一分子"。(《董奋日记》)

搬迁步骤有条不紊地展开着。长沙临大本部，穆旦和同学们很快看到，一辆辆满载药品的卡车进进出出，腾空的教室堆满了各种药品。二月四日，迁滇的新布告贴出来了，大致的步行路线也规划出来了，步行中间杂有坐船一项，即"自常德至芷江，三百六十一公里，乘民船"。很多同学对这计划中的"七百华里之民船"极感兴趣，纷纷打探：你是陆路去昆明，还是走海道？

二月七日和八日两天，学生开始体检。体检完了打防疫针。这是每个旅行团成员都必经的手续。据说很多人一针下去，连手臂都抬不起来了，可能有那么一点身体反应吧。很快，穆旦去团本部报到，领取湘黔滇旅行团团员证并行李签。将不随身携带的行李交付团部汽车托运。那几天，他和所有旅行团成员一样，外出采购一些路上必备的日常用品，其中包括最要紧的两种物件：布袜和草鞋。想着此去长路漫漫，全靠这一副腿脚了，马虎不得。

二月初的长沙下了一场罕见的雷电雹雨，此后阴雨不断，冷得要命。图书馆一坐，书翻开没几页，双脚就冻麻了。临时大学又面临搬迁，大家心神不宁，也没法安心读书，不少同学索性去一游岳麓山或天心阁，作为告别。学校当局也早想到了这种情绪，二月十日，他们请来田汉讲演，这位新锐的剧作家以南北混合调讲了近两个小时，以很好的演辞引起了每个人的深思，也缓释了大家紧张烦闷的心情。再几天后，旅行团的成员们开始注意到，一位军装笔挺、中等身材、年在五十上下、身板很结实的将官已经悄悄来到了他们中间。

旅行团的安全问题，临大高层自始至终相当关切。他们向国民政府提出要求，于是，军事委员会指派中将参议黄师岳前来指导。旅行团实行军事化管理，成立团本部，由师长黄师岳担任团长一职，参谋长由军训教官毛鸿少将担任。下面，学生编成两个大队，大队长分别由两位教官邹镇华和卓超分任。每个大队分三个中队，每个中队又分三个小队，拢共十八个小队。分队一般按照学生原来所在的学校划分。穆旦被编在第二大队一中队一分队，人员组成基本上是他清华大学的同学。他们那个小分队共十五人，队长刘金旭，副队长王乃梁，队员除穆旦外，尚有王宗炯、洪朝生、蔡孝敏、王洪藩、吴大昌、高仕功、何广慈、林宗基、赵泽丰、白祥麟、许安民、陆智常等。每大队配有伙食班，由学生五六人组成，学校还配备炊事员一人。为此，学校特地从长沙雇请了二十名炊事工。又买了三辆大卡车，一辆载运炊事工及炊具，另两辆载运行李背包。每个分队备有一盏提灯。全队配备了医生，医官徐行敏及两位男护士等三人随团本部步行。团本部，有负责摄影的，有记日记的，也有管理图书的。这一切安排，细致到令人赞叹。

有十一名老师也加入了旅行团。黄钰生、曾昭抡、袁复礼、李继侗组成湘黔滇旅行团指导委员会，黄钰生任主席，负责日常具体的领导工作；闻一多等多人组成辅导团。钱穆素称健行，刚开始，他也报名参加，还被推为队长。临行前，广西方面恰好有车来接几位教授往游。钱穆因慕桂林山水，不免心有所动。此外，常委会也需要一些教授去向广西方面解释学校不能迁黔的缘由，钱穆就请辞了队长一职，改由闻一多担任。闻一多时年刚满四十岁，留着一头乱蓬蓬的头发，在很多人看来，已经不再年轻，他不辞艰辛参加旅行团，诗人的胆汁质性格和沿途"可得经验"固然是一个方面，另有一个隐情，其实是他手头紧，湖北老家吃用开销全凭他一个人的薪金，正如他写信告诉大哥闻家骧的："二则可以省钱……步行者则一切费用皆由校备。"而同一时间他给父亲的信中也有"乘汽车经桂林赴滇，今因费用过巨之故，仍改偕学生步行"之语。

行前，旅行团成员每人发领一套黄色制服和一件黑色棉大衣。这件黑色棉大衣，雨天可以挡雨，晚上睡觉还可以作被。湖南省政府张治中主席先前对临大迁校持明确的反对意见，这回真要迁校了，他顾及学生行路之难，特赠每人干粮袋、水壶、草鞋、裹腿及搪瓷饭碗等物。当然，还有一把旅途必备的雨伞。行军途中，学生曾多次打伤寒预防针，还每人每次发价格昂贵的进口药物奎宁六片。有意思的是，出发前，张主席和教育厅长朱经农各赠猪给学校，张送了五只，朱送了两只。不独如此，张治中还以湖南省政府名义发函："兹派本府参议黄师岳率领临时联合大学学生三百人，于十八日由长沙沿湘黔滇公路徒步前赴昆明开学，特请转饬贵省境内沿途军团于该生等经过时，派员护送，俾策安全，并饬沿途各县政府预（此处衍一字）给券，仍由该率队官长给资归垫为荷！"[1] 事后来看，云南省政府显然关照了所经属县对学生的一路护送以及尽可能地提供食宿两便的安排。

十四日，一大早，穆旦等两百多名旅行团成员集中编队，黄师岳师长训话。黄师岳身材魁梧，虽行伍出身，却崇尚五四精神，

---

[1] 《云南省政府训令·秘二教总字第八七三号》（1938年2月21日），《云南省政府公报》第10卷第23期，1938年3月23日。转引自闻黎明：《闻一多传》，人民出版社，2016年，第262、263页。

出乎学生意料，他还爱好文学。他把这次搬家提高到保存国粹，保留文化的高度来认识，认为此举意义重大。他历数历史上的大搬迁，说这是第四次：张骞通西域为第一次，唐三藏取经为第二次，三宝太监下西洋为第三次，这次是第四次文化大迁徙！原来黄师岳也有自己的文化思考。

十七日早上，旅行团成员到操场集中，检查服装。穆旦也领到了背袋、臂章、地图……一切准备妥当。而在穆旦的随身行李中，比别人多出了一样东西：一本开明书店版的《英汉模范字典》。

十九日晚五时，穆旦等旅行团成员穿制服，打绑腿，着布袜草鞋，拦腰一根军用皮带，在韭菜园圣经学校大草坪集合。校领导及张治中主席代表陶履谦先生训话。六时，宣誓完毕，大家领了杯子和碗筷，从韭菜园出发，穿过长沙火车东站，入小吴门，沿街所见，千千万万的旗帜，呼啦啦在空中飘扬。师生群情振奋，振臂高呼，经中山路一路往西，步行至江边的中山码头。在钱能欣、杨式德等很多人的回忆里，旅行团出发的日子在他们的日记中记为十九日，余道南《三校西迁记》记为二月二十日，却加了括号说"应为十九日"，不过，这些日记中，最初出发的一两天很可能是事后的补记，余道南的日记在他晚年出版前更是做了文字上的修饰，事实上，正如《国立西南联合大学校史》所记载，因所雇木船十九日未备齐，迟至二十日上午，旅行团经由小木船登船，又延至晚上六时才得以启碇。这一点，倒是北大学生林振述（笔名林蒲，长沙临大时正读外国语文学系三年级）刊发在一九三八年春《大公报》副刊上的《湘黔滇三千里徒步旅行日记二则》比较准确。林蒲（随后，他与穆旦一同参加了南湖诗社）写道："临离去三月来共处的长沙，不想就在那码头上等水，等明天又明天，逗留了一天一夜。本来预计前天早上六点钟开的船，后改为八时，又改为午一时，又改为晚七时。到晚七时还不开船。"文章虽标题为"日记二则"，其实并没有标示日期，实则是当事人两则富有细节感的印象记。

五条民船缓缓驶离码头。穆旦乘坐的民船在一艘小火轮的拖带下，沿湘江，直下洞庭湖，由资江而沅江，往常德方向缓缓驶去。中国教育史上极为感人的一次壮行，就这样在春寒料峭的湘江边上拉开了序幕。

坐在船上，两岸是波澜不惊的湖湘风光，是"浓密的桐树，马尾松，丰富的丘陵地带，/欢呼着又沉默着，奔跑在江水两旁"。（穆旦《出发——三千里步行之一》）在诗中，穆旦把自己看成了一个失去了一切的鲁滨逊。此刻的船只就是一座移动的小岛，"鲁滨逊""又把茫然的眼睛望着远方"。（同上）穆旦的心情并非愉快。战时的漂泊和迁徙只是一个方面。有资料表明，穆旦与女友万卫芳正是此前不久分的手。我们查一九三八年一月统计的长沙临时大学学生名录，借读生万卫芳的名字排列在外国语文学系二年级的名下。可是，就在二月十日统计的《长沙临时大学准予赴滇就学学生名单》中，万卫芳的名字消失不见了。据此，似乎也可以知道了，孤寂的穆旦没有挽留住初恋女友，万卫芳被家人招回天津结婚，随即被双方家庭安排出国。这是穆旦与万卫芳事实上的分手。他们此后再没有见面，而即使有机会见面，伤透了心的诗人再也没有见面的愿望了。

　　千里之行，始于足下的是一段水程。长沙零零落落的街灯，很快落入远去的夜空，船行其上的湘江，如一条白带，倒立或者躺了下来。远处，是淡蓝色的天空和淡蓝色的山。二十一日船到临资口已是中午。过临资口镇，白马寺远去了。二十二日抵甘溪港，原计划出甘溪港由沅水去常德，但前面的沅江水太浅，船队无法通行而不得不改道去益阳。船由此转了一个方向，进入比湘江更美丽、水也更清澈的资江，全团晚上在离益阳城尚有十里路的清水潭住了一宿，"在清水潭，我看见一个老船夫撑过了激流，笑……"（穆旦《出发——三千里步行之一》）清水潭这个地名，连同吃船上饭的一个老船夫的笑，随后被穆旦写入诗歌。

　　二十三日，早上七点钟，旅行团整队去益阳。这时，天下起了小雨。严格意义上说，这一天，是旅行团步行的开始。大家在雨中走上湘滇公路。所幸，雨不久就停了。四个小时后，第一天的步行结束，全团居然有二十多人走坏了脚。在山岚和层层的水田之间，穆旦所在的小分队来到一个叫军山铺的小村住宿。军山铺是一个跨山坡的乡村，沿公路散开着几家杂货铺和几家客店。阴暗的老屋，大门开向公路。门槛很高，孩子们坐在门槛上，吃惊又害怕地看着这一群穿制服的人。穆旦后来为此写了两行诗："在军山铺，孩子们坐在阴暗的高门槛上/晒着太阳，从来不想起他们的命运……"(穆旦《出发——三千里步行之一》)山区的孩子不会想到,他们痴骏的神态被一个年轻的诗人看见,诗人用一个敏锐的眼神一把抓住并写在了他的诗中。入夜,当地百姓把他们领回家,并给他们烧开水,用香喷喷的稻草铺床。第二天离开的时候,据说还放鞭炮欢送他们。

随后,二十四日下午抵太子庙。二十五日至石门桥,二十八日下午到桃源,三月一日到郑家驿。二日傍晚,微雨中抵毛家溪,我们之所以不惮其烦标出这五个地名,是因为这些地名依次出现在了穆旦的一首诗中。"在太子庙,枯瘦的黄牛翻起泥土和粪香,/背上飞过双蝴蝶躲进了开花的菜田。"(同上)沿途,在穆旦眼前依次展开着的,是"湖南中部一片迷人的乡村景色:层层叠叠的山丘,一望无际的稻田,路边的鲜花嫩草,挺拔的竹子,山坡上苍翠的茶树和松树,还有料理得整整齐齐的菜地。清澈的池塘倒映着棕榈树的影子"[1]。整个旅途,未见穆旦记有日记,但诗人以诗歌为日记,把如此密集的地名一一嵌入诗行,显然也是有意为之。很可惜,以三千里步行为题材的组诗,穆旦只完成了之一《出发》和之二《原野上走路》两首。两年后的一九四〇年十月,两诗发表在重庆《大公报》副刊《战线》上。

穆旦也较多地写到了沅江。"我们有不同的梦,浓雾似的覆

---

[1] 易社强著、饶佳荣译:《战争与革命中的西南联大》,九州出版社,2012年,第30页。

在沅江上，/而每日每夜，沅江是一条明亮的道路。"（穆旦《出发——三千里步行之一》）沅江，一名沅水。我们已经知道，六天前，船队已经在沅江上行驶过一段水路。改走陆路后，旅行团于二月二十八日渡过了这一条仅次于湘江的河流。那天渡河时，恰好没有风，水面平滑，沅江像一块绿色的绸缎。旅行团中有人似乎不相信人世间居然有这样清澈的河流，忍不住拿出随身带的饭碗，舀了一碗水上来。这种清冽当然也震撼了诗人，穆旦此后在诗中以"澄碧"一词形容沅水，说它"滔滔地注进了祖国的心脏"，又说"江水滔滔流去了，割进幽暗的夜，/一条抖动的银链振鸣着大地的欢欣"。（同上）一个锋利的"割"字，尽见穆旦驾驭汉语的力道。而对于一名诗人来说，比喻永远是诗意得以流淌的有效途径。这里，穆旦把澄碧的沅江比喻为"一条明亮的道路"，也不无暗示着走完三千里步行的信心。

渐渐地，旅行团走到了更为偏远的湘西，沿途的村民好心地提醒他们，要当心前面的"绿林朋友"。所谓"绿林朋友"，是村民对于湘西土匪的一种幽默的称呼。旅行团对于湘西土匪早有所闻。三月四日离官庄后，旅行团转入山峡，两旁都是壁立千仞的峭壁。当日宿于马底驿前数里一个叫五里山的地方。晚十二点，团长黄师岳派工友来找各队的分队长，深更半夜的，此举无疑加重了一种紧张气氛。大家也知道可能有事。原来，团长闻说有两三百土匪过沅江前来，他是招大家来商量对策。这一夜，全体穿衣睡，随时等待命令。也幸而没有遇到土匪。

如同"绿林朋友"的称呼，旅行团一路也创造了一些类似的词汇，比如"大休息地"，实指"每天中餐打尖的地方"（约为每日行程三分之二的所在）；还有一个后来颇具流行性的词汇"打游击"。团员们别出心裁，给走路落伍的现象创造了一个不无自我嘲讽的新词。二大队一中队一分队的团员们，确实看到穆旦经常一个人落在后面顾自"打游击"。与穆旦同在一个小分队的洪朝生晚年回忆：

> ……我们一般是早餐后列队出发，但走不多远队伍就散开了，三五成群各按自己的速度前进。如果中午有开水站，或遇到小河边，大家会自然地会聚一下，但也不再重新排队行进。腿快的，如蔡孝敏等，常常下午两三点钟就到了宿营地，其他人陆陆续续到达，查良铮则常要到大家晚飧时才独自一人来到。[1]

穆旦姗姗来到宿地，通常情况下，大家已经吃罢晚餐。但细心的黄师岳团长早就招呼伙房为他预留了饭菜。[2]

行军的开始，队伍列为两个纵队行进。队员们既要顾前又要顾后，非常不习惯，后来，黄团长声明"只不准超前，落伍者听

---

[1] 张寄谦编：《中国教育史上的一次创举——西南联合大学湘黔滇旅行团纪实》，北京大学出版社，1999年，第303页。

[2] 同上，第8页。

便",大家立即感到解脱了。"打游击"大约从此流行起来,且也渐渐感到此乃两个多月长途旅行的无上妙法。故"大家行经山岳地带,一见小路,不待大休息的命令,整齐的队伍立刻就化整为零"。

三月五日向沅陵进发。宿凉水井,因正街为中央军校生千余人所占,旅行团只好宿于山间小村,晚间,需走两里路去汽车上搬运行李,走的是雨后又窄又滑的田塍,打手电又怕惊动土匪,只得黑暗中摸索行走,有几个学生扑通扑通就滑入水田里去了。这几天,天连续下雨,又阴寒,好不容易到了宿地,大家纷纷倒头就睡。六日,于风雨中至沅陵,不料七日暴风雨后又开始下雪。这一场倒春寒(九日正是农历二月初八张大帝生日)来得迅猛,旅行团因雪阻于沅陵。十日下午三点钟,忽然又下起雪来,这场雪还真不小,寒冷彻骨。晚饭后,爱好新诗的向长青和刘兆吉来找闻一多,师生三人坐在铺着稻草的地铺上,谈起了诗歌创作。向长青提出到昆明要成立一个诗社,到时请闻一多指导创作。

旅行团延至十二日,才乘公路局汽车去晃县。押送行李的汽车有一次也很危险地抛锚在山崖。这种惊险实在也不亚于匪患。从留存的一张照片看,卡车上全是行旅大包,当头一辆闪闪发亮的脚踏车,那应该是团长黄师岳的,他每天骑着它,来回两三趟,查看是否有团员掉队。

刘兆吉此时正在闻一多的指导下从事采集民谣的工作,他与闻一多的联系就此多了起来。也正是在他的文章中,记录了穆旦与闻一多伴行的一个身影。"我是采访组负责人,经常利用与闻先生同行的机会汇报采访工作情况,也常看到穆旦与闻先生伴行。老诗人与青年诗人相遇自然是谈诗了。穆旦对闻先生很尊敬,虚心学习,闻先生也很器重穆旦。"[1]这是刘兆吉一九九六年一月的回忆。闻一多的年谱中也没有找到与穆旦"伴行"的记录。我们当然不否认两人"经常"的伴行,至于说到新诗人老诗人"自然是谈诗",不过是刘兆吉的猜测。其实,闻一多此前就跟刘兆吉、向长青表白,这些年他"改行"了,研究《诗经》《楚辞》,久不作新诗,尽管他也还在读年轻人写的诗。而像穆旦这样正在尝试中的新风格,闻一多不曾有所议论。闻一多后来在《现代诗钞》中较多地选编了穆旦的诗,这也是事实。但他对穆旦的认识实际上非常有限,而且穆旦本人是一个性格相当内向的人。

三月十七日,旅行团过湘黔分界处鲇鱼铺,从此进入贵州省。下午入玉屏县时,不仅有欢迎的标语,还有县立中心小学学生列队欢迎仪式。原来,这里的县长刘周彝是北大政治系毕业生,念旧。该县为此特发布告。与穆旦同为十五人小分队的蔡孝敏抄录了这份布告:

> 查临时大学近由长沙迁昆明,各大学生徒步前往,今日

---

[1] 刘兆吉:《穆旦其人其诗》,《刘兆吉诗文选》,西南师范大学出版社,2003年,第129页。

(十六日)可抵本县住宿。本县无宽大旅店,兹指定城厢内外商民住宅,统为各大学生住宿之所,民众或商民,际此国难严重,对此复兴民族领导者——各大学生,务须爱护备至,将房屋腾让,打扫清洁,欢迎入内暂住,并予以种种之便利。特此布告,仰望商民一体遵照为要。此布。

蔡孝敏在旅行团里是出名的快腿,他总是最先赶到宿营地。同在一个分队,穆旦却是有目共睹的走得慢。一快一慢,相映成趣。正是在蔡孝敏的湘黔滇步行杂忆中,我们看到了这位"(清华)十一级查良铮兄,系教育家查良钊老校友之昆仲。于参加旅行团之前,购买英文小字典一册,步行途中,边走边读,背熟后陆续撕去,抵达昆明,字典已完全撕光。此种苦学精神,堪为青年楷模"[1]的记录。原来穆旦走得慢,是有原因的。他独特的苦学,从此定格,成为湘黔滇流亡学生步行途中一个难以忘怀、津津乐道的形象。

贵州是贫穷的偏远省份,很多地方种植罂粟。黔西田中的罂粟花开得特别妖艳,不少山民都吸鸦片。集镇的街上也多鸦片和烟具出售。旅行团夜宿民居,有时碰到主人吸鸦片,味极难闻。这群闻惯了书香的书生,哪里受得了这股污浊的气味。

---

[1] 蔡孝敏:《旧来行处好追寻——湘黔滇步行杂忆》,《学府纪闻·国立西南联大》,台湾南京出版有限公司,1981年,第104、105页。

旅行团穿卡其布军装及沉甸甸的黑棉布军大衣,打着绑腿,每个人背一把湖南有名的油纸伞,路过的山民很奇怪,如果说这是一支军队,却没有枪,倒有一把枪似的油纸伞,更特别的是,队伍里有那么多戴眼镜的"士兵",这是从来没有见过的。但仍有很多山民一见到穿制服的,本能地感到害怕,都远远地跑开了,根本不敢接近。特别是贵州东部的山区,散布着一些世外桃源般美丽、安静、封闭的小山村,村民们见到这一队队穿卡其布的,简直是望风而逃。

三月二十六日,这一定也是穆旦印象最为深刻的一天。下午三点钟,县政府安排了一个汉苗联欢会,不意外,苗民来得很少,只一个年老的仡佬族族长领来四个十五六岁的少女和七个青年,他们都身穿民族服装,在空白场地上载歌载舞。有同学表演独唱、合唱及抗战宣传剧。旅行团成员围成一个圈,干脆拿出一坛老酒与苗族同胞欢饮。李继侗教授拉起徐医官跳了一曲华尔兹。黄师岳团长跟苗女合了影还拿起手杖即兴表现了一幕"舞剑"。至于曾昭抡教授,与苗民共饮,一高兴,被灌得大醉。黄团长到底是军人,酒量大,千杯不醉。最有意思的是,有同学在高地上装置了随身带的无线电收音机,请苗民过来收听广播。大家可以想象一下,从来没有听过无线电的几个苗民那种下巴快要掉下来的惊讶程度。可惜,行军途中,团部这唯一的一部收音机也损坏了。

三月三十日,贵州省府所在地贵阳大南门在望。下午三点,等候同学们到齐后,团部决定整队入城。贵阳城不大,修葺一新的城垣尚完整。走在宽敞却满是黄泥石子的街面上，年轻的教师吴征镒当日日记记下了这么一笔："阴雨中整队入城，草鞋带起泥巴不少，甚为狼狈，曾先生之半截泥巴破大褂尤引路人注目。"旅行团一路西来，贵阳算得上一个稍稍繁华的大城市了，尽管城里也只有两条大街——南北向的中山路和东西向的中华路，前者四里，后者三里，根本不算长。因为连日的阴雨，团部在此休整四天，接受原清华大学校长（1913—1918）此时正担任贵州财政厅厅长的周诒春的热情招待。四月三日晚上，在贵阳的清华同学会设茶点开了一个欢迎会。穆旦所在的二大队一中队一分队大多是原清华学生，这样的欢迎会，他们清华同学应该是很愿意出席的，何况还有免费的茶点可以饱食。当然，还有迥异于乡村的城市时髦女性可以养眼：

> 贵阳年轻的姑娘最为引人注目。行军途中，学生几乎没有时间和精力想这些事情，到了贵州，他们才意识到身边有女孩可以打量、可以交流，这是多么重要。突然间，他们周围仿佛都是妩媚的都市女孩——她们头发卷曲，精心打扮，可爱动人。在贵阳三天（按，实际似乎是四天），有时学生和老师站在商店里一动不动地盯着女售货员。[1]

易先生写到的"学生和老师站在商店里一动不动地盯着女售

---

[1] 易社强著、饶佳荣译：《战争与革命中的西南联大》，九州出版社，2012年，第41页。

货员"的画面不免令人会心一笑。不过,说他们行军途中无暇想这些事情,倒也未必。从现存的日记看,一路所遇的不甚多的女性,团员所有的日记都没有漏记,从旅行之初船泊白马寺那些个卖茶叶蛋给少了钱而噘着嘴的妙龄乡女,沅陵码头赤脚缠头、背着竹篓的中青年妇女,一直眼睛瞄着湘西以及黔西的苗女,旅行团火辣辣的眼光何曾离开过异性。杨式德的日记甚至大胆地记下了贵阳平坝的苗妇"袒露胸部,可见乳房"的一幕。而他们"在公路上的粗鲁举动——色眯眯地盯着女孩,大喊大叫,以及诅咒"的雄性荷尔蒙高涨的失礼行为,想来也很不少。当然,破旧的薄如脆纸的旅店板壁间半夜听闻男女交欢的缠绵声,更是他们一辈子都忘记不了的。

  旅行团全称"湘黔滇旅行团",这一路行走,还真有那么一点"旅行"的意味。在常德,他们看了古桃花潭,前几天刚在贵定探视过一方名胜牟珠洞。四月八日到镇宁后,很多人出县城东门两里去看火牛洞,洞中布满钟乳石,里面的大洞,类似于清华园的大礼堂,却比大礼堂高许多。火牛洞远超牟珠洞,经第一批进洞游玩回来的同学的宣讲,"结果,全团连伙夫都去了。甚至有去两三回或第二天早晨临走之前又去玩的"。大家都很珍惜这个难得游赏的机会。闻一多更是兴致大增,老诗人激情澎湃,用深沉的男低音唱起了《胡安妮塔》(Juanita)和《桑塔·露西亚》(Santa Lucia)两首英文歌。一百多名同学散开在"大厅"的各个角落里,壁上、洞底站满了人。还有几十名同学齐声一喊,忽而静默,以此测听洞中回音，十秒钟后，传来的回音还能听得清清楚楚。火牛洞恍如隔世的奇景，令人流连忘返。闻一多说："到了镇宁县，不去火牛洞，等于白走一趟。"[1]旅行团大部分人没有白走，都"到此一游"了，想来穆旦也裹在这一队仰头赞叹的人群中。九日，更是来到了世界著名的黄果树，领略了黄果树瀑布的美景。以下是钱能欣同学的现场记录：

> ……由小道上公路，经安庄坡而至离黄果树二里的地方，可闻道旁山谷间水声滔滔，向右行数十步，便见溪上瀑布，浩浩荡荡，奔流而下，高二十多米，宽约三十米。水量巨大，已为不可多见之奇观。沿公路继续前进抵黄果树。在村庄的后面，便是著名的大瀑布所在了。水流巨声，如雷，如吼，如万马奔腾，全村可闻。大瀑布高四十余米，宽二十余米，水自上下堕入潭，水花四溅，数十米内点滴如雨，阳光投射在"匹练"上，曲折反射，大雾顿成了美丽的虹光，七色的弧线跨在溪水上，如天堂的浮桥。[2]

整个旅行团，可以说被黄果树瀑布宽平博大、高险神异的非凡气势震撼了。不少同学待在观瀑亭，久久不愿离去，以至于团

---

1 易社强著、饶佳荣译：《战争与革命中的西南联大》，九州出版社，2012年，第42页。
2 钱能训：《西南三千五百里》，《联大长征》，新星出版社，2010年，第80页。

长派人前来催唤，才想起还得继续赶路。

旅行团除了匪患的传言外，遇到的另一次危险就是过盘江了。四月十一日中午，他们来到盘江渡口，发觉滇缅公路修筑时改修的水泥石拱桥一个多月前断坏，掉下去一辆车，死了二十来个人。盘江水急，只有靠渡船渡江。渡船长六七米，宽不过两尺，真可谓狭而长，这种小划子船一次也就载五六人，一个小分队，得有三条船分乘。而盘江渡口也只有四条船，其中一条还不能用。划船的倒是经验丰富的老船工，分坐在船头和船尾。老船工以近乎吓人的话告诫这些年轻人，上了船不能乱动，这里水急浪大，常常翻船死人。闻听此话，登船的同学又多不识水性，唯有老老实实蹲坐在船里，两手紧紧抓住船舷。又见两岸峭壁耸立，险象环生，一个个大气都不敢喘一口。船先沿着此岸慢行上溯，划近旧桥墩时，突然一转，顺流而下，势如飞矢，十秒钟内被迅速冲下三四十米，渐渐靠近对岸，又拨转上溯，最终安全靠岸。盘江江面不过三四十米，船工以"之"字形划行，为时不过数分钟，惊心动魄的程度，不下于任何历险。船已靠岸，有队友还呆若木鸡，惊魂未定，需要几个人才能把他拖出船来。[1]

过江后的麻烦并没有减少，拟定的哈马庄根本住不下，只好忍饥挨饿赶往安南县城，行旅和炊事车坏在途中，不能抵达。见到路旁的面店甚至连一个卖炒米糖的小摊都被抢购一空，也顾不

---

[1] 综合刘兆吉、余道南、杨式德、吴征镒、钱能欣等旅行团成员的日记。

得价格昂贵了。大部分学生,夜里十点或十一点赶到,只好在县政府大堂瑟瑟发抖着坐了一夜,这还包括了曾昭抡、李继侗、闻一多三名老师。原来,安南县长单请团里的先生们吃饭,又引起学生的不满,吵闹的矛头特别指向了负责人黄钰生(子坚)。幸得闻一多的劝说,才罢休。而半夜里,有学生直接跟黄子坚的侄子起了口头冲突,黄的这个侄子霸道而又好激动,口头冲突还不算,"他不停地揍一个批评他伯父的北大学生",这就引得学生群情激愤。第二天,黄不得不送走了他的两个侄子并向全团道歉。

这不是旅行团第一次发生摩擦。事实上,艰难的行进,不仅锻炼了年轻人的身板和腿脚,也很容易暴涨他们的坏脾气。易社强跟当事人的访谈中,曾写到二大队的大队长卓超,一个军训教官,"以生痔疮为由,总是和厨师一同乘车"。这位大队长的行为,很为抱有怨言的同学们所不屑,他们直说"他是个彻头彻尾的懦夫"……易社强还写到身为老派军人的黄师岳与学生的紧张关系,原来,一些学生很喜欢打桥牌,一些狂热的桥牌爱好者会快速走完一日的行程,找个地方玩牌,直到后来者超过了他们许多,才又收拾一下,然后故技重演。黄团长看不惯,开大会制止打牌,却遭到了学生们从各个角落里响起来的嘘声。不独如此,团员与船夫、团员与团员之间也会有一些家常便饭似的冲突。

十九日,距离长沙出发正好两个月,穆旦等旅行团成员来到胜境关。略一西行,便进入云南省境。云南时在龙云的辖地,不仅天空的云高远蔚蓝，松软赤红的山土跟贵州的深灰色土质也大不同，连植物也不一样，黔西遍地的鸦片不见了，道旁代之以红的杜鹃花和白的山茶花，公路状况显见有所改观，变得相对平坦了。但，云南大脖子病随处可见，地方官也多半是瘾君子。旅行团也终于意识到，这片土地上的弊端，不过是有所隐蔽而已，所谓"隐蔽"，是指上峰有所交代，且雷厉风行地执行得好。这种情况，贵州也有，旅行团没有忘记，他们走过的时候，挂出国旗或者组织小学生迎接的事也不少，有的地方还特地在旅行团经过的时候禁赌。但云南所做下的表面文章无疑更为漂亮，民户家家悬挂国旗，墙上书写欢迎他们的大幅标语。为了腾出屋舍供给住宿，有所小学还为此放假三天……好在他们离目的地已经不远了。

走在渐渐下坡的原野上，三千里的步行终于快要到尽头了。也许在步行的途中，穆旦已经萌发了要完成一组以《三千里步行》为总题的大型组诗的愿望。《在原野上走路》是已经写成的第二首，诗从"我们终于离开了渔网似的城市，/那以窒息的、干燥的、空虚的格子"起头，重新检视这次步行经历。在此之前，除城市生活之外，穆旦没有其他的生活体验。通过这一次行走，诗人感觉到"这片自由阔大的原野"把他紧紧地拥抱了。那"窒息的、干燥的、空虚的"城市，从此有了另一个生机勃勃的反影——"蓝色的海，橙黄的海，棕赤的海"。当然，海，这里几乎就是"原野"的一个隐喻。

> 我们走在热爱的祖先走过的道路上，
> 多少年来都是一样的无际的原野，
> ……

三千里步行，从城市走向原野，历史感和现实感出来了。穆旦的诗歌，至此境界始大，多了一种家国的情怀。这段非凡的经历，也促使他在三年后的一九四一年十二月，写出了中国诗歌史上一首雄奇磅礴的杰作《赞美》。

四月二十七日，到了板桥镇，此处距昆明二十公里。镇上一条一里多长的石板街道上，站满了风尘仆仆的兴奋的旅行团成员。晚上入住明应小学以及西门外的明应寺。团部在区公所安顿下来后，随即电话通知了已经更名为国立西南联合大学的学校办事处。黄钰生随后赶来慰问，团员每人还发给一双袜子和一双精制的麻草鞋，还有茶点券等。三千里步行的最后一天晚上，穆旦，以及旅行团的每一个人，兴奋，激动，还有，大家却都微微地有了那么一点伤感。

一场刚毅坚卓、精神垂之久远的文化长征也许正等着一个漂亮的结尾。四月二十八日，昆明郊外，天气温和而晴好。穆旦随同全体学生穿上干干净净的衣服，整队集合，听黄师岳最后一次训话。随后，黄钰生报告联合大学近况。黄先生讲：西南只可作我们暂避之区，不能作我们长久的安息所，东北、华北、沿海是国家的命脉所在，不可丝毫有所缺损。这些话，引发了大家的共鸣。讲毕，全体学生精神抖擞，步行十公里至距昆明城四公里的贤园，大家从蒋梦麟夫人陶曾毂、赵元任夫人杨步伟的手里接过一份油印的由赵元任编制的新歌——It's a Long Way to Lianhe Daxue（《迢迢长路到联合大学》）。稍息后，重新整队出发，由闻一多领队，从东门入城。刚踏上昆明的街面，一位联大的女同学向黄团长敬献大红花一束。行经正义路，联大章元善教授的女儿章延、章斐，赵元任教授的女儿赵如兰、赵新那，这四位穿着白底浅蓝长衫的少女跑过来敬献花篮。走在前头的学生赶紧接过，抬着那大花篮，沿宽阔的石板路继续行进。由海道先到昆明的同学这会儿举着横幅、喊着口号前来引导，横幅上书"国立西南联合大学慰劳湘黔滇旅行团"。昆明市民从未见过这样热闹的大场面，左右相告，两旁驻足，并开始围观，一时之间，道途为之拥塞。小孩们在大人的引领之下，唱赵元任新填的歌曲：

It's a long way to Lianhe Daxue（迢迢长路到联合大学）

It's a long way to go（迢迢长路，徒步）

It's a long way to Lianhe Daxue（迢迢长路到联合大学）

To the finest school I know（去找我最美好的学校）

Goodbye Shengjing xueyuan（再见，圣经学院）

Farewell Jiucai Square（再见，韭菜园）

It's a long long way to Kunming City（迢迢长路到昆明）

But my heart's right there!（是我心之所归）

团部被引到城东南拓东街联大办事处迤西会馆，梅贻琦、蒋梦麟及各位教授欢迎旅行团到来。随后全团由拓东路、金碧路、正义路、华山南路和西路，而青云街、圆通街，几乎穿过了整个昆明城，一直走到城北的圆通公园，在那里举行正式的欢迎仪式。黄师岳对梅贻琦说："我在长沙从你手里带走了两百多人，现在我把他们还给你。根据名单，所有人都在这里。"随即，这位受人敬爱的将军点了最后一次名，名字一个个报出，一个个响亮的"到"字传到，前后左右，此起彼落，持续了好长一会儿。点名完毕，黄师岳将军郑重地将旅行团花名册交与梅贻琦常委。

湘黔滇旅行团历时六十八天，除车船代步、休息或受阻外，实际步行四十天，除去乘船乘车，实际步行一千三百公里。平均日行三十二公里。

这是战时中国教育史上极为动人的一幕。虚龄二十一岁的穆旦躬逢其时。对于一名诗人来说，要改变一个人的语言必须改变一个人的生活。正因为有此不平凡的三千里步行经验，穆旦从此体会到了"我们走在热爱的祖先走过的道路上"。走过大西南，诗人才知道，"中国的道路又是多么自由而辽远呵……"。当然，身体的探险必然会经由语言的通道进入到更深一层的灵魂的探险。我们丝毫不怀疑，诗人的身体中，从此埋下了一支灵魂的探险队，探测汉语的矿脉深处。

第九章

蒙自湖畔，燕卜荪的火种

湘黔滇旅行团抵达昆明后，有整整四天的休整时间。因为尚有积余的经费，同时也为补偿旅行途中诸生衣裤的磨损，学校为全体成员每人制作衬衫一件、裤子一条。这几天，大家纷纷进城量衣身，标尺码。除此之外，就是理发、洗澡、宴请和拍照。洗澡在青年会，券也由学校发给，且还是很舒服的淋浴。至于宴请，因为学生太多，黄师岳将军分作两批，四月三十日晚上先请理工同学，次日晚上再请文法学院学生，两次都安排在光华街海棠春。五月二日下午二时半，同学们醵金在昆明名胜大观楼办了一场酬谢黄将军的游艺会，也欢送他奔赴抗日战场。

来不及脱下已经穿得发白的卡其布黄色军装，穆旦就入城去照相馆拍了一张二寸半身的证件照。照片一般隔日取出。取到照片的穆旦以清秀的笔迹在照片背面写下了一个日期："摄于湘黔滇旅行之后，一九三八年五月一日。"这是拍照的日期还是取照的日期？仔细推敲，稍有歧义。不过，如果照片不是五月一日拍摄，也必定是四月二十九或三十日所摄。这张小照大概是报到注册时学生必须交付的证件照。很明显，穆旦刚去理发店理过一次发。这几天，昆明的大小理发店人满为患，来理发的都是刚刚走完三千里征程、顶着一头乱蓬蓬头发的青年学生。穆旦这次理了一个小平头，前额的头发剪得短而齐整，眼睛睁得大大的，嘴唇紧抿，相貌正是刘兆吉所描述的那一句："眉目清秀……温文尔雅的漂亮大学生。"但穆旦的模样实在有点青葱，看上去倒像个内向、拘谨而羞涩的中学生。

昆明校舍不敷分配，西南联大文法学院意外地设在了蒙自。此去尚有三百公里的路途。这是一段不短的距离，也意味着联大的长征还没有结束。闻一多对此发了一句牢骚："此行本如投荒，今则愈投愈远矣。"幸好昆明与蒙自两地通有火车，顺利的话，车程一日可到。倘登上一辆慢车，大抵须在开远站留宿一夜，第二天继续乘车到碧色寨下，再转乘小火车去蒙自。时在战时，快车也常成为慢车。事实是，大家都在开远住了一宿。这也真够折腾的。

五月三日，学校包了四节车厢，学生们起了一个大早，捆好的行李均由学校雇用的汽车前来搬运，学生空手步行去火车站。穆旦的中学同学、也是联大同学陆智常难得地保留着一张穆旦等八人在昆明火车站的合影——前排蹲着四人，左起为王宗炯（清华工学院）、王寿仁（北大数学系）、陈舜礼（清华经济系）、陆智常（北大数学系）；后排站着仍是四人，左起依次是王洪藻（清华心理系）、赵泽丰（清华经济系）、穆旦（清华外文系）、林宗基（清华心理系）。八人中，穆旦与王洪藻、赵泽丰、林宗基、王宗炯、陆智常等五人都是湘黔滇旅行团一个小分队的成员。除了王寿仁，其他七人仍穿着旅行团的服装，其中穆旦和赵泽丰还穿着那件黑色棉军大服。穆旦戴着那顶军帽，斜背一只包，侧面微笑着，似乎被什么好玩的事情吸引住了。相比于其他几个同学，他不在拍照那一刻的状态中。

滇越铁路原由法国人修筑，依法制使用窄轨，路小，车厢当然也就比较小了。乘车之不舒畅，也可以想象。具有北大学籍的余道南记录了那一天他自昆明至蒙自的行程：

五月三日，晴。……我们文法两院同学整队上车，八时十五分开动。……开出昆明不远便进入山区，山高路险，曲折迂回，震动甚大。沿途凿山通道，大小隧道不可数计。煤烟为山洞所阻，尽入车内，以致车上烟尘扑面，空气污浊，令人不耐，有的人便晕车呕吐起来。……下午五时许抵开远站，乘客须在此度夜，可住旅店或宿车上。学校为我等先就找好了旅舍，下车后就在住处就餐，饭菜颇可口。……但蚊虫特多，一夜难于安枕。

四日，晴。四时起床，于灯前用早餐。一宿两餐均由学校结账,饭后登车,候至八时始开车,十时抵碧色寨。碧色寨有滇越路著名的工程"人字桥"。……碧色寨与个旧之间为运送那里的锡矿,建了一条轻便铁路,现已延至石屏,称个碧石铁路。小火车自碧色寨开出,途经蒙自仅半小时可到。我们转乘这里的小客车很快就到了蒙自站。下车直奔东门外宿舍,所有行旅,包括由海道托运的皮箱等件已由学校派员送到。马上找到了床位,开好了铺,吃了第一顿晚餐,整个旅程到此就最后完成。[1]

蒙自为云南六大坝子之一。此地,汉族与彝、苗、壮等少数民族杂处。蒙自县名,于元至元十三年(1276)立县以降迄未更改。蒙自县西南有莲花山,彝人呼为"母滋白莫"(据音),意思是"与天一样高的大山"。彝音"母滋"通常译为汉语"目则",则知"蒙自"为彝语"母滋"音转而来。

中法战争后,清光绪十三年(1887),蒙自开埠。光绪十五年(1889),清政府在此设立云南第一个海关,法国以及随之而来的英、意、日、德、美、希腊等国来此设立领事署。从此,蒙自这一边鄙之地,欧风美雨频来,一时之间,海关、领事馆、银行、医院、公司、酒店等纷纷开设。有一旅居越南的希腊人歌胪士在城墙东门外修了一座旅店,兼营日用品生意,称"歌胪士洋

---

[1] 张寄谦编:《联大长征》,新星出版社,2010年,第190、191页。

行"。但守旧的蒙自人以破坏风水为由反对在此铺设铁路，滇越路不得不改由碧色寨经过。蒙自的衰落由此开始。随后，海关迁址，医院停办。就这样，一大批房子空关着。联大高层考察后决定租用这里的空房安置文法两院。租下蒙自城外东南角的旧海关用作教室上课；法国东方汇理银行和法国领事馆用作图书馆和教职员宿舍。海关和东方汇理银行旧址是"蒙自最好的地方"（朱自清语）。朱自清本人和燕卜荪就住在那里。以上三者在一个大院里。此外，还租下了长方形砖砌的共有两进两层的歌胪士洋行。临街一进，楼上安顿教职员，联大总务长郑天挺晚年回忆："当时教师多数住原领事馆内，住歌胪士洋行楼上者有闻一多、陈寅恪、刘叔雅、樊际昌、陈岱孙、邵循正、刘阜敏、陈序经、丁佶和我十几个人。两人住一间，我和闻先生是邻屋。"[1]楼下与后进用作全体男生宿舍。至于女生，为安全起见，则安排在城内早街上士绅周柏斋宅的三层楼房里。楼高风大，女生们给它取了一个很好听也很形象的名字：听风楼。

五月四日，五四运动十九周年纪念日这一天，蒙自分校开学。五日起，文法学院正式上课。因叶公超、陈福田均未到任（两公一周后到），暂由吴宓代外文系主席事务。

此段时间，知穆旦在蒙自分校外文系就读，却不知其具体的

---

[1] 王云：《访蒙自随笔二则》，西南联大校友会编：《笳吹弦诵在春城——回忆西南联大》，云南人民出版社、北京大学出版社，1986年，141页。

生活细节。穆旦的课室在海关大院,树木花卉甚多,白鹭也甚多,"女生经过时,常常用书遮着头。当可爱的白鸟落下'不可爱'的白色'炸弹'时,她们发出尖叫,引来驻足旁观的男生的嬉笑"[1]。在这群嬉笑的男生中,会有那个腼腆的、也特别爱笑的诗人吗?当然,毫无疑问,鸟粪也常会凭空滴落到他年轻英俊的头上。历史社会学系主任陈达(1892—1975)对此也有特别的感受,他有一段关于白鹭下粪的文字,描绘逼真,照录如下:

> 海关花园有许多树木、花果,及鸟类。木瓜渐熟,友人有未见过者。白鹭以树为巢,每树可居一百鸟,竹丛生,每丛可居数百鸟。进海关花园的大门,两旁树上全是白鸟,声音繁杂,且不时下粪,有时人行树下,分明是一种不便。[2]

蒙自鸟多的事也在吴宓的日记中得到了证实。五月二十日上午十一点,吴宓上课的教室门前一棵大树忽然倒地,声如巨雷,压死了好多只鸟。鸟多的不便尚是小事,蒙自的蛇、老鼠、蚊子、苍蝇也特别多,这就相当麻烦了。有一天,一条蛇游进了吴宓的邻居沈有鼎的室内,吓得这位为吴宓所鄙视也常为众人所笑谑的沈教授大惊失色。吴宓为了对付老鼠,一到夜晚,不得不把从安

---

[1] 易社强著、饶佳荣译:《战争与革命中的西南联大》,九州出版社,2012年,第55页。
[2] 陈达:《浪迹十年之联大琐记》,商务印书馆,2018年,第30页。

南人咖啡店买来的面包以线绳悬于空中,以防老鼠出来抢食。

穆旦他们这些学生的住宿比教授的住所当然来得艰苦许多,浦薛凤记:"……学生,每七八人乃至十余人一间,用滇中学生床式,一架上下两铺,房内几无隙地,至多设长方桌一,往往并此而无之。清华、南开、北大之学生,到此亦深尝流亡滋味。"[1]

蒙自城真还不大,东西南北四门,走一圈不过一个小时。最热闹的是西门外的大街,为集市之地。东门进,西门出,到西门外集市,一刻钟即可。至于此地的风景,朱自清《蒙自杂记》说"城外的名胜去处,南湖,湖里的菘岛,军山,三山公园,一下午便可走遍,怪省力的"。这里的南湖,本地人称作青草湖,雨季来临之前,仅仅是一片低地,长满了青草,是蒙自富人的跑马场。朱自清记有抒情的一笔:

> 南湖在冬春两季水很少,有一半简直干得不剩一点二滴儿。但到了夏季,涨得溶溶滟滟的,真是返老还童一般。湖堤上种了成行的由加利树;高而直的干子,不差什么也有"参天"之势,细而长的叶子,像惯于拂水的垂杨,我一站到堤上禁不住想到北平的什刹海。再加上菘岛那一带田田的荷叶,更像什刹海了。[2]

---

[1] 浦薛凤:《浦薛凤回忆录》(中),黄山书社,2009年,第86页。
[2] 朱乔森编:《朱自清全集》第4卷,江苏教育出版社,1990年,第400页。

与朱自清感觉相似的还有陈寅恪。眼前这注满水的南湖，荷花摇曳生姿，极似北平颐和园昆明湖中的诸般升平景象，陈寅恪于是作了一首《蒙自南湖》诗。诗曰：

> 风物居然似旧京，荷花海子忆升平；
> 桥边鬓影犹明灭，楼上歌声杂醉醒。
> 南渡自应思往事，北归端恐待来生；
> 黄河难塞黄金尽，日暮关山几万程。[1]

吴宓日记记"寅恪以南湖似什刹海，故有'风物居然似旧京，荷花海子忆升平'之诗"，而陈氏"南渡""北归"的对语，以一个历史的、现实的巨大空间，括尽一个颠沛流离的时代，也极可以看出那个时代知识分子感时忧世的情怀。又，吴雨僧自己则主张南湖颇似杭州西湖，故赋诗得句"南湖独步忆西湖"。吴宓日记详细记有南湖及周边一笔：

> 以久雨故，校外低地，绿草满覆者，悉变为湖，是日南

---

[1] 陈寅恪《蒙自南湖》作于民国二十七年（1938）夏六月南湖崧岛，此为初稿，收入《寒柳堂集》时陈氏略有改动，诗曰：景物居然似旧京，荷花海子忆升平；桥边鬓影还明灭，楼外笙歌杂醉醒。南渡自应思往事，北归端恐待来生；黄河难塞黄金尽，日暮人间几万程。又，陈寅恪《诗集》编者注：此律吴宓抄存稿题为南湖即景，第四句作"楼外歌声杂醉醒"。作者于论再生缘中录此诗，第三句作"桥头鬓影还明灭"，第六句后按："十六年前作此诗，句中竟有端生之名，'岂是早为今日识'耶？噫！"

湖，南有瀛洲亭。北岸为蒙自师范学校、蒙自中学校，及联大教授（寅恪与焉）居住之Kolos洋行楼房。东为由校入城之石路。西则为堤，有桥，有树。堤西更为巨湖，有荷花（红白）极广且盛。更西南为菘岛。遥南为军山公园。（蓄三五鸟兽。）湖岸环以柳槐等树。南岸有三山公园，又有昔法人布置之墅宅，以花树覆叠为壁，极美。夏日水涨，湖光鲜艳。自远观之，此地乃法国之一角，或瑞士之山水奥区，非复支那国土。宓等恒游步其间，宓（独游时多）乐可知已。[1]

与老师吴宓"独游时多"一样，穆旦课余也常来南湖游赏或温习功课。赵瑞蕻的长文写到了穆旦南湖边独游或与同学散步的一幕：

> 有多少次，在课余，在南湖边堤岸上，穆旦独自漫步，或者与同学们一起走走，边走边愉快地聊天，时不时地发出笑声；或者一天清早，某个傍晚，他拿着一本英文书——惠特曼《草叶集》或者欧文《见闻录》。或别的什么书到湖上静静地朗读……[2]

我们不难看出，赵瑞蕻关于穆旦的描写，不免多猜想之词。

---

[1] 吴宓：《吴宓日记》第6册（1936—1938），三联书店，1998年，第334页。
[2] 赵瑞蕻：《南岳山中，蒙自湖畔》，《离乱弦歌忆旧游——从西南联大到金色的晚秋》，文汇出版社，2000年，第130页。

不过，这样的场景也一定并非空穴来风。我们不怀疑赵瑞蕻看到而留存记忆的穆旦印象。

诚如朱自清所言"菘岛是个好地方"。菘岛是一个叫李菘的军长修整出来的，确实是个好地方。一九三八年五月底，穆旦与南湖诗社的同仁们以一排排挺拔茂盛的尤加利树以及通往菘岛的长堤为背景留有一帧合影，十三人当中，穆旦在左首起第四人，比别个中等的个头，明显偏高一些，也依稀可见当年诗人的丰采。原来，向长清与刘兆吉果然依约在旅行团结束来到蒙自后组织了南湖诗社。穆旦以及赵瑞蕻都参加了诗社的活动。刘兆吉回忆：

> 教育系、外语系都属文学院，所以我和穆旦也都来到了蒙自。我和向长清同学在长途步行期间谋划到昆明后组织诗社的夙愿，只有在蒙自实现了。……到了蒙自之后，我们便积极筹建蓄志已久的诗社，因校舍面对蒙自南湖，便取名为"南湖诗社"，并将所创办的刊物定名为《南湖诗刊》。……随后我和向长清分头发展诗社社员。我首先征求穆旦的意见，他不只同意，而且热情地和我握手，脸笑得那么甜，眼睛睁得那么亮，至今我仍记忆犹新。他问了办社宗旨，发起人和指导教师等问题，并同意帮我发展社员。以后凡大会小会，他都按时参加，而且积极投稿。[1]

---

[1] 刘兆吉：《穆旦其人其诗》，《刘兆吉诗文选》，西南师范大学出版社，2003年，第129、130页。

蒙自分校存在三个多月,南湖诗社出了四期诗刊,穆旦"积极投稿",新作《我看》和《园》就刊登在诗社出版的简易墙报上——以手稿形式粘贴在牛皮纸或报纸上,再张贴在教室外边墙上或大家看得见的其他地方。

> 我看一阵向晚的春风
> 悄悄揉过丰润的青草,
> 我看它们低首又低首,
> 也许远水荡起了一片绿潮;
>
> 我看飞鸟平展着翅翼
> 静静吸入深远的晴空里,
> 我看流云慢慢地红晕
> 无意沉醉了凝望它的大地。

这是《我看》的起首两节,"远水"与"飞鸟"构成的景致,正是蒙自南湖的标配。诗不复杂,是看到南湖实景的一次抒发,然而,穆旦想要表达的是什么呢?无非是"让我的呼吸与自然的合流"。也就是说,抒发诗人被自然之美所擒获后不由自主地沉醉的一瞬。诗的后面还有三节,连用了西方抒情诗常用于抒情发声的四个"O"字。赵瑞蕻以他知悉浪漫主义诗歌的原文告诉我们:"连'O'的用法也是雪莱式的,也是惠特曼式的。"赵瑞蕻说得没有错，这确实是拜伦、雪莱、济慈等十九世纪浪漫主义的余绪。穆旦过多地沉醉在那些诗歌原文中了。但两个月后写出的《园》在诗的表达方式上相对克制了一点，因此也比《我看》耐人寻味得多。

南湖诗社是西南联大第一个文学社团。闻一多、朱自清成了诗社的辅导老师，刘兆吉成了诗社积极的推动者和组织者。至于向长清，未见他撰写回忆组织社团的文章。倒是刘兆吉晚年因赵瑞蕻所催而于一九九四年二月写下了《南湖诗社始末》一文。文中讲到诗社常在教室或男生宿舍（还有食堂）召开三五人关于商量出刊、审稿的小型会议的情况。阅读此文我们还知道，诗社开过两次全社的座谈会，主要讨论新诗的前途问题。闻一多、朱自清两位联大教授早年都写过新诗，尽管这个文体他们已不再创作，但是，出于对年轻人新思维、新思想的鼓励，他们也"都主张南湖诗社以研究新诗、写新诗为主要方向"。

联大外文系学生许渊冲曾回忆，穆旦在西南联大已经有诗人之名，当时大家都叫他"Poet"（诗人），所以，英文的"Poet"成了穆旦的绰号。[1] 刘兆吉本人还在另一文章《穆旦其人其诗》中给我们描述了穆旦在南湖诗社的情况："（南湖诗社）以壁报形式发表创作。每次出刊，穆旦都带头交稿，有时也协助张贴等烦琐工作。他的作品，是高质量的，多次受到社友和指导教师的赞许。

---

[1] 纪录片《穆旦》对许渊冲的采访。

我和向长清有时也请他帮忙审稿，他水平高，鉴别能力强，但他很虚心，不愿动笔修改，对于不该入选的作品，他常常说：'请您再看看，这篇这段是否有问题。'我们往往都听取他的意见……"[1]
南湖诗社成员计有二十来人，穆旦并非诗社的中心人物，尽管他的诗——我们可以从闻一多和杜运燮编选的西南联大诗钞中看到——毫无疑问，他是最出色的。但穆旦超越时代的作品，当时也未必引起了诗社同仁足够的阅读兴趣。刘兆吉所说穆旦的这种"高质量"，乃是相当滞后的论定。

尽管，我们知道穆旦将《我看》和《园》两首诗提供给南湖诗社在自办的墙报上发表，他也乐意参加诗社的活动，但是，我们仍有理由认为，与他个人关系最为密切的，并非是诗社中的任何一位，甚至也不是赵瑞蕻——感谢他晚年写下《南岳山中，蒙自湖畔》一文，使得我们稍稍知悉穆旦在南岳与蒙自的情况——而仍然是他在南开中学时结下牢固朋友关系的董庶。董庶就读北大中文系，三校合并后，作为联大中文系的学生，他也到了蒙自。两个形影不离、无话不谈的老朋友，就这样阴差阳错地又聚在了一起。赵瑞蕻清晰地记录了这一幕：

当时穆旦有个南开中学同班同学，后读北大中文系的好友

---

[1] 刘兆吉：《穆旦其人其诗》，《刘兆吉诗文选》，西南师范大学出版社，2003年，第130页。

董庶，在南岳蒙自时，他俩经常在一起谈心，可说形影不离。董庶虽学中国古典文学，但爱好新诗，鼓励穆旦努力创作。[1]

同样的历史剪影，也被记录在清华社会学系一九三八年毕业的学长王勉（笔名鲲西）的回忆文章《续感旧录（二）》中：

> 查良铮于我虽相知稍晚，然而却相知最深。其实一九三七年我们随校南下，曾同在蒙自临时校舍，现在尚留有那时印象的是曾看到他和他的好友北大的董庶君两人一起读柏拉图对话集。[2]

王勉的回忆不仅点出了穆旦与董庶的关系之密切，还给我们提供了两人共读《柏拉图对话集》的细节。须知，蒙自的读书环境丝毫没有比南岳好，反而更加糟糕。图书馆少得可怜的图书大多还在长沙托运来的路上，不知道什么时候才可以到达蒙自。能够在这样偏僻的小城读到柏拉图，诚非易事，这是后世读者无法想象的。

阅读什么作品对一名诗人的塑造相当重要。穆旦用心读《柏拉图对话集》，很可能是应老师吴宓开设的《欧洲名著选读》课的

---

[1] 赵瑞蕻：《南岳山中，蒙自湖畔》，《离乱弦歌忆旧游——从西南联大到金色的晚秋》，文汇出版社，2000年，第132页。
[2] 鲲西：《清华园感旧录》，上海古籍出版社，2002年，第31页。

要求。在蒙自，吴宓所开课程与在南岳时一样，仍旧是三门课：《西洋文学史》《欧洲名著选读》《欧洲古代文学》。吴宓在上《欧洲名著选读》时，曾一再要求学生"用心阅读《柏拉图对话集》里的三篇东西:《理想国》（"Republic"）、《伊安》（"Ion"）、《会饮》（"Symposium"）并要求写读书心得"。

除了阅读柏拉图之外，我们已经更多地知道了穆旦的阅读状况。关于穆旦熟读《英汉模范字典》的故事，在赵瑞蕻的文章中我们又一次重温了一遍：

> 在南岳和蒙自，他（穆旦）为了进一步学好英语，居然把一部开明书店出的《英汉模范字典》从头到尾，从A字部到Z字部，连单词例句，反复熟读了几遍。这看起来，似乎有点傻，但他几次告诉我，得益大，有味儿得很，可以温故而知新，也劝我试一试。[1]

据说步行路上那本一边背诵一边撕页的字典，到昆明后，页码就撕完了。穆旦重新买了一本。也就在蒙自，穆旦在学习英语之余，还开始了第二外语俄语的学习，赵瑞蕻时常看到他在海关大院的一个教室里，与历史系讲古代史的俄国教授噶邦福坐在一

---

[1] 赵瑞蕻：《南岳山中，蒙自湖畔》，《离乱弦歌忆旧游——从西南联大到金色的晚秋》，文汇出版社，2000年，第133页。

起。噶邦福极喜欢聊天,他通常用英语谈天说地,穆旦正好可以练习一下自己的口语,除英语之外还可以向他学习纯正的俄语。有时,沿着南湖,穆旦与这位帝俄时代的皇室贵族边走边练习他刚刚学会的俄语发音。

不过,英语原典的阅读仍是穆旦主要的修为。赵瑞蕻证实,"穆旦有一部很厚的美国教授佩奇(Page)编选的《英国十九世纪诗人》选集(这也就是吴宓先生在清华讲授'英国浪漫诗人'一课时所用的读本)影印本,视为珍品,时常翻阅,反复吟诵,比如其中雪莱哀悼济慈的著名长诗《阿童尼》[1]("Adonais")等,他都背熟了"。那段时间,穆旦还非常喜欢《草叶集》。他"爱读《草叶集》到了一个发狂的地步,时常念,时常大声朗诵;我到现在还想得起来他读惠特曼那两首悼念林肯的名作《啊,船长,我的船长啊!》和《当紫丁香最近在庭园中开花的时候》时的神态和声音来"。后者是一首很长的诗,阅读它,需要充沛而持久的激情。惠特曼的长句甚至还影响到穆旦自己的创作。穆旦后来的一首《我歌颂肉体》与惠特曼的《我歌唱带电的肉体》光从题目上看,两者何其相似。

在散文体方面,穆旦对华盛顿·欧文产生了兴趣。英文版的《见闻录》(*Sketch Book*)"七七事变"前他曾在北平东安市场旧书店淘到一册,即使在如此颠沛流离的日子,他也一直带它在身边,可见他

---

[1] 现译为《阿多尼斯》。

对这部书的喜爱。这会儿，穆旦"差不多天天翻翻，很入迷"：

> 我（赵瑞蕻）多次看见穆旦一早起来在晨光熹微中在湖边大声朗读；他尤其醉心其中《威士敏斯特教堂》（"Westminster Abbey"）这一篇，都背熟了。[1]

穆旦爱读欧文到这个程度，一定是欧文书中不凡的思想打动了他。赵瑞蕻，这个在西南联大被穆旦、李赋宁、许国璋等称作"Young Poet"的外文系同班同学，出于理解穆旦的需要，晚年回忆穆旦的时候，还特地找来《见闻录》，并将其中《威士敏斯特教堂》一文中欧文拜谒诗人角的一段感受翻译了出来：

> 有些人之所以留名后世只是凭藉历史，但这种声名，时间一长，便变得越来越不真了。与之相比，作家和他的国家人民的关系却是永世常新的，活跃而亲密。他们的一生与其说为自己，不如说是为了别人。……但愿世人对他们的名望格外尊重，因为这名望不是依赖暴力和血腥赢得的，而是凭藉自己辛劳带给人们的乐趣。但愿后人对他们的恩泽永志不忘，因为他们留下的不是那些空名和鼓噪一时的行动，而是一份丰富的遗

---

[1] 赵瑞蕻：《南岳山中，蒙自湖畔》，《离乱弦歌忆旧游——从西南联大到金色的晚秋》，文汇出版社，2000年，第133页。

产——智慧的宝库，思想闪亮的珠玉和语言金色的血脉。[1]

很多年以后，一百多年前欧文的这一段话，反过来，回馈到了穆旦自己的身上。

真正对穆旦产生深刻影响的是他对T.S.艾略特的阅读。当然，还有奥登。这确乎来自威廉·燕卜荪的教导。艾略特是燕卜荪的朋友，这位现代主义诗歌权威非常珍惜与燕卜荪的友谊，也很关心他。私信中常称他小名"比尔"。燕卜荪则一直称他"艾略特先生"。来中国前，燕卜荪曾请艾略特给他发求职的推荐信，可知两人关系实非一般。不过，燕卜荪对艾略特的感情，正如他的传记作家所指出的"混杂着喜爱与景仰、讥讽与怀疑"。这里，既有对艾略特的自负感到好笑，也一直反对他的"中世纪心态"，尤其反对他相信天堂与地狱的信念。至于奥登，他们在三十年代至少见过两次面。第一次大概是艾略特介绍的。第二次是一九三八年，两人在香港巧遇。燕卜荪对与他同岁的奥登相当推崇。他把奥登和迪伦·托马斯看成是"仅有的两位可以被称作天才诗人的人"。燕卜荪深信，奥登的诗才真正击中了时代的要害。来中国之前的一九三七年秋，燕卜荪出版了一册戏仿奥登风格的诗集《只是拍奥登一巴掌》以示敬意。总之，作为一名诗人和诗歌批评家，燕卜荪本人处

---

[1] 赵瑞蕻：《南岳山中，蒙自湖畔》，《离乱弦歌忆旧游——从西南联大到金色的晚秋》，文汇出版社，2000年，第134页。

在二十世纪西方现代主义诗歌最核心的那个圈子。因为懂行，他赢得了他的中国学生普遍的喜爱和尊敬。无论在南岳还是在蒙自，他影响了包括穆旦、王佐良、杨周翰等在内的不少有才华的中国学生。而且，在很大程度上，正是威廉·燕卜荪，在中国和英国两个古老国度之间构筑了一座文化的桥梁。随着他的学生的影响力逐渐增加，这座桥梁一直到二十世纪下半叶仍在发挥着输送文明的作用。

他在蒙自的一些逸事我们以为仍值得一说。

南岳的授课结束后，精力充沛、喜欢四处游逛的燕卜荪和叶公超一道去了香港。正是在那里，他巧遇了叼着大雪茄，有着"奥斯卡·王尔德般的魅力"的奥登。后者与衣修伍德结伴正在奔赴中国战区。在香港住了一些时日后，燕卜荪又去了柬埔寨佛教圣地吴哥窟，在他的学生千辛万苦跋涉在湘黔滇山路上的一九三八年四月份，他却去了法属印度支那。不知从哪里得知了他所在的学校已搬迁到蒙自的消息，他坐了三天的火车，从河内赶到昆明。随后，像他曾经的同事一样，又相当艰辛地去了那个边鄙小城。

燕卜荪的传记作者约翰·哈芬顿为我们描绘了诗人眼里的蒙自：坐落在一片如同巨大碟子形状的平原上，四周群山环绕。他因此感觉高高的地平线给他一种压迫之感。他被安排在海关大院的一间房子里，感觉有那么一点不爽："我住在个马厩似的地方，满是蜈蚣和其他小虫子。"不独如此，燕卜荪还得忍受土著人的噪音。他开始抱怨"中国人打个哈欠都可以在一百码之外听到"。他以诗人的夸张形容当地人"清喉咙的时候，好像是犀牛要冲锋了"。好吧，当诗人开始忍受蒙自人的不良习惯的时候，蒙自人也不得不忍受这名高鼻深目的邋遢教授与众不同的处事方式以及他的英国式醉态。毫无疑问，所有这些是小城蒙自的一道风景。对于老师，穆旦一定有更多会心一笑的时候，可惜他离世太早，来不及回忆。好在南湖诗社的社友刘兆吉记录了其中的一鳞半爪。

原来蒙自分校无洗澡设备，更不用说游泳池了。这对于一个每天需要洗澡的西方人来说非常不习惯。好在燕卜荪从来不是一个缺少发现的人，他很快在学校附近找到了一个水面约有一亩大的池塘，水很清澈，而且周围被树木以及当地人种植的玉米、高粱遮蔽着。燕卜荪一高兴，就全身脱光，扑通一声跳入水塘开始游泳。没想到，他的衣裤被一个小偷偷走了。他只好向恰好路过的一位同学借了衣裤穿上。第二天，他又去游泳。小偷高举着昨天偷去的衣服再次出现，还伸出五个指头，燕卜荪明白了，上岸后，掏给他五元法币。小偷立即归还了他的衣服。两人握手言欢。从此，燕卜荪每隔四天来这里游泳，必定带上五元法币，交给这名小偷。就这样，他持续游了两个多月。有一次，燕卜荪因患感冒而推迟一天去游泳，他发现小偷正在等他，两人见了面，满脸怒容的小偷一把抓下诗人的眼镜，说他不守信用。燕卜荪赶紧掏出两张五元法币，小偷笑了一笑，取走一张，把另一张连同他的眼镜塞回诗人的口袋。[1]

---

[1] 刘兆吉：《英国诗人燕卜荪在西南联大——轶事两则》，《刘兆吉诗文选》，西南师范大学出版社，2003年，第72页。

同样的事也记录在赵瑞蕻的回忆性长文中。可知燕卜荪与小偷的故事，联大的同学都知道。燕卜荪本人为此还写了一首诗，吴宓以五言古诗的形式翻译了出来，这样一来，燕卜荪的故事流传更广了。

显然，燕卜荪因为喝醉酒而制造的滑稽事更传得沸沸扬扬。至少有一次，他上一夜喝多了酒，第二天一早忘了上课，当学生去他房舍喊醒他的时候，发觉他的床中央两块木板折断了，他头脚搁在床的两头，身上堆满了书，仍在呼呼大睡。还有一次，酒后回房间，他眼镜一摘，随随便便塞进他的破皮鞋里，次日起床，两只大脚照常伸入皮鞋，但刚站起身，眼镜的一个镜片噗的一声就破碎了。在蒙自，燕卜荪以不拘小节出名。与燕卜荪将南岳衡山充满诗意地称作圣山不同，他对蒙自的评价是"那是个死气沉沉的城镇"。尽管如此，话得说回来，"宿醉或者其他的什么豪饮的后果都不会让他不顾自己的教学职责。实际上，他是一个极其有责任心的教师"。[1]

这就是一名天赋很高的英语诗人的生活状态。不过，毕竟生活在古老而禁闭的一个国度，燕卜荪放浪形骸的生活方式，对于穆旦等人来说，丝毫没有影响。作为一名诗人，穆旦此后的生活，如与他的老师相比较，那就显得有点儿拘谨了。我们看穆旦归国

---

1 ［英］约翰·哈芬登著，张剑、王伟滨译：《威廉·燕卜荪传：在名流中间》（第一卷），外语教学与研究出版社，2016年，第568页。

以后拍摄的一张张个人照片,他一直紧扣着风纪扣的样子,也就可以想见了。

有资料表明,早在南岳或蒙自,燕卜荪就跟学生谈论过艾略特。王佐良说在南岳燕卜荪就与他们"认真地、几乎是放肆地品评作家作品"。而艾略特是诗歌话题的中心。燕卜荪经由日本带来中国的英文藏书中有一册艾略特十年前出版的《论但丁》,这也使得他谈论艾略特有了论文的依托。后来,这册费伯-费伯出版社的珍贵原版被穆旦的朋友王勉无意中借走了:

> 当学校由蒙自迁往昆明时,他没有随校同去,而却留下了一批存书。这些存书约有三四书架,都陈列在联大校内一间小教室,有人专管。但借阅很方便。……燕卜荪的存书我时时去阅读,有时借回如期归还,但有两本书我没有及时还而带离昆明。这两本是T.S.艾略特的《论但丁》(1929)一文的单行本。是Faber & Faber版,装帧精美。……另一本是Arden版莎士比亚的《奥塞罗》。[1]

王勉回忆"他(燕卜荪)没有随校同去"并非意味着蒙自分校结束后燕卜荪就离开了中国。实际情况是,一九三八年八月,暑假开始之后,燕卜荪确实没有随校同去昆明,而是独自一人去

---

[1] 鲲西:《清华园感旧录》,上海古籍出版社,2002年,第15、16页。

了大理与丽江，随后又千里跋涉去了新加坡，拜访学者、评论家格雷厄姆·霍夫（Graham Hough），后者正在新加坡的莱佛士学院授课。直到当年的十二月，燕卜荪才又从新加坡来到昆明，在国立西南联合大学继续授课挣一份工资。在昆明，他看到一些石头的建筑，却让他想起了佛罗伦萨。他嗅觉灵敏地找到了可以放纵一饮的酒店。其中的一家，就是旅行团初到昆明时黄师岳将军宴请大家的海棠春。在那里，他很快建立起了一个纵酒诗人的形象。当然，在这个四季如春的春城，燕卜荪同样经历了令人困惑的货币贬值风潮。

在西南联大外国语文学系一九三八至一九三九学年上学期的课程安排中，有一门现代英诗课，由燕卜荪讲授，称"现代诗"，两个学分。赵瑞蕻回忆："这门课，穆旦、王佐良、周珏良、杨周翰等同学都选读了。"这里我们用王佐良的回忆来印证"现代诗"课对于穆旦醍醐灌顶一般的启示：

> 这门课的特别处，在于讲课者本人就是一个英国现代诗人。他所讲授的诗，许多是他的朋友写的。这又是一个以头脑锐利、灵敏出名的文学批评家开的课，他用他在《七类晦涩》里分析马韦尔（Andrew Marvell）的"玄学派诗"的同样精细和深入的方法来为我们分析叶芝（W.B. Yeats）和艾略特（T.S. Eliot）等人的现代诗。回想起来，这门课是十分完整、内容充实的，把从霍普金斯（Gerard Manley Hopkins）

起一直到奥登和迪兰·托马斯（Dylan Thomas）止的重要现代派人物都包括在内了，而后两人在当时（1938—1939）就是最新的诗人。我们读到了奥登写的《西班牙》一诗，当时这诗问世还不过一年之久。……在燕卜荪讲授它的当年，我们倒是挺喜欢它那题材上的尖锐性以及写法上的新颖和戏剧性的。……在那样一位知内情、有慧眼的向导的指引之下，总使我们对于英国现代派诗和现代派诗人所推崇的十七世纪英国诗剧和"玄学派诗"等等有了新的认识。[1]

与平时交流时随意的漫谈和评头论足不同，这是一次有系统的授课，是针对现代派诗歌的一次真正的文学启蒙。就此而言，没有人能够替代燕卜荪言传身教、润物无声的作用。那时的西南联大，老师中冯至正在研读里尔克，他本人也在写作里尔克似的富于沉思性质的十四行诗，他开了一门德国抒情诗的课；卞之琳一九三九年底刚刚完成《慰劳信集》的写作，次年他到联大任教，也一直在研读法国诗歌；白英本来就是英国人，后来，有个学年他还专讲现代英诗。但是，只有燕卜荪，给穆旦、王佐良等人带来了完完整整的英国现代派。在联大，一种新的文学风尚出现了，艾略特和奥登，两位异域诗人成了这种新风

---

[1] 王佐良：《怀念燕卜荪》，《心智文采：王佐良随笔》，北京大学出版社，2007年，第59、60页。

尚的"奇异的神明"(王佐良语)。这也彻底改变了穆旦对于现代诗的认知。从此，他的诗歌观念变得少有的前卫。而王佐良谈到的那首奥登的新作《西班牙》，也一定深刻地震动了穆旦，一直到去世的前一年，在发表无望的情况下，穆旦还偷偷地把它翻译成了中文。

燕卜荪一九三九年八月正式离开中国，前往越南。这次，他慷慨地把他所有的英文藏书留给了联大，其中还包括一些他收集到的留声机唱片。燕卜荪离开了中国，但他已经给中国现代主义诗歌播下了一粒源自他母国的火种。

鉴于T.S.艾略特对于二十世纪四十年代的穆旦或者说对于中国现代诗歌的重大影响，本章的最后，我们有必要回顾一下这位一九四八年的诺贝尔文学奖获得者、开一代诗风的现代派诗歌大师在中文世界的接受史。

早在二十世纪二十年代初，艾略特的名字就出现在新文学作家的文章中。一九二三年八月二十七日出版的《文学》周报载玄(茅盾)的《几个消息》，谈到艾略特为英国新杂志 *Adelphi* 的撰稿人之一。这可能是艾略特最早在中文世界的报刊上露面。

说来也真是有趣，最初把艾略特拉入我们视野的，是穆旦的海宁老乡徐志摩。早年得到徐志摩提携的卞之琳于一九八二年六月应人民文学出版社邀约为《徐志摩选集》作序，卞之琳以过来人亲闻、亲见的口吻无意中讲到了徐志摩与艾略特的关系："徐志摩直接读过英美现代派诗,例如他说读过《荒原》……"[1]此外,卞之琳还说徐志摩有一首诗"曾自己标明'仿托·斯·艾略特'……"[2]综合其他资料,徐志摩的这首仿艾略特的诗就是收入《猛虎集》的《西窗》[3]。不过,"仿托·斯·艾略特"这几个字,入集后已被删除。卞之琳所见,大概是《西窗》最初发表时的版本。

真正对艾略特有所研究的不是徐志摩,而是叶公超——穆旦的另一位老师。叶公超以批评家的直觉敏锐地注意到了艾略特两个诗学词汇:"隐喻"(metaphor)和"客观关联物"(objective correlative,今译"客观对应物")。特别是隐喻:

> 他(艾略特)在技术上的特色全在他所用的 metaphor 的象征功效。他不但能充分的运用 metaphor 的衬托的力量,而且能从 metaphor 的意象中去暗示自己的态度与意境。要彻底地解释爱略特的诗,非分析他的 metaphor 不可,因为这才是他独到之处。[4]

叶公超的这个认识,在二十世纪二三十年代的中国诗坛,卓然超乎众人之上。

---

1 卞之琳:《人与诗:忆旧说新》,三联书店,1984年,第39页。
2 同上。
3 按,此诗发表于1928年《新月》第1卷第4期,署名"仙鹤"。
4 叶公超:《爱略特的诗》,陈子善编:《叶公超批评文集》,珠海出版社,1998年,第119页。

二十世纪二十年代中后期，正是艾略特开始主导英语诗坛的时候。叶公超因其特殊的经历而发生了对艾略特的兴趣。这也大可以觉出叶氏非凡的诗歌眼光。徐志摩第一次把他介绍给胡适之，曾这样半开玩笑地说："这是一位T.S.艾略特的信徒。"用现在的话来说，叶公超不折不扣是艾略特的粉丝。晚年的叶公超曾撰文，仍不无自傲地说："我在英国时，常和他（艾略特）见面，跟他很熟。大概第一个介绍艾氏的诗与诗论给中国的，就是我。有关艾略特的文章，我多半发表于《新月》杂志。"（叶公超：《文学·艺术·永不退休》）叶公超可以说是一个中断的诗人。他很早就读到了《荒原》，大受艾略特的影响，且"很希望自己也能写出一首像《荒原》（"The Waste Land"）这样的诗"。（同上）此外，他的评论也写得好。九岁去英美接受西式教育。他非凡的履历表中包括了他在爱默思大学跟大诗人罗伯特·弗罗斯特念过两年书的往事，后者还直接指导他写过诗。叶公超为此还出版了一本英文诗集（*Poems*）。特殊的经历和教育，使得叶氏有着良好的欧美诗歌修养。他当然是诗歌批评的行家。这大概也是三十年代他能够与威廉·燕卜荪很好地沟通并成为朋友的原因。

据对艾略特的《荒原》及其影响有过研究的张洁宇博士的梳理，叶公超第一次提到艾略特的名字，是一九三二年发表在《新月》第四卷第三期上的《〈施望尼评论〉四十周年》；同年，《新月》第四卷第五期上，在《美国〈诗刊〉之呼吁》一文中，叶公超"再次谈起艾略特,说他与瓦雷里、乔伊斯等人一样,都具有'新的情绪,新的觉悟,还要用新的技术来表现它们'。他们的作品都代表了一种'新知觉的探索,新方法的表现'"。[1]一九三四年四月,叶公超在《清华学报》第九卷第二期上发表《爱略特的诗》,此文是叶公超阅读了《艾略特的诗》《艾略特研究》《艾略特论文选(1917—1932)》三本书之后写下的向中文世界介绍艾略特的一篇随笔式短评,充满了叶氏试图"自己解读《荒原》的声音"的努力。叶公超阐述《荒原》,除了把握诗的重大主题之外,他与别人不同的一点是,他看到了艾略特诗歌技艺的一面。他曾说:"对于研究诗的人,惟在他的技术而不在他的观念。"这确乎是谈论诗歌的行家之言。细究起来,这跟他早年写过诗有很大的关系。

一九二九年秋,叶公超北上出任清华大学外国语文学系教授。而中文世界对于艾略特的关注和研究,正是从清华园的《清华周刊》开始的,这不能不说跟叶公超的热情鼓吹有关。这里,我们还没有考虑到瑞恰慈(I.A. Richards)任教清华外文系(1929—1931)时课堂内外讲到艾略特的可能性,要知道,瑞恰慈的《T.S.艾略特的诗歌》在他来华之前就已经写出,尽管文章不长,却是一篇研究艾略特的早期名作。这样一位对艾略特深有研究的学者,似乎不可能不跟他的学生宣讲他的研究成果。

---

1 张洁宇:《荒原上的丁香:20世纪30年代北平"前线诗人"诗歌研究》,中国人民大学出版社,2003年,第89页。

艾略特对卞之琳——一位比穆旦出道稍早的诗人——的影响是明显的。卞之琳曾说叶公超是"第一个引起我对二三十年代艾略特、晚期叶芝、'左倾'的奥登等英美现代派诗风兴趣的人"。[1] 若要举证二十世纪三十年代初诗人卞之琳深受艾略特的影响，这也并不困难。此处不打算摘引具体的诗句。倒是卞之琳一九八九年在追念叶公超的文章《赤子之心与自我戏剧化：追念叶公超》一文中提到的一个细节很有意思，引述如下：

> 后来他（叶公超）特嘱我为《学文》创刊号专译T.S. Eliot著名论文《传统与个人的才能》，亲自为我校订，为我译出文前一句拉丁文motto。

《传统与个人的才能》是艾略特最著名的理论文章，一九三四年五月，卞之琳应叶公超之嘱译出全文，随即发表在叶氏主编的《学文》创刊号上。

当然，艾略特诗歌最早、最重要的中文译者是赵萝蕤。她第一次全文翻译了《荒原》。早在一九三五年五月，清华大学三年级研究生赵萝蕤应戴望舒之请试译《荒原》。不料，译出一节后，译者翻译的热情淡灭，没有再继续翻译下去。次年底，上海新诗社

---

[1] 卞之琳：《星水微茫忆〈水星〉》，载《读书》1983年第10期，转引自张洁宇：《荒原上的丁香：20世纪30年代北平"前线诗人"诗歌研究》，中国人民大学出版社，2003年，第95页。

主动联系到她，郑重约请翻译。一九三六年十二月，赵萝蕤奋力译出《荒原》全诗。次年夏天，《荒原》一诗"随同艾氏的注释编译"（按，"译者注"得益于美籍清华大学教授温德的指点）一起出版，《荒原》的中文首版印数实在可怜，简装三百本，精装五十本，统共只有这么多。但此举，毫无疑问成为中国现代主义诗歌发展史上的一件大事。据说，译作出版后，连艾略特本人都对译者表示了真诚的谢意。鉴于叶公超对于艾略特诗歌的权威阐述，连一向心气高傲的赵萝蕤也曾请他给自己的译作作了一篇小序。

三十年代，曹葆华、赵增厚、周煦良等人也翻译了艾略特的不少文章。到了七十年代末，纯粹出于自己的爱好，穆旦本人也开始翻译艾略特。他以由衷的热情译出了《阿尔弗瑞德·普鲁弗洛克的情歌》《荒原》《空虚的人们》等艾略特早期重要的作品。尽管他译完了《荒原》并编译了注释，还译出了布鲁克斯和华伦的《T.S.艾略特的〈荒原〉》长文，对艾略特的理解不可谓不深，但他对赵萝蕤的《荒原》译本，仍心存敬畏。晚年的他曾对孙志鸣这样说："你还是看看这个（赵氏译本）吧，我译不过她。"（孙志鸣：《我所了解的诗人穆旦》）此后，穆旦的大学同学、四十年代与他多有交往的李赋宁翻译出版了《艾略特文学论文集》；曾受教于卞之琳的裘小龙翻译了艾略特的大部分诗作并于一九八五年交漓江出版社出版了《四个四重奏》，这个版本适逢其时，被北岛以后的一代诗人广泛阅读，成为近三十年来影响最大的一个艾略特诗歌选本。

回顾艾略特进入汉语诗歌的过程，不难发觉，在二十世纪三四十年代，穆旦作为一名留心于诗歌技艺的新诗人，身处在清华园及西南联大这样的学院环境中，不可能不感同身受当年的这股强劲的艾略特诗风的吹拂。艾略特对穆旦诗歌以及他身上慢慢滋养出来的学院气质的影响，是怎么说都不为过的。

西南联大蒙自分校只存在一个学期。穆旦所在的文法学院下学期须得迁回昆明上课。七月底一经考试完毕，教授中家眷在昆明或在香港的，就纷纷开始登程离开蒙自了。浦薛凤在餐桌上意外地感觉到了这股离去之风："歌胪士楼上，本包饭三桌，人极拥挤，到八月十日，则由两桌而缩为一桌，由一桌而仅剩四五人。"[1] 浦薛凤、陈寅恪、陈福田、陈岱孙等于八月十三日离蒙。陈寅恪赋诗作别蒙自，诗云："我初来时湖草长，我将去时湖水荒。来去匆匆百日耳，湖山一角亦沧桑。"[2]

那么文法两院的学生呢，浦氏回忆"学生除毕业者外，皆留蒙自听候集训，并开始由学校备车送昆明"。穆旦尚未毕业，应该就在这"听候集训"的一队人中。事实上，穆旦迟至八月二十三日仍在蒙自。出于一种依依的惜别之情，这一天，穆旦坐在文法

---

[1] 浦薛凤:《蒙自百日》,《浦薛凤回忆录》（中）,黄山书社,2009年,第109、110页。
[2] 此诗初稿题为《蒙自杂诗（和容元胎）其三》,收入陈寅恪《诗集》改为《别蒙自》,诗云："我昔来时春水荒,我今去时秋草长。来去匆匆数月耳,湖山一角已沧桑。"

学院男生宿舍前的水泥栏杆上,背靠着墙柱,与同学拍了一张合照。他脸转了过来,微笑着坐着,双手合抱着曲起的双腿。除了人瘦之外,也看不出诗人有什么忧虑。但细看他的穿着,仍是三个多月前那一身风尘仆仆的卡其布黄色军装,只是衣裤已经洗得越发呈灰白的颜色了。这身准军服,看上去松松垮垮的,并不合他的身。这也多少可以觉出诗人此时经济的窘困。在这张照片的背面,穆旦照例注明拍摄的地点及日期:"我坐的一面,是我们住了三个月的屋子。一九三八年八月二十三日。"跟"住了三个月的屋子"郑重其事地合影留念,不得不说,这是诗人眷恋蒙自的另一种独特的表白。

除了拍照留念之外,八月的某日,离别在即,穆旦还以一首新作《园》来跟小城告别:

> 从温馨的泥土里伸出来的
> 以嫩枝举在高空中的树丛,
> 沐浴着转移的金色的阳光。
>
> 水彩未干的深蓝的天穹
> 紧接着蔓绿的低矮的石墙,
> 静静兜住来一个凉夏的清晨。
>
> 全部盛在这小小的方圆中:

那沾有雨意的白色卷云，
远栖于西山下的烦嚣小城。

如同我匆匆地来又匆匆而去，
躲在密叶里的陌生的燕子
永远鸣啭着同样的歌声。

当我踏出这芜杂的门径，
关在里面的是过去的日子，
青草样的忧郁，红花样的青春。

　　在蒙自，一个学期，三个多月的小城生活，"匆匆地来又匆匆而去"，对联大外文系三年级学生查良铮来说，太短暂，也太美好。"深蓝的天穹""低矮的石墙""白色卷云""陌生的燕子"，这一切构成了蒙自的自然景观。穆旦用一首十五行的短诗记住了这个生命中行过的小城。穆旦描述的这个"园"足够大，大到它就是诗人眼里整个的蒙自小城。但蒙自又实在太小，它那城圈儿"像玩具似的"（朱自清语），小而精致。其实，在穆旦这样的从小生活在天津与北平等大城市的人看来，蒙自不过是一个精致的小园而已。或者，我们再把它缩小一点，诗题中的这个"园"，甚至可以把它看成是穆旦上课所在的海关大院大抵也不会错。不过，对一首诗来说，这些都不重要。重要的是，从诗的形式上考量，三行一节，以整饬的形式建立起来的这个"园"，非常坚实，它本身就构成了一个饱满的空间。当然，诗人创造这个空间，乃是要安放他的离别之情——从这个层面上来判断，《园》是一首告别之诗，是诗人最后一眼深情地打量"西山下的烦嚣小城"。因此，句子的一面是明快；另一面，是告别的凝重。"烦嚣"意指嘈杂扰人，想到燕卜荪抱怨蒙自人打个哈欠一百码外可以听到，清喉咙犹如犀牛马上要冲锋的比喻，我们忽然理解了穆旦在选择词语上的细密心思。末句"青草样的忧郁，红花样的青春"，表达的也还是一个穆旦式的悖论，再看他在两个月前写下的《我看》一诗的结尾："让欢笑和哀愁洒向我心里，/ 像季节燃起花朵又把它吹熄。"——这两行矛盾修辞的诗句在本质上乃是相同的一种表述。

二十一岁的穆旦以创作一首诗来跟"烦嚣的小城""过去的日子"告别，应该说，对于他，一个腼腆的男生，没有比这更贴切的告别方式了。

而穆旦的老师吴宓则又是另一番表白，另一番告别。吴宓情深，未来蒙自之前，日记中一再表示"雅不欲往"，可是，一个学期下来，他非常喜欢蒙自世外桃源般的环境。吴宓也是最后一批离开的教授之一。临别的那段时间，他去西门内跟粥饼铺的老板雷翁告别，还别出心裁地赠予老翁两副对联，翁回赠古玩两件。礼物太重，吴宓送还后雷翁又改赠香木黑漆手杖一支。吴宓还一再地留恋自然、南美、蒙湖等三家咖啡馆的面食、馒头和牛肉，且"屡与William Empson君同散步，或饮酒"。¹此时叶公超已经北上，无暇顾及燕卜荪。燕卜荪与吴宓，一个现代派诗人，一个喜好文言文的旧体诗人，就这样意外地整天泡在了一起。不过，燕卜荪也很快浪游到大理去了。

八月二十八日上午，李赋宁来跟老师辞行。又，学生曹宗震来辞行。这天，第一批学生（男生）大队离开蒙自赴昆明受军训，次日，第二批男女学生大队离开。吴宓日记未见穆旦来向老师辞行。依常理，穆旦当在二十八日或二十九日离开蒙自。

大队学生离去，小城突然空旷起来。八月二十九日下午，吴宓自西门步归，他以深情的一笔记下了这突然安静而空旷下来的蒙自：

> 街中及城边，均不见诸多黄色军服之男生，与蓝袍或花衫之女生行聚。又不闻纯正爽利之北平官话。于是蒙自空城立成寂寞空虚，馆肆中尤阒其无人。而宓行过桂林街女生楼舍及早街之转角宅楼，不见倚窗人语，又有人面桃花之感矣！及出城，步绕南湖一周，风景依然，荷花正好。²

好一个荷花正好！

1　吴宓八月十四日日记，如此，则迟至本日，燕卜荪也仍居留在蒙自。
2　吴宓：《吴宓日记》第6册（1936—1938），三联书店，1998年，第349、350页。

此时，蒙自城外，秋山青紫，秋云缭绕；南湖之上，大群的白鸟扇动翅膀，优美的身姿倒映在湖光山色之中；草径深处，牛铃续响，一声接着一声，余韵袅袅，悠然远去。至于那大煞风景的日寇的重型轰炸机，此刻尚未沿着地图侵入这一片植物茂盛的桃花源。

剩下的日子，吴宓或独游，或偕钱穆、沈有鼎同至军山一带游步，或一个人在湖心堤上若有所思地久立。开放、护旧而又惜弱的吴宓，"濒行，事事作最后一次。不胜依恋之感"。[1]

十月二十九日，在延滞了整整两个月之后，这位老派的诗人方才肩挑行李，依依作别蒙自。

1　吴宓：《吴宓日记》第6册（1936—1938），三联书店，1998年，第366页。

第十章

防空洞里的抒情诗

一九三八年九月二十八日,上午,刺耳的警报声刺破了蒙自安静而深蓝的天空。这是敌机来犯的警报声。吴宓走出屋子,走过老法国医院,步入乡野,来到河边。过午之后,警报解除,吴宓缓步走回他的"天南精舍"。两天后,外文系同事陈福田用英文写来一信,讲述了那天昆明发生的惨事,吴宓补记在了二十八日的日记中:

(九月二十八日,星期三)阴。是晨,日机九架轰炸昆明(初次)。联大教职员学生所居住之西门外昆华师范,落弹最多。一楼全毁。幸教授皆逃出,仅损书物。死学生二人(由津来复学者),校役三人,又教职眷属二三人。[1]

---

[1] 吴宓:《吴宓日记》第6册(1936—1938),三联书店,1998年,第357页。

关于日本军机的首次轰炸昆明，二十九日的《云南日报》有更为详细的报道：

> 昨晨八时三十分，敌机九架，竟敢由桂窜滇，防部于八时四十分据报，当即发出空袭警报……九时十四分钟敌机窜入市空……乃于西门外昆华师范及潘家湾苗圃一带，大肆轰炸。一时黄尘冲天，血肉横飞，文化机关，竟成瓦砾场所，运动场中到处尸骸狼藉，死伤达八十余人。[1]

昆华师范遭敌机轰炸的整个过程，为跑警报来到农校旁边荒山头的联大经济学教授陈岱孙亲眼所见。若干年以后，在一篇回忆他的老朋友金岳霖的文章中，陈岱孙仍清晰地记得这一幕：

> 一九三八年九月二十八日，昆明受到敌人飞机在云南的第一次空袭。这次空袭被炸的地区恰是昆师所在的西北城乡区。空袭警报发出后，住在这三个楼的师生都按学校前此已做出的规定，立即出校，向北城外荒山上散开躲避。金先生住在中楼，当时还正在进行他的例行工作，没想到昆师正处在这次轰炸的中心，中了好几枚炸弹。联大所借赁的三座楼

---

[1] 转引自闻黎明：《抗日战争与中国知识分子：西南联合大学的抗战轨迹》，社会科学文献出版社，2009年，第90页。

中，南北两楼各直接中弹。所幸的是，两楼中的联大学生已全体躲避，无一伤亡。但是有两位寄住在南楼，新从华北来昆准备参加西南联大入学考试，未受过空袭"洗礼"的外省同学，当敌机临空时，尚在楼上阳台张望，被炸身亡。中楼没中弹，但前后两楼被炸的声浪把他从思考炸醒，出楼门才见到四周的炸余惨景；用他后来告诉我们的话，他木然不知所措。[1]

这两位可怜的学生，来自沦陷区，连名字都没有留下，就糊里糊涂死在了敌机的炸弹之下。

这里需要交代一下。联大初到昆明，没有自己的校舍，安顿超过一千五百人的师生谈何容易。联大因此到处租用空置的房屋充作校舍。昆明东南拓东路的迤西会馆、江西会馆及其附近的盐行仓库租给了联大的工学院；理学院则商借位于西北城外的昆华师范、昆华工业学校、昆华农业学校、昆华中学等因学生疏散到乡下而腾空的校舍。联大的办事处设在城内崇仁街一个大宅院里。蒙自分校搬迁昆明后，文法两院的学生被安置在西北隅的昆华工业学校，让他们跟理学院的师生挤在一起，非常艰苦。这次被炸的是昆华师范的南北两楼。金岳霖正好住在中楼，幸运地躲过一劫。

---

[1] 陈岱孙：《往事偶记》，商务印书馆，2016年，第180、181页。

穆旦昆明时期的记载仍来自赵瑞蕻。"一九三八年夏，我们到了昆明后，就住在小西门内昆华师范学校原址，我和穆旦那么巧同住在一个大房间里，而且共用一张双层床，他睡上铺，我在下铺，朝夕相见相亲，有两年多，直到一九四〇年夏，我们毕业离开学校。"[1]但赵瑞蕻关于昆华师范住址的回忆恐不确切。按《国立西南联合大学校史》的记载，联大"经与云南省教育厅洽商，借得昆华工业学校校舍为文法学院教室和宿舍"。又，吴宓日记一九三八年十一月一日记："晴。晨10:00，德锡伴送宓，以人力车载运随身运李，至大西门外昆华农业学校（联大文、理、法三学院，均将设于此中）东楼44室（乃一大教室，共三间）居住。"[2]吴宓还特意在"昆华农业学校"下以小字标注"联大文、理、法三学院，均将设于此中"一行文字。如此，赵瑞蕻和穆旦所住并非"昆华师范学校原址"，而是昆师北面的昆华工校或昆华农校。[3]昆师在小西门外，而不是赵文所说的"小西门内"。昆工、昆农均在大西门外。还有，联大在昆明城外西北郊三分寺的新校舍一九三九年四月竣工，下半年交付使用后，文、理、法、商学院

1　见赵瑞蕻《南岳山庄，蒙自湖畔》一文附记。
2　吴宓：《吴宓日记》第6册（1936—1938），三联书店，1998年，第371页。
3　易社强另有看法，其《战争与革命中的西南联大》第十三章开篇说："在昆明的第一个学年是相当混乱的。宿舍和教室分散在各处。最初，理学院和工学院都安置在拓东路的旧庙里，一九三八年春季学期后，拓东路就归工学院专用了。理学院的学生和刚从蒙自转回来的文法学院学生，被安排在昆明西北部的昆华中学和昆华师范学校住宿和上课，而这两所学校的学生已转移到农村，那里不会遭到敌人的轰炸。"

（包括工学院的一年级新生）都住在北区的西部，也即那些为后世所知的长方形土墙茅草屋宿舍。我们认为，最后一个学年，穆旦和赵瑞蕻也多半住在这里。当然，两人共用一张双人床，一个上铺，一个下铺——这个记忆，赵瑞蕻不会出错。

原本认为云南离战区甚远，是一方和平、安全的净土，不料自九月二十八日轰炸以后，敌机频繁来袭，联大师生东躲西藏，且也很中了几枚炸弹。于是，大家不约而同地发明了一个新词汇：跑警报。每逢空袭警报刺耳地拉响，无论上课与否，师生都从北校门出去，急急忙忙分散在北校门外的荒郊一带，以躲避日机空袭，称为"跑警报"。跑警报遂成为联大师生的生活常态。

"跑警报已经成了日常的课程，"费孝通回忆道，"我的习惯是一听到这种声音，随手把译稿叠好，到隔壁面包房里去买面包，预备在疏散时充饥的，我太太则到厨房里把火灭了，把重要的东西放入'警报袋'，十分钟以内我们都准备好了，等空袭警报一响，立刻就可以开拔。"[1]当跑警报日常生活化之后，费孝通他们把这事当成了晴朗的天气里的郊外散步，也正因如此，跑警报还成了逃避工作的正当理由，而且，他明确地告诉我们"警报帮助了不少情侣的，的确是事实，我想实在讨厌这种跑警报的人并不会太多"。[2]这可谓中国式的幽默。

---

[1] 费孝通：《疏散——教授生活之一章》，《联大八年》，新星出版社，2010年，第67页。

[2] 同上，第68页。

关于这种逍遥的跑警报,以一九三九年入读联大中文系的汪曾祺的描述最为生动:

> 我刚到昆明的头二年,三九、四〇年,三天两头有警报。有时每天都有,甚至一天有两次。昆明那时几乎说不上有空防力量,日本飞机想什么时候来就来。有时竟至在头一天广播:明天将有二十七架飞机来昆明轰炸。日本的空军指挥部还真言而有信,说来准来!
>
> 一有警报,别无他法,大家就都往郊外跑,叫作"跑警报"。"跑"和"警报"联在一起,构成一个语词,细想一下,是有些奇特的,因为所跑的并不是警报。这不像"跑马""跑生意"那样通顺。但是大家就这么叫了,谁都懂,而且觉得很合适。也有叫"逃警报"或"躲警报"的,都不如"跑警报"准确。"躲",太消极;"逃"又太狼狈。唯有这个"跑"字于紧张中透出从容,最有风度,也最能表达丰富生动的内容。[1]

汪曾祺笔下的跑警报似乎太过于诗意了一点,但汪先生说得好:"这种'不在乎'精神,是永远征不服的。"这当然也可以看成是中国人对于灾难的一种超乎寻常的态度。然而,当日本人的炸

---

[1] 汪曾祺:《蒲桥集》,作家出版社,1992年,第152、153页。

弹明晃晃地落入人群中的时候，战争极其残酷的一面就撕开给人看了。我们没有忘记穆旦在长沙的时候，日本人的飞机扔下炸弹的那一幕：

> 没有过几天，日本飞机又追着我们大家到长沙了。头两次没炸，只放警报。外路去的各大学和中央研究院的人都避难到圣经学院地下室去，算是防空壕。……十一月二十四日这次可真轰炸了，地方在火车站，伤了很多人。……受伤的人也无处送，只得就地安插。好在火车站地方还大一点。还有一队人啼啼哭哭的，我问为什么，他们告诉我车站旁边一个礼堂办喜事，被炸中了，新郎未死，而新娘只存了一条腿，还穿着红绣花鞋呢。[1]

日本军机疯狂轰炸内地城市的行为，联大学生听得多见得也多。湘黔滇旅行团到达昆明的第二天，恰好是清华大学二十七周年纪念日（四月二十九日）。那天下午三点，联大学生去云南大学恭听梅贻琦校长讲话，梅校长给大家讲到日机轰炸长沙的惊险——长沙有清华的校舍，那些房子呈一条直线，敌机扔下大至数百磅的几十枚炸弹，亦呈一条线落下，侥幸的是，敌弹的那一条直线与学校呈一条直线的房子没有叠合，假如敌人的那条炸弹

---

[1] 杨步伟：《杂记赵家》，广西师范大学出版社，2014年，第183—185页。

线再向前移二十码，那一切都完了。这些话从梅贻琦的嘴里讲出来，学生都深受震动。[1]

当河山沦陷，小半个中国响起日军重型轰炸机血肉横飞的炸弹声，这种血腥的现实感理所当然应该前来掀翻一个诗人的诗行。而这是一个有着敏锐现实感的诗人所不容推卸的职责。一九三九年四月，来到昆明不过半年的穆旦，接受战争残酷的教育，凭着战时跑警报的经验，写下了一首名为抒情实则叙事的五十三行诗歌《防空洞里的抒情诗》：

> 他向我，笑着，这儿倒凉快，
> 当我擦着汗珠，弹去爬山的土，
> 当我看见他的瘦弱的身体
> 战抖，在地下一阵隐隐的风里。
> 他笑着，你不应该放过这个消遣的时机，
> 这是上海的申报，唉这五光十色的新闻，
> 让我们坐过去，那里有一线暗黄的光。
> 我想起大街上疯狂的跑着的人们，
> 那些个残酷的，为死亡恫吓的人们，
> 像是蜂蛹的昆虫，向我们的洞里挤。

---

[1] 《董奋日记》，《联大长征》，新星出版社，2010年，第128页。

"你不应该放过这个消遣的时机",穆旦以这行诗对应了汪曾祺他们的回忆性散文叙述。但他随即转入穆旦式的沉思。这一节最后的三行诗,读来让人不免心头一震。是的,轰炸,确确实实是死亡的恫吓,这也是日军轰炸昆明的目的。所以,饱受死亡恫吓的人们也有理由将之看成一次郊外的消遣,否则也真遂了侵略者的心意。

尽管穆旦在昆明写下了有关防空洞的出色的诗歌,他对于防空洞这个战时意象的认识应该不在昆明,而在长沙。临时大学在长沙的时候,为员生安全计,曾掘有三十个防空洞。一九三八年九月十三日,昆明首次发布空袭警报,"十月,西南联大颁布员生分组挖掘小型防空洞的办法,共列五条,其中,第一条称'为避空袭计,本校员生,得自动组成六人至十人之小组,在本校各学院所在地之附近,挖掘一防空洞',第二至五条则列出了相关手续及操作过程"。[1]昆明似乎只有圆通山有防空的山洞,学生挖掘防空洞未见记载。所以,在同时代师生的回忆中,昆明只有跑警报而甚少躲防空洞的记载,一旦有敌机飞来,警报一响,大家就往郊外跑。而跑警报,也大可以看出一个人的修养,我们来看看何兆武回忆中的梅贻琦:"梅校长,那时候五十好几了,可是极有绅士风度,平时总穿得很整齐,永远拿一把张伯伦式的弯把雨伞,

---

[1] 北京大学等编:《国立西南联合大学史料》(六),云南教育出版社,1998年,第452—455页。

走起路来非常稳重,甚至于跑警报的时候,周围人群乱哄哄,他还是不失仪容,安步当车慢慢地走,同时疏导学生。"[1]与之相反的例子是吴晗,连滚带爬,一副惊慌失措的样子,在何兆武看来,不免"太有失一个学者的气度"。

有意思的是,穆旦在昆明没有写下跑警报的诗而写下了一首躲防空洞的诗。固然,从题材上考虑,跑警报适宜于散文的形式,防空洞的形象却宜用诗的形式出之。还有一点,防空洞的幽暗和拥挤,令人想到文学作品中的"地狱"一词。事实上,穆旦的诗也的确写到了地狱。《防空洞里的抒情诗》有类似于复调小说的叙述,在第二节之后突然插入炼丹术士的形象——"地狱"以及地狱里的"僵尸"出现了——

> 炼丹的术士落下沉重的
> 眼睑,不觉坠入了梦里,
> 无数个阴魂跑出了地狱,
> 悄悄收摄了,火烧,剥皮,
> 听他号出极乐国的声息。
> O看,在古代的大森林里,
> 那个渐渐冰冷了的僵尸!

---

[1] 何兆武口述、文靖撰写:《上学记》,三联书店,2008年,第153、154页。

而在两节十二行之后，地狱的景象重又出现：

> 那个僵尸在痛苦地动转，
> 他轻轻地起来烧着炉丹，
> 在古代的森林漆黑的夜里，
> "毁灭，毁灭"一个声音喊，
> "你那枉然的古旧的炉丹。
> 死在梦里！坠入你的苦难！
> 听你极乐的嗓子多么洪亮！"

正是这个代表着毁灭的"僵尸"的插入，使得这首诗复杂起来。在某种程度上，穆旦那么早地出现了超现实主义诗歌的某种元素，尤其是全诗的最后三行："我是独自走上了被炸毁的楼，/ 而发现我自己死在那儿 / 僵硬的，满脸上是欢笑，眼泪和叹息。"这个结尾，我们不曾在其他中国文学，特别是在中文诗歌中看到，不得不说，这是西方现代派诗歌给予穆旦的直接的营养。

考察整首诗的内容，出现了"我"和"他"，甚至"我"和"你"的对话，特别是"我"和"他"的互动，比如"他"拉住我，给"我"看《申报》上的结婚启事，不仅在诗艺上让我们看到了艾略特倡导的诗歌戏剧化形式的影响，还让我们想到，诗人的一场刻骨铭心的恋爱已经结束。读者应该记得穆旦连用了两个"我已经忘了"和一个"我忘了"，似乎想证明他真的忘了不久前过去了的那些关于爱的往事，但是不，过度的强调恰恰证明他并没有忘记。穆旦的不同凡响之处在于，在很可能陷于情感往事的一瞬间又很果断地抽离出来，诗超乎个人的爱恋之上而达到一种普遍性：

> 当你低下头，重又抬起，
> 你就看见眼前的这许多人，你看见原野上的那许多人，
> 你看见你再也看不见的无数的人们，
> 于是觉得你染上了黑色，和这些人们一样。

"你看见你再也看不见的无数的人们"，这一行实际上是承"已经忘记了"的你的那个再也看不见的恋人而生发出来的。不过，这四行诗中的四个"你"，相对于整首诗的"我"和"你"这一相对稳固的对称人称来说，似乎有那么点儿突兀了。

防空洞，作为一个词汇，是抗日战争的一个特定意象，当诗人检索到它，尊之以高贵的诗行，诗人即与现实发生了即时性关系。它从此成为中国文学特殊语境里的一种现实感，一种文学的在场。这个幽暗的与死亡紧邻的词汇强化了诗人的在场感。防空洞里穆旦的抒情诗，没有一般诗歌的浪漫抒情，也没有大多数抗战诗歌的标语口号化，而实在是一种依凭着冷峻叙述的硬朗之诗，正是这种客观的叙述而非主观的抒情，若干年后仍给了我们不少诗艺上的启示。

这首诗发表在一九三九年十二月十八日的香港《大公报·文艺》上，诗末有注："一九三九，南荒社。"当年的版面上，此诗的最后一节第一行"打下几架敌机"以及第五行"被炸毁的楼"均以小方框替代。很明显，香港时为英国管辖，一九三九年英国尚未与日本开战，为避免激怒日本，编辑或新闻检察官有意做了这样的处理。关于这一点，穆旦研究专家易彬有一句话："这样的事实，无疑从另一个角度强化了穆旦写作与时代之间的关联。"这一评述非常到位。在此，我们只是想不无蛇足地补充一句，一个诗人，诗与思的锋利程度，或许就是被这几个无声的方框给撕开的。那种省略里面，往往有一个时代耐人寻味的东西。

一年以后的一九四〇年五月二十九日，昆明《中央日报》文艺副刊《平明》上发表了赵瑞蕻的长诗《昆明底一个画像——赠新诗人穆旦》。这一次，穆旦作为一名新诗人的形象出现在了一首跑警报的诗中，且诗的副标题还醒目地点名说这是赠给他的：

> 你说要念几首英国诗，哼哼调子，
> W.B.叶慈的，T.S.艾略特的……
> 这可助脑神经消化……

这是直接写到穆旦的三个句子。我们应该知道，赵瑞蕻诗的主角是昆明，确切地说，是西南联大那些跑警报的教授和同学们，穆旦只是其中之一。此诗提供给我们一个热爱读现代派诗的新诗

第十章｜防空洞里的抒情诗

人形象。我们在很多有关西南联大的资料中,其实只看到了一个远景中的穆旦,这一回,他出现在了近景中,而且背景的聚焦点小而真实——联大的某间学生宿舍;时间是如此精确——一九四〇年四月十四日中午十二点十分又三分钟。在那个狭窄的空间,他们的同学F正调试着六十越币买来的法国吉他;听到诗人说读诗有助于脑神经消化的话,另一位同学C不无揶揄地回应说"干吗这么用功,刚吃过中饭";诗作者赵瑞蕻本人却"觉得有点气闷,头昏",正想到天蓝得叫人心慌的郊外去走走;一位学哲学的大胡子在隔壁打鼾(大概读《罗马帝国衰亡史》夜深了);同学Y爬上摇晃的上层床,呆坐着,忽然拉起了凄清的胡琴……这是长诗描绘的跑警报前的一幕。赵瑞蕻的诗无意中给出了穆旦在西南联大的那个生活空间。从某种意义上说,这比后来很多刻意的回忆来得更加逼真。

接下来,我们谈一谈穆旦来到昆明以后参与的文学活动。

《防空洞里的抒情诗》发表的时候,诗末醒目地标以"南荒社"之名。据此我们知道,穆旦积极地参加了南荒社,不仅如此,他本人在《历史思想自传》中还承认,他依次参与过青鸟社、高原社、南荒社等三个文学社团的活动。而冬青文学社以及在叙永的布谷社他其实也都有参与。

高原社的前身即南湖诗社,蒙自的南湖至此已不足以涵盖昆明,所以改成了昆明所在的云贵高原的"高原"一词——高原社应运而生。除原有成员（已经毕业离校的除外）外，王佐良（清华大学外文系三年级生）、杨周翰、杨静如（即杨苡）、董庶（北大中文系三年级生）等加入进来。这几个人都是穆旦的好友。大约在一九三八年十二月初，在大西门外的昆华农校的一间教室里开了第一次社员大会，向长清、刘兆吉被选为负责人。决定办《高原》杂志，以壁报的形式出刊，每两周出刊一次，诗为主，兼发散文。穆旦自己也曾回忆"社中活动为在校中出壁报，在中央日报出过一次副刊，并经常茶会聊天"。[1]

"他们（高原社）的壁报办得好，我很喜欢，"时隔八十年后，九十八岁的杨苡依然清晰地记得她加入高原社的那个夜晚："那是秋冬的一个晚上。门是开着的，但我出于礼貌还是敲敲门，问：'这是高原文艺社吗？'里面的人就说：'欢迎！欢迎！'"[2]就这样，在这个文学社团里，杨苡找到了最好的两个朋友，一个穆旦，一个赵瑞蕻。后者不久成了她的丈夫。婚后，赵瑞蕻杨苡夫妇定居南京。穆旦一直跟他们保持着亲密的朋友关系。我们也幸运地从赵杨两位的回忆中得悉了不少穆旦的生平。

蒙社员、《南湖短歌》作者周定一的精心保存，一九三八年十二月，高原社十二位社员游昆明海源寺拍摄的一张合照近年得以重见天日，其中，穆旦站在后排右三的位置，尽管他只露出一

---

[1] 穆旦档案之《历史思想自传》（1955），南开大学档案馆藏人事档案查良铮卷。
[2] 刘周岩：《求学之路，战火中的诗篇与论文》，见《三联周刊》策划的专题《南渡的星辰：西南联大八十周年》2017年第48期。

个头，三七开的头型，颇有模仿美国电影明星的嫌疑。诗人一头浓密乌黑的头发，梳理得纹丝不乱，高原的阳光打在上面，亮晃晃的。我们猜想他一定涂了发蜡了。穆旦是一个讲究仪表的诗人。

这张照片上，唯一坐在前排地上的是林蒲，他也是一个有个性的联大诗人。

高原社因为后来重组了南荒社而停止活动。南荒社扩大了作者队伍，也不再单以诗歌创作为主，还增加了小说和报告文学。特别重要的是，从南荒社开始，社员的作品开始寻求在报纸上发表，比如，在凤子编辑的昆明《中央日报》平明副刊以及萧乾、杨刚编辑的香港《大公报》文艺副刊上，都曾有社员作品大量发表。

我们已经知道，穆旦的《防空洞里的抒情诗》和《从空虚到充实》两诗在香港《大公报》文艺副刊发表的时候，诗末特为标出"南荒社"三字，这是因为需要标明这两首诗是南荒社的创作成果，是穆旦本人在强化他的社团活动，还是发表时以"南荒社"为名统一投的稿？近年关于西南联大文学社团的研究，对南荒社的活动特别是该社团与社费的情况已经有了充分的了解：

> 关于社费，采取"以文代费"的办法，要求每个社员向社里交一篇作品，文末注明"南荒社"几字，社里推荐发表，稿费归社里，这就是后来香港《大公报·文艺》和别的报刊上一些作品后面出现"南荒社"或"南荒文艺社"字样的

由来。[1]

联大学生社团中活动时间最长的一个文艺团体是冬青社。冬青社是群社的一部分演化过来的。而群社的组成也要说到湘黔滇旅行团。经过六十八天同吃、同住、同行的生活，旅行团的学生有了集体观念，到昆明，特别是蒙自分校搬回昆明后，其中的部分学生觉得这种集体生活平时也并非不需要，于是组织了具有集体性质的群社。群社办有壁报和刊物，如《群声》壁报偏重于时事分析和政治评论。群社是有政治倾向性的，由中共联大地下组织领导。"群社"之名，就是党员董葆先建议取的。群社组织后，社里"有一群爱好文艺的同学为了开展集体的文艺活动，就组织了冬青社，聘请闻一多、冯至、卞之琳等先生为导师"，出刊《冬青》壁报。穆旦的诗友杜运燮一九八四年十一月撰文回忆，之所以"把新成立的冬青文艺社叫作'冬青'，就是因为当时群社文艺小组的成员在讨论成立新的文艺社团时，窗外正有一排翠绿的冬青树"。显然，"冬青"也是一个象征。[2] 在冬青社的最初成员中，杜运燮列出了林元（当时名林抡元）、刘北汜、萧珊（陈蕴珍）、汪曾祺、巫宁坤、穆旦等。这里，萧珊这个名字对于穆旦来说是

---

1 李光荣、宣淑君：《季节燃起的花朵——西南联大文学社团研究》，中华书局，2011年，第99页。
2 综合公唐《记冬青社》，载《联大八年》及杜运燮《白发飘霜忆"冬青"》，载《筇吹弦诵在春城——回忆西南联大》。

重要的。但穆旦与萧珊到底是在什么地方、什么时候认识的,学界还有疑问,有人认为那是在叙永,但终究不能确定。如果同在一个社团(本来也没有几个人)居然互不认识,两人需到叙永才结识,那至少证明穆旦并不积极参加冬青社的社团活动。

在冬青诗刊上发表作品的,除了冯至、李广田(黎地)、卞之琳、闻家驷等老师之外,还有方敬、力扬、林庚、杨刚、穆旦、刘北汜、杜运燮、金克木等。

尽管穆旦是旅行团中的一员,没有资料表明他也曾参加过群社。这至少表明,对于现实政治,穆旦并不热衷,说他淡漠也完全可以。十五年之后,几乎在同时的三份交代材料中,穆旦提及在昆明和同学组织文艺社团一事,但他也只列出了青鸟社、高原社、南荒社三个社团,其中的青鸟社迄今还"未见于其他资料"[1]。连后世无从知道的"青鸟社"也交代了,穆旦又何以没有列出"冬青社"以及叙永分校的"布谷社",究其原因,他自己可能未必承认他是冬青社和后来的布谷社的成员。当然,叙永分校学生组织"布谷社"的时候,穆旦的身份已经发生了变化——由学生变成了年轻的"西语系助教"——一篇具名为黄宏煦、周锦荪、张信达、何扬、秦泥的《七月〈流火〉和〈布谷〉催春——小记叙永分校的两个壁报团体》的文章是这样回忆的:"……当时,他们还邀请西语系助教查良铮(笔名穆旦,是联大本校冬青社成员)

---

[1] 易彬:《穆旦评传》,南京大学出版社,2012年11月,第89页。

参加，合办了一个壁报，取名《布谷》——含有催人耕耘，带来春的消息之意。"[1]

尽管穆旦参加了联大的文学社团，但是，种种迹象表明，他不是社团中勇于任事的积极分子。当然，也无须夸大文学社团对于像穆旦这样的诗人的作用。虎豹从来不会成群结队。真正的诗人总是以孤独的虎步迈向丛林的边缘，在黑夜里确保自己的眼睛闪闪发亮。这就够了。

---

[1] 西南联大校友会编：《笳吹弦诵在春城——回忆西南联大》，云南人民出版社、北京大学出版社，1986年，第363页。

第十一章

西南联大的生活及其写作

一份穆旦的自书履历上这样写着：一九三五年九月至一九四〇年七月，北京清华大学、昆明西南联大外语系上学，证明人及单位：王佐良（北京外语学院）；一九四〇年八月至一九四二年二月，昆明西南联大助教，证明人及单位：王佐良（同上）。近年披露的这份档案材料说明，有近七年的时间，穆旦认为王佐良清楚自己的生活，也完全可以帮他做见证。可见，这位大学同学在穆旦心目中的位置。

王佐良，浙江上虞人。他是西南联大诗人群中的一员，此后更以英国文学研究和英诗翻译名世。其实，他不仅熟悉穆旦这一时段的生活，也有资格和能力见证并评析穆旦的诗歌创作。正是王佐良，在一九四六年六月号的伦敦《文学与生活》（*Life and Letters*）杂志上，以英文发表了最早评论穆旦诗歌的一篇长文

《一个中国诗人》。王佐良不仅以极富诗歌素养的批评家的眼光打量穆旦那些具有"丰富,和丰富的痛苦"的诗歌,也相当形象化地对他们共同的联大生活进行了描述:

> 联大的屋顶是低的,学者们的外表褴褛,有些人形同流民,然而却一直有着那点对于心智上事物的兴奋。在战争的初期,图书馆比后来的更小,然而仅有的几本书,尤其是从外国刚运来的珍宝似的新书,是用着一种无礼貌的饥饿吞下了的。这些书现在大概还躺在昆明师范学院的书架上吧。最后,纸边都卷如狗耳,到处都皱叠了,而且往往失去了封面。但是这些联大的年轻诗人们并没有白读了他们的艾里奥脱与奥登。也许西方会出惊地感到它对于东方文化的无知,以及这无知的可耻,当我们告诉它,如何地带着怎样的狂热,以怎样梦寐的眼睛,有人在遥远的中国读着这二个诗人。在许多个下午,饮着普通的中国茶,置身于乡下来的农民和小商人的嘈杂之中,这些年轻作家迫切地热烈讨论着技术的细节。高声的辩论有时伸入夜晚:那时候,他们离开小茶馆,而围着校园一圈又一圈地激动地不知休止地走着。但是对于他们,生活并不容易。学生时代,他们活在微薄的政府公费上。毕了业,作为大学和中学的低级教员、银行小职员、科员、实习记者,或仅仅是一个游荡的闲人,他们同物价做着不断的、灰心的抗争。他们之中有人结婚,于是从头就负债度日,他

们洗衣，买菜，烧饭，同人还价，吵嘴，在市场上和房东之前受辱。他们之间并未发展起一个排他的、贵族性的小团体。他们陷在污泥之中，但是，总有那么些次，当事情的重压比较松了一下，当一年又转到春天了，他们从日常琐碎的折磨里偷出时间和心思来——来写。[1]

王佐良描述的联大的低屋顶，就是一九三九年四月竣工，下半年交付使用的新校舍，地处昆明城外西北郊三分寺一带，原是一片坟地。一条环城的老马路把一百二十多亩的新校园辟为南北两半，称南区和北区。联大的分布大部分集中在北区。现在流传甚广的那张自右至左门楣横书大字"国立西南联合大学"的学校大门照片，就是在北区的大门口拍摄的。黑白照片上，两扇不施油漆、露着白茬的木质校门清晰在目。大门开处，是一条南北向的泥土路，晴天尚可，一到雨季，泥泞没脚，在上面啪嗒一跤滑倒的学子不在少数。泥路直通更北面的后门。北校门外有一条铁路。铁路外是荒郊野地，一片起伏的丘陵。联大学生都很熟悉那块荒地，跑警报顺便谈情说爱多半也在那个地方。北区的这条土路又把它分成东西两个部分，东半部是教室、办公室、图书馆、食堂；西半部主要是男生宿舍（女生住南院）和运动场。关于学

---

[1] 王佐良：《一个中国诗人》，《穆旦诗集》附录，人民文学出版社，2001年，第117、118页。

生宿舍，穆旦写下过对它的一个印象：

> 它（西南联大）的第一个困难是"穷"……其次，是校舍的困难。许多人睡在一间阴暗的小屋子里，无法安静是不用说了，而昆明又多流行病，个人健康也无法维持。有一次一室中四五人先后都患了猩红热，而同室中其余的同学仍无法疏散开。这只不过说明了校舍的"挤"。[1]

穆旦所在的外文系教室在东北区。教室的构成，就是大家已经熟知的土墙铁皮屋顶，"下雨的时候，叮当之声不停。地面是泥土压成的。几年之后，满是泥坑，窗户没有玻璃。风吹时必须要用东西把纸张压住，否则就会被吹掉"。[2]偏偏昆明的雨季特别长，按汪曾祺的说法是"下下停停，停停下下"，汪曾祺不讨厌下雨，反而觉得下雨使人动情，但那是喜欢逃课的他在泡茶馆听雨，真要是待在光线不甚明亮，授课之声相闻的铁皮屋顶的教室里，瓢泼大雨倾注而下，雨滴敲击铁皮屋顶的声音早就盖过教授的讲课声了。不消说，联大生活是艰苦的。艰苦到没有像样的书桌，于是就发明了一种桌凳合一的特制的椅子——右手边伸出一块羽毛

---

[1] 穆旦：《抗战以来的西南联大》，《穆旦诗文集》（2），人民文学出版社，2018年，第66、67页。

[2] 杨振宁：《读书教学四十年》，《笳吹弦诵在春城——回忆西南联大》，云南人民出版社、北京大学出版社，1986年，第148页。

球拍大小的木板，可以放书，也可以记笔记。而一日三餐呢，联大食堂的饭有个好听的名字，叫"八宝饭"，哪八宝？谷子、稗子、砂子、泥巴，甚至耗子屎……至于菜呢，汪曾祺说："八人一桌，四个菜，装在酱色的粗陶碗里。菜多盐而少油。常吃的菜是煮芸豆，还有一种叫作魔芋豆腐的灰色的凉粉似的东西。"[1]可是，更艰苦的还在后面，到后来，菜淡得似乎连盐都不放了。

我们已经描述过联大外文系在南岳和蒙自时期图书的不足，特别是穆旦梦寐以求的英美现代派诗歌及其论著（包括刊发现代派诗的国外最新杂志），更是一册难求。好在老师燕卜荪随身带来了一些，但想来也不会很多。如此，这些书"纸边都卷如狗耳，到处都皱叠了，而且往往失去了封面"（王佐良语）的情况也完全可以想见。这"仅有的几本书"，类似施加酷刑般的行为，也一定有穆旦年轻的手指的参与。说一句实话，外文系的学生本来就不多，爱好诗歌的人在任何时代又总是少数，而喜好晦涩难懂的现代派诗的，就少之又少。赵瑞蕻，在联大已有"Young Poet"美称的穆旦的同学，不是说了吗，他就没有选学燕卜荪的那门著名的英国现代诗课程，"当穆旦和杜运燮等用心大量地阅读T.S.艾略特和奥登等英美现代主义作品，越来越受到影响的时候，我是落后的，我仍然停留在浪漫主义的梦幻里"。[2]这是多年后才感到的遗

---

1 汪曾祺：《新校舍》，《汪曾祺全集》第6卷，人民文学出版社，2019年，第70页。
2 赵瑞蕻：《南岳山中，蒙自湖畔》，《离乱弦歌忆旧游——从西南联大到金色的晚秋》，文汇出版社，2000年，第137页。

憾，当初却未必。这不是赵瑞蕻一个人的选择，从闻一多及后来杜运燮编选的西南联大诗钞分析，联大大部分学生的诗歌并没有受到现代派的影响。全盘接受现代派醍醐灌顶影响的，不用说，穆旦一定是最疯狂的一个。我们完全相信王佐良的描述，他"用着一种无礼貌的饥饿吞下了"好不容易来到昆明的艾略特和奥登。

新校舍筑成，位于北区的联大图书馆随即开馆。这是大西门外最高大的瓦顶建筑。图书馆前面是一块空地，中间立一根旗杆，作集会之用。文学家中，林语堂就站在旗杆下做过一次讲座。图书馆里面的大阅览室，尽管布置简单，却也很气派，是穆旦初来安顿在昆明师范学院那会儿的简易书架根本没法比的。曾经做过联大图书馆阅览股长的杨道南对此有回忆："正中是借书处，排列着书架，堆放着大量的参考书籍；全室四周都排满了许多大桌和椅子，足供几百读者使用；窗子上很少玻璃，都是用棉纸糊的；梁上还悬挂着大汽灯，在经常停电的情况下，发挥了很大的作用。无论白天和夜晚，酷暑或严冬，室内都座无虚席，鸦雀无声……"[1]在舒适的图书馆阅览室抢个座位并非易事，有位比穆旦迟一年来到昆明的学生这样写到他们当年争抢一个光线好一点的座位的情景：

---

[1] 杨道南：《刻苦攻读，弦歌不断——联大图书馆纪实》，《笳吹弦诵在春城——回忆西南联大》，云南人民出版社、北京大学出版社，1986年，第207页。

图书馆是用汽灯。偌大一个图书馆并没有几盏,因此抢座位比在电影院购票还要拥挤。天未黑,馆外便黑压压地站满了人,门一开便向里涌,涌进门便分头向汽灯下面跑,等跑到坐定,低头一看,往往便会发现笔记本挤烂了,洋装书的硬封面挤脱了,笔记丢了,或是手指头挤破了。这还是幸运的,不幸的是出了一身汗还分不到一点灯光的人,于是便只有垂头丧气地又踏出了倚斜的馆门。[1]

穆旦自己也说过这样的话:"(联大的)图书馆,则是永远挤满了人。"(穆旦:《抗战以来的西南联大》)但原清华外文系的图书没有放在联大图书馆内,而是在新校舍东北角的外文系办公室里辟有一个小书库,那里有红皮面精装的《莎士比亚全集》和法国康拉德版的《巴尔扎克全集》。清华外文系有自己的图书馆。(许渊冲:《往事如烟忆图书馆》。)

联大阅览室的位置既然如此难以抢到,穆旦以及他的现代派同仁们就不得不转移到别的地方去了。王佐良是其中的参与者之一,他置身其中,"在许多下午,饮着普通的中国茶,置身于乡下来的农民和小商人的嘈杂之中,这些年轻作家迫切地热烈讨论着技术的细节。高声的辩论有时伸入深夜"(王佐良:《一个中国诗人》)联大学生普遍有泡茶馆的习惯。又,据光远的回忆,

---

[1] 光远:《片断的回忆》,《联大八年》,新星出版社,2010年,第81页。

一九三九年十月这位同学刚到联大那会儿，文林街还很冷落，没有一个茶馆，可是，凤翥街就不同了，那里完全是另一个世界，非常热闹，热闹的原因，就在于"那是昆明以北数县上省的驮马队驻足的地方，于是这些莘莘学子便只有与贩夫走卒为伍，走马粪看书了"。（光远：《片断的回忆》）另借汪曾祺生动的文笔，略知南北向的凤翥街，进入一个小牌楼，"这条街主要是由茶馆、饭馆、纸烟店、骡马店、饼店和各色各样来来往往的行人构成的"。在汪曾祺的记忆中，"（凤翥街）一百米左右的小街上倒有五家茶馆"，其中"街东一家是后来开的，用的是有盖带把的白瓷茶缸，有点洋气，——别家茶馆都用粗瓷青花盖碗。这一家是专卖西南联大学生的，本地人不来，喝不惯这种有把的茶缸，也听不懂这些大学生的高谈阔论"。[1]不用说，茶馆里如果来一帮开口"艾里奥脱"、闭口"奥登"的年轻人，又"带着怎样的狂热，以怎样梦寐的眼睛"争吵似的大声说话，且一个下午的时间不够，还要到深夜，这哪里是本地人听得懂、看得惯的。王佐良笔下他们的下午茶，看起来多半在凤翥街的老茶馆里喝完。当然，泡茶馆只是一个由头，端起茶缸，聚在一起，主要还是讨论现代诗的技术问题。要知道，一个想有所作为的诗人，诗的技艺近乎道，艾略特的老师、曾对《荒原》大加删节的庞德不是说过这样的一句话吗：

---

[1] 汪曾祺：《凤翥街》，《汪曾祺全集》第5卷，人民文学出版社，2019年，第184、185页。

技艺是对一个诗人的真诚的考验。年轻诗人对诗的训练，起初全在诗的技艺的打磨上面。

关于穆旦的联大生活，可惜穆旦本人来不及回忆就离开了人世。除了王佐良在《一个中国诗人》中相当粗线条的勾勒，我们还不曾看到有当事人对于诗人的相对生动的细节性回忆。不过，我们也注意到了两个真实的生活细节。

其一，穆旦喜欢在昆明湖踱步，这是有他自己的诗可以作证的："在昆明湖畔我闲踱着，昆明湖的水色澄碧而温暖／莺燕在激动地歌唱，一片新绿从大地的旧根里熊熊燃烧。"（《玫瑰之歌》）昆明湖即滇池，在城外，波平如镜，一碧万顷，猜想穆旦没有少来。昆明湖"大观楼之楼阁秀丽，西山之峰峦苍葱，均为他处所少见。他如金马山、圆通山、古憧公园、黑龙潭等，都是饶有风景"。[1]此等良辰美景，对一名诗人，怎会没有吸引力。顺便提一句，昆明城内的翠湖，也大有意思，特别是翠湖里面有一个特别的图书馆，形制如道观，安静而整洁，对穆旦怕也不无吸引。这翠湖，照汪曾祺的说法"每天每日，给了昆明人多少浮世的安慰和精神的疗养"。这对孤独者穆旦而言，想想都是一种诱惑。

其二，去南屏电影院观影。初到昆明那段时间，学生都在文庙附近看电影。一九四〇年四月一日，一座西南地区最早、号

---

[1] 薛绍铭：《黔滇川旅行记》，上海中华书局，1937年初版，又载《昆明梦忆》，百花文艺出版社，2003年，第28页。

称"远东第一家"的现代化专业影院南屏电影院（前身南屏大戏院）开业，成为一时之选。南屏放映了《八百壮士》《一江春水向东流》等抗战电影，也放映了《魂归离恨天》（根据勃朗特名著《呼啸山庄》拍摄）、《魂断蓝桥》等好莱坞电影，盛极一时。因是女实业家刘淑清创办，龙云夫人顾映秋、卢汉夫人龙泽清等出资入股，故有"夫人集团"电影院之谓。院址在昆明西南宝善街北面与晓东街交汇处。从联大所在的西北郊到影院所处的西南部，须得横穿整个昆明老城区，约有二点二公里的路程，不可谓不远，走这么远的路，大家纷纷赶去，电影的魅力不可谓不大。一九四一年十月二十一日下午两三点钟，此时穆旦任助教已一年有余，吴宓日记忽然有记："至南屏购票，遇查良铮。"吴宓是电影迷，穆旦也是。穆旦来此，恰好为吴宓所遇见。偶然留有的这一笔，弥足珍贵。据此，我们大可以推想一下，这地方，穆旦一定没少来。一个喜欢英美诗歌的年轻人，面对制作精美、表演真切的电影，赶这样的潮头，完全可以理解，何况光影声色的影片，哪个年轻人不喜欢看？

一九四〇年六月十八日，联大常委会第一四六次会议决议："聘查良铮先生为本校外国语文系助教，月薪九十元，自下学年起。"[1]

---

[1] 北京大学等编：《国立西南联合大学史料》（二），云南教育出版社，1988年，第139页。

决议发布的时候，穆旦尚未毕业，这一方面可以看出联大助教的稀缺。此外，穆旦的留校，未见是何人推荐留校。最有可能的推荐人是吴宓。查吴宓日记，未见记载。但吴宓曾荐过不少人求职，如函荐盛澄华浙大教授，荐上一年毕业在联大做助教的杨周翰转任浙大副教授或讲师，还荐后来入缅参战、横渡澜沧江时壮烈殉国的黄维做农校的英文教员，等等，非常热心。但他对于穆旦，实在远不如他对李赋宁、周珏良、杨周翰甚至黄维等学生来得亲密，更不必说那些他有好感并整天为之想入非非的漂亮女生了。

一个月后，穆旦毕业。本年度毕业的查良铮，称清华大学第十二级毕业生。这里有一个关于穆旦人生节点的疑问。我们知道，他是一九三五年入读的清华大学，按理，应该是清华大学十一级生（旅行团时蔡孝敏就曾称呼他为十一级）于上一年毕业，如他的同班同学王佐良。为何穆旦的毕业时间推迟了一年，是没有修满规定的学分还是别的什么原因？按联大学制实行学分制，本科四年，规定学生在四年内必须修完一百三十二个学分（可以多修，不能少于此数），有人做过统计，这一百三十二个学分，相当于三十门左右的课程。分摊到每年也就七八门课，每周正式上课不过二十多个学时，平均每天三四小时，对于文科生，又没有如理工科学生实习作业功课的负担，其实是不算繁重的。[1]也许，穆旦

---

1 王康：《联大的学风》，原载《教育研究》，1981年，见《笳吹弦诵在春城——回忆西南联大》，云南人民出版社、北京大学出版社，1986年，第185页、187页。

是卡在了学分上。这是我们的猜测,真实的情况恐怕是一个无从揭开的谜了。

就这样,穆旦为期一年半时间的西南联大助教生涯(一九四〇年八月至一九四二年二月)开始了。学校第一年未安排穆旦上课;第二年度(1941—1942)安排了两门课:英文壹I(作文),二学分;英文壹Y(读本),四学分。[1]如果不出意外,按部就班地,穆旦可以像他的老师那样做到教授这个级别,可以过着精致而裕如的生活,也许还可以做一点研究,晚年功成名就,获得普遍的尊敬。眼下,月薪一百元(实际聘用薪金)的助教生涯似乎并非他理想的生活,我们来听一听一名叫鲁溪的联大助教的夫子自道:

> 我在联大当助教已经好几年了。助教生活本来就是枯燥寂寞的。一定的职务,一定的工作,年年差不多都是毫无改变地去作,一遍又一遍,重复再重复,做了几年真是厌恶极了。[2]

"厌恶极了"一语,极可以见出助教本人对这份工作的排斥。鲁溪应该是一位理工科留校的助教,因为他讲到了实验室仪器、

---

1 易彬:《穆旦年谱》,中国社会科学出版社,2010年,第54页。
2 鲁溪:《我的教书生活——助教生涯》,《联大八年》,新星出版社,2011年,第74页。

药品的缺乏等。最后,他说到了已经不得不说的薪金:

>……不管物价涨了多少倍,薪金的增加总不出百分之几,几倍和万分之几相比,生活就自然愈来愈困难了,同事们除了少数几个有办法的以外,多数的人每月拿到的薪金,只能用到月中,下半月如有什么用项,就只能等到月底发了薪时再说了。领到的薪水虽逐月增加,但一看到那些全新的,连号码都连着的钞票时,马上就又想到这一月内通货的膨胀,又不知到了怎样的程度,那末物价又不知要涨到什么地步了。到了收入不足以维持最低的生活时,那末在校外兼差就成了唯一自救的办法。[1]

鲁溪笔下的情况在联大的后期越来越突出。总而言之,助教这活儿"使人觉得没有意思,觉得无聊"。看起来,要不是年轻人看在联大自由的气氛上,早就不干了。

穆旦助教生涯的第一个学期没有安排他上课,他所做的工作,推想不过就是帮助学生报到、帮助教授批改作业之类的打杂。一九四〇年十一月,也就是留校担任助教几个月之后,穆旦写下了两首诗《我》和《还原作用》。先来看看《我》:

---

[1] 鲁溪:《我的教书生活——助教生涯》,《联大八年》,新星出版社,2011年,第75页。

> 从子宫割裂，失去了温暖，
> 是残缺的部分渴望着救援，
> 永远是自己，锁在荒野里。
>
> 从静止的梦离开了群体，
> 痛感到时流，没有什么抓住，
> 不断的回忆带不回自己，
>
> 遇见部分时在一起哭喊，
> 是初恋的狂喜，想冲出藩篱，
> 伸出双手来抱住了自己，
>
> 幻化的形象，是更深的绝望，
> 永远是自己，锁在荒野里，
> 仇恨着母亲给分出了梦境。

诗实在不长，十二行中有一行还是重复，三行一节，形式很整齐，完全是学院派风格。穆旦诗歌的形式至此已经很成熟地建立起来。穆旦诗艺上的这一步紧似一步的探索，训练有素的读者完全可以感知到。细细辩味这首诗，读者一定会被开头的"子宫"一词震住并感到惊异。

不少论者会注意到此前穆旦对卞之琳《慰劳信集——从〈鱼

目集〉说起》所做的书评,穆旦单单引用了卞之琳《给山西某一处煤窑工人》中的这两句:"黑夜如果是母亲,这里是子宫,/我也替早晨来体验投生的痛苦。"很显然,卞之琳是将"子宫"一词作为一个神秘幽暗的比喻来使用的,以子宫来隐喻矿道,的确很贴切。我们知道,卞之琳也是艾略特诗歌最早的共鸣者和模仿者。穆旦注意到这两行诗,固然是卞诗的"机智"(wit),但他同时在批评卞诗在践行艾略特的原则即放逐抒情之后并没有引入"新的抒情",以致诗歌显得"太贫乏"。当然,穆旦也会注意卞之琳所使用的"子宫"这样新异的词汇,但是,他仍批评卞诗"这些'机智'仅仅停留在'脑神经的运用'的范围里是不够的"。

在西方现代派诗歌中,"子宫"这个意象早已普及化,并不稀奇,但在二十世纪四十年代的中国,这还是一个相当扎眼的语词,使用它,需要勇气,更需要能力。穆旦不仅有勇气,也有能力,当然,诗人不是在炫奇,我想这里面一定还有特别的意义。

有什么特别的所指呢?诗不会这么直接说。直陈其事也不是穆旦的方式。穆旦诗尽管多晦涩的表述,但并非不可解。如果留意一下此诗的写作时间,我们认为,《我》的写作,是与穆旦联大毕业、步入助教生涯有关的。如果把学校毕业步入社会隐喻为个体脱离母体,此诗的晦涩就会迎刃而解。不过,同是运用"子宫"的隐喻,穆旦与卞之琳的温情脉脉确实不同,他使用了具有暴力倾向的"割裂"一词以加深这种从母体分离的痛感。

或许还可以引入柏拉图。我们没有忘记,穆旦曾和他的好友董庶攻读《柏拉图对话集》的细节。柏拉图在《会饮篇》里引述了剧作家阿里斯托芬的一则寓言：很久以前，我们人类都是双体人，有两个脑袋、四只胳膊和四条腿，可是因为人类的傲慢自大，有一天宙斯一斧子把双体人劈开了，于是人类痛苦地寻找另一半的历史也就开始了，缺失的这一半始终在寻找另一半，以求得一个原初双体人的圆满。短诗《我》写到了这种"割裂"又"渴望救援"的痛苦，这种割裂，对于穆旦来说，是双重的，一则是他的爱情的缺失，初恋的狂喜（以为找到了另一半）和破灭（随之而来）再一次来到他的诗歌中；二则是从安静的校园走上社会却陷于更深的绝望，这就是他重复的那一行诗的现实："永远是自己，锁在荒野里。"荒野和荒原，一字之别，其主题是一脉相承的：孤独。没错，穆旦书写着一种绝望的孤独。

穆旦的诗歌，一开始就有别于朱自清、闻一多等联大前辈诗人的风格。当年，穆旦的诗被指责为"晦涩"是在所难免的。所以，紧接着《我》和《还原作用》的创作，他翻译了路易·麦克尼斯的评论《诗的晦涩》，其中也不无为自己的作品辩护的意思。

几乎同一时间里写下的另一首诗《还原作用》，穆旦对于助教生涯的失望，简直一目了然。全诗不过十五行，引录如下：

> 污泥里的猪梦见生了翅膀，
> 从天降生的渴望着飞扬，
> 当他醒来时悲痛地呼喊。

胸里燃烧了却不能起床，
跳蚤，耗子，在他的身上黏着：
你爱我吗？我爱你，他说。

八小时工作，挖成一颗空壳，
荡在尘网里，害怕把丝弄断，
蜘蛛嗅过了，知道没有用处。

他的安慰是求学时的朋友，
三月的花园怎么样盛开，
通信连起了一大片荒原。

那里看出了变形的枉然，
开始学习着在地上走步，
一切是无边的，无边的迟缓。

如同"子宫"，不无反讽的"猪"也是一个突兀的意象。而"猪"所在的"污泥"，正是现实的一个明喻。前三行，隐喻着刚刚学会走路的诗人理想主义的破灭。随后，浑身粘满了"跳蚤"和"耗子"，那还奢谈什么翅膀的"飞扬"？下面"八小时工作，挖成一颗空壳"，直接写到了忙忙碌碌的工作。这时候，诗人感觉自己像一只荡在尘网里的蜘蛛，"害怕把丝弄断"，因此不得不特别小心。身处如此污泥浊水的环境,唯一的安慰是跟同学好友通通信,用朋友们信里传递过来的一个盛开的"三月的花园",来驱逐自己心里的那个荒原。此处也可以见出穆旦对于友谊的珍重。

顺便说一句,这个时期,穆旦的诗歌大多收集在第一部诗集《探险队》中。这部由昆明崇文印书馆印制出版的诗集,粗糙简陋的抗战土纸扉页背面,以仿宋体印着"献给友人董庶"六个字,其中董庶的"庶"字,粗心的排字工多给出了一个草字头而变成了"蔗"。穆旦一直与董庶保持着很好的友谊。董庶与中文系主任朱自清的关系相当不错。他比穆旦早一年毕业,留校做了西南联大师范学院的讲师。抗战胜利,三校北归,西南联大师范学院留在昆明独立办学,更名为昆明师范学院(二十世纪八十年代再次更名为云南师范大学),董庶因此留居云南。董庶一生非常不幸,"在昆明师范学院初期惨死在一些草民的'口诛笔伐'下"。[1]关于穆旦这位关系最为密切的老友,他年轻的生命到底是如何结束的,迄今仍是一个未解之谜。杜运燮晚年因回忆穆旦而谈到董庶,说他不幸去世后,"遗下家属和独子生活困难,穆旦每月汇款帮助他们,一直到'文革'才停寄"。[2]穆旦是重情的,他对董庶的不幸寄寓了深切的同情。而知道穆旦内情最多的董庶,爱好文学的北大才子,如此早早地死于非命,并没有留下任何关于穆旦的回忆

---

[1] 龙美光:《董庶的墓碑》,《春城晚报》,2013年7月3日。
[2] 杜运燮:《穆旦著译的背后》,《一个民族已经起来——怀念诗人、翻译家穆旦》,江苏人民出版社,1987年,第120页。

文字，这对我们是一个很大的遗憾。此是后话，不赘述。

诗最后一段第一行"变形的枉然"承开篇第一行。所谓变形，当指"猪梦见生了翅膀"这种奇妙的想象力。这是穆旦践行现代主义诗歌获得的想象力。但是，猪生了翅膀也没有用，它也只有老老实实地学习在地上走路。最后，穆旦以低沉而悲观的调子结束全诗。

诗中"我"的实感，以第三人称"他"而不用主观性强烈的第一人称"我"来书写，这是把自己抽离出一个语境而寻求客观化的一种方法，大抵也是践行艾略特"诗不是放纵感情，而是逃避感情"的教诲。

这里所谓的"实感"，就是穆旦初涉社会而体验到的切肤之痛。诗人用了一种现代派的变形手法而写出《还原作用》。这种变形，就诗艺的精进来说，穆旦本人是非常看重的。一九七五年十月九日，在回复刘承祺、孙志鸣的信中，因读到孙志鸣抄录的两首诗，穆旦意外地看到了那种久违的"变形"手法，于是，近乎兴奋地对两位爱诗的晚辈说："'蛹'提到一连串的变形，使我想起我在廿多年前写的一首小诗，叫'还原作用'，那是写我在旧社会里，感到陷入旧社会的泥坑中的失望心情。"[1]而事实上，关于这首诗的主题，二十天前，他已经在给郭保卫的信中说过一次了。

---

1 穆旦致刘承祺、孙志鸣，1975年10月9日。《穆旦诗文集》(2)，人民文学出版社，2018年，第260、261页。

那一次，是郭保卫跟他说了一些现状"现在人们的关系，可以用'恶劣'二字形容"，穆旦就要求他"能否把这意思写成诗？那诗就成了你的实感"。这里，我们看到了穆旦诗歌的一个灵感来源，用他自己的话来说，就是他告诉郭保卫的一句话："要使现今的生活成为诗的形象的来源。"穆旦诗的可贵就在于他的诗体带有稳定的学院派风格，而他的内容则从现实中撕扯下来，带着血淋淋的腥味。多年后，让我们来读一读穆旦自己对《还原作用》的解密：

> 在三十多年以前，我写过一首小诗，表现旧社会中，青年人如陷入泥坑中的猪（而又自认为天鹅），必须忍住厌恶之感来谋生活，处处忍耐，把自己的理想都磨完了，由幻想是花园而变为一片荒原。[1]

这个"青年人"，在另一封信中直接使用了"我"，即穆旦本人。从穆旦开始他助教生活不久写下的这两首诗中，我们完全可以觉出诗人与现实生活之间的那一种紧张关系。至于这种紧张关系是否曾纠缠于一些具体的人事，那就不清楚了。揆之常理，这种恶劣的心绪无有不被具体的人事所纠缠。

---

1 穆旦致郭保卫，1975年9月19日。《穆旦诗文集》（2），人民文学出版社，2018年，第218页。

一九四〇年，东西方的反法西斯战争处于最困难的阶段。在欧洲战场，希特勒德国的军队于六月十二日进入法国，二十二日，法国宣布投降。在亚洲战场，六月二十七日，日军封锁香港，港督奉命疏散妇孺，香港与昆明的交通断绝。七月十五日，日军封锁宁波、温州港口，中国沿海所有的港口自此全部落入日军之手。七月十七日开始，英国政府迫于日本的压力，封锁滇缅公路三个月。八月底，大批日军军舰云集海南岛，完成进攻越南的部署，九月下旬，日军在越南登陆，直接威胁到与越南紧邻的云南，昆明的局势徒然紧张。联大将继续搬迁的动议已经传得沸沸扬扬。

事实上，七月份，日本侵占安南（越南）的意图已经明显，教育部随即电令学校当局。联大常委会七月十七日举行了第一四九次会议，通报了教育部来电：安南现为我国通海唯一交通，暴敌时思占领，昆明毗邻越境，威胁堪虞，本校宜做万一之准备。郑天挺当日日记记商迁校址一事的意见："月涵、子坚主不迁，今甫主先疏散同人眷属，余意暂时或可不迁，然不能不备，孟邻师谓应定先后步骤。商谈甚久，决定非万不得已不迁。"[1] 会议开了三个小时，可见争论之激烈。九月九日，又开常委会，"决议遵令迁移，地点在川西、川南一带。一年级新生改在四川上课，不必来滇"。[2] 这次较快达成了共识，乃是因为"教育部派人来查看各校

---

1 郑天挺：《郑天挺西南联大日记》（上册），中华书局，2018年，第290、291页。（按，梅贻琦字月涵，黄钰生字子坚，杨振声字今甫，蒋梦麟字孟邻。）
2 同上，第310页。

迁移情况，传语奉化视此事甚重，必欲各校速迁"。奉化即国民政府当时的最高统帅蒋介石。可见，迁校实牵动了最高当局的神经。

三校南迁，艰苦卓绝，好不容易在昆明稳定了两年，又要搬迁，谈何容易。故学校当局采取的是能拖则拖，"非万不得已不迁"的策略。又过了两个月，情势已经相当危急，常委会在十一月十三日开了第一六一次会议，决定校本部暂不外迁，一、在四川叙永设立分校。二、聘请杨振声为叙永分校主任。三、一年级及先修班学生本学年在叙永分校上课，限于十二月十日前在叙永分校报到。一九四〇年这一年，从昆明、重庆、桂林以及沦陷区上海等地，经统考招收了六百六十名新生。习惯上，这一年的学生称为西南联大一九四四级叙永班。又，受战争的影响，交通中断，很多学生千辛万苦，冒着生命危险，到达叙永已经是一九四一年的新年了。

叙永在川、滇、黔三省交界，是长江支流永宁河边的一个古老县城。永宁河南北纵贯，把小小县城分为东、西两部分。叙永与外界，有一条简易公路相通，"顺着川滇公路南行，路旁遍种着桂圆树，绿莹莹地结实累累……过纳溪县后，沿着永宁河纡曲前进，水转澄碧，山渐奇峭，出禾盈畴，地无隙壤……途中经过渠坝驿、大洲驿、上马场、九鼎山等"[1]。又过江门午尖，经马岭兴隆镇……再就到了叙永车站。昆明距此八百公里，来去甚为不便。

---

[1] 罗常培：《蜀道难》，《苍洱之间》，黄山书社，2009年，第12页。

因为偏僻、闭塞，老城内外倒意外地保存着许多庙宇，这成为分校办学的物质条件。当年的联大教授罗常培（莘田）陪梅贻琦、郑天挺视察叙永分校，以其亲见记录分校的情况如次：

> 叙永有两个城：永宁河东是旧永宁县城；河西是旧叙永厅城……联大分校所占的地方一共有六处：东城两处，总办公处在县文庙，女生宿舍在帝主宫；西城四处，先修班在府城隍庙，教室和工院宿舍在南华宫，教职员和大部分学生宿舍在春秋祠，图书馆和实验室在天上宫。[1]

"叙永班"学生后来也有回忆：

> 叙永分校是仓促间建立的，物质条件极端匮乏。校舍就分设在这些破败的庙宇里：校本部及大部分教室设在文庙，男生宿舍设在春秋祠（即关帝庙），女生宿舍设在帝主宫，食堂设在城隍庙。学生们就这样终日伴着一些泥菩萨学习和生活。[2]

以上关于学生的住宿安排，老师与学生的回忆，两厢贴合无

---

[1] 罗常培：《蜀道难》，《苍洱之间》，黄山书社，2009年，第13页。也见郑天挺：《郑天挺西南联大日记》，中华书局，2018年，第423页。
[2] 秦泥执笔：《联大叙永分校生活纪实》，《笳吹弦诵在春城——回忆西南联大》，云南人民出版社、北京大学出版社，1986年，第232页。

误。那么教职员呢，穆旦现在是助教，是教职员的一员，罗莘田含糊地说在"春秋祠"，他只说对了一半。春秋祠供奉的是关羽（关云长一生爱读《春秋》）。此庙的后面，有很大的一进屋，大概早先是羽士们的住屋，分校的助教们全部安排在这里。穆旦、王佐良等，当然也就栖身此间了。

三校南迁，除校本部外，共分设了三次分校：南岳分校、蒙自分校、叙永分校，现代教育史上这绝无仅有的三个分校，穆旦都参加了，不过，前两次是在校学生，这第三次，穆旦是分校的老师——外文系助教，身份已经发生了变化。因之，他体验到的酸甜苦辣，也会比前两次来得味重一些。

这一次，昆明赴叙永任教大一英文的外文系教师由陈嘉教授带队。穆旦为其成员之一。叙永新生于一九四一年一月二日注册，六日开学，十日上课。穆旦此去，依据李方《穆旦（查良铮）年谱》的说法是"接收外文系入学新生，并从事教学工作"。[1] 叙永分校新生六百多人，规模绝对不算小。穆旦这个小小助教的工作强度，那种事务性的忙忙碌碌，我们多半也猜想得到。而这么多男女学生，忽然出现在一向闭塞守旧的叙永老城，无论如何，都极易引起当地人的注目。分校办至八月二十一日（联大常委会宣布结束的时间），这意味着，穆旦将在叙永待到这一年的八月底。

在为数不多的回忆文章中，我们看到，相比于昆明，叙永分

---

[1] 李方：《穆旦（查良铮）年谱》，《穆旦诗文集》（2），人民文学出版社，2018年，第380页。

校的办学条件更加艰苦。课桌椅不够,"上课时,学生们就拥挤着坐在长凳上,伏在条桌上书写,迟到的人只好站着听课。书籍奇缺,学校印发的讲义也非常有限,学生们全靠在教室里抄黑板,作笔记"[1],"没有膳厅设备,学生们一律蹲在地上用餐,每餐吃的都是生虫掺沙的陈仓糙米,难得吃到一点荤菜"[2]。按理,山城的饮用水应该不错吧,可是,"从永宁河里挑来的浑水,用白矾沉淀后才能饮用。因此患肠胃消化系统病的人不少"。[3]昆明校本部新舍一九四〇年三月三十日已经安装电灯,暑假后电灯改装,照明条件明显好转,但叙永显然没有这个条件,晚上读书,诸生只好将就着一盏以桐油或菜籽油作燃料的油盏火,亮度不大,烟味却不小,"一两个钟头点下来,鼻孔便被熏得乌黑,吐出的痰也是黑的"[4],而且,火苗还极易被山风吹灭。

我们知道,在蒙自分校的时候,穆旦等学生所穿衣服全是旅行团留下来的军装。来到叙永,"学生们的衣着极其朴素,有的甚至称得上是褴褛的程度。西装革履极其少见,一般都穿布衣,打补丁的不少"。[5]一到夏天,男生全部穿草鞋,连女生也不例外。据说这一年持续干旱,盛夏,此地正午最高的温度超过华氏

---

[1] 秦泥执笔:《联大叙永分校生活纪实》,《笳吹弦诵在春城——回忆西南联大》,云南人民出版社、北京大学出版社,1986年,第234页。
[2] 同上,第232页。
[3] 同上。
[4] 同上,第233页。
[5] 同上,第232页。

一百二十度。分校医疗的条件更谈不上,根本没有好的医生,唯一的一位胖医生,心地善良,医术平平,只知道用红药水治外伤,用阿司匹林治内伤。果然,有位叫许玉卿的华侨女生,罹患重感冒,被他大量注射针剂而不幸去世了。[1]

从一九三九年下半年开始,昆明物价上涨幅度猛增。时任蒋介石侍从室官员的唐纵在一九四〇年三月二十二日的日记中有记:"最近云南担米涨至一百二十元……"联大教职员工的薪金实际上已经跟不上物价上涨的步伐。在联大一四六次常委会做出以八十元聘穆旦为助教的决议后,一个月不到,常委会于七月十日开了第一四八次会议,自动做出更正,规定:自下学年起,本校新聘助教,起薪一律改为每月一百元。据此可知,穆旦的助教薪金事实上是每月一百元。但这个数目仍赶不上物价上涨的指数。叙永虽在边鄙,物价飞涨却也颇出人意表。"(昆明)每月伙食至多为三十五元,此间包伙至少须六七十元,而蔬菜质量远逊从前。"[2]在叙永,买一张新闻纸一元,一双布鞋二十元,白线袜一双六元,浆洗衣物被褥每月至少六七元,沐浴理发每次各须二元,几项算下来,"每人每月至少须较在昆明多用六七十元,始能维持最低之生活"。[3]故开学还没几天,一月十日,分校王裴庆等三十九名

---

[1] 易社强著、饶佳荣译:《战争与革命中的西南联大》,九州出版社,2012年,第233页。
[2] 《叙永分校王裴庆等三十九人呈函请增生活津贴》(1941年1月10日),见陈明远:《文化人与钱》,百花文艺出版社,2001年,第189页。
[3] 同上。

月薪在两百元以下的低薪教职员工一道呈函请增生活津贴每月六十元：

> 敬启者：同仁等在校服务历有年所，律己奉公，幸无陨越。此次奉派来叙，虽间关跋涉，备历艰辛，而爱护学校之诚，转益殷切。无如叙永物价飞涨出人意表，同仁等迫于生事，有不能已于言者……同仁等献身教育，自甘清苦，每念国家于财政拮据之日，仍极力筹措经费，维持教育，诚不忍再作琐琐屑屑呼庚呼癸之求。惟是生活迫人，告贷无门，枵腹从公，势所难能。为此，谨请斟情酌理，自一月份起，每人每月增发津贴六十元，以纾窘困，分校荣悴，有赖乎此。……[1]

在这份致联大常委会的呈函上，穆旦、杨周翰、张振先、叶桎等均署上了自己的姓名，穆旦的签名排在第十二位。这次叙永分校低薪教职员工集体为自己的生存而发声的事情不是孤立的，一月二十一日，西南联大工学院教师呈函常委会请增津薪，三月十一日，又有联大教员、助教张建侯等五十三人再呈常委会请增加薪津补贴，可见物价飞涨对低薪教职员生活的影

---

[1] 北京大学等：《国立西南联合大学史料》（四），云南教育出版社，1998年。全文也见陈明远：《文化人与钱》，百花文艺出版社，2001年，第189页。

响之大。叙永呈函的助教们显然也得到了分校主任杨振声的理解。杨今甫附签呈于此函之后，封固后一并寄昆明联大常委会。签呈云：

> 谨呈者：今有分校低薪教职员（月薪在二百元以下者）公函一件，因叙永生活昂贵，请求发给津贴，每人每月六十元。函中所陈各节，当属实情。伏乞钧会体念艰苦，赐予采纳。并请将卓裁结果，电报示知。俾其生活早定，安心教学，至感公便，谨呈常务委员会。叙永分校主任杨振声谨呈。[1]

联大当局以时在战时，"校费支绌，不易照办……俟与教部商请增拨经费后再行设法耳"为由，要求诸同仁"体念时艰"，加以拒绝。"我不再祈求那不可能的了，上帝/……我已知道了学校的残酷……"穆旦在三月所写的一首诗《我向自己说》里，冷不丁写下了这样的诗句，细察时局，看来也不会无由。

穆旦在叙永分校的生活缺少细节。后世的回忆文章中，能够提一下查良铮这个名字已算相当不错，如周明道："当时在叙永分校任教的几位老师……外文系有杨周翰、王佐良、王还、查良铮，还有张振先夫妇。"[2] 还有，黄宏煦、何扬、秦泥等多人具名的回

---

[1] 季培刚：《杨振声年谱》，下册，学苑出版社，2015年，第540页。
[2] 周明道：《令人难忘的叙永生活》，肖卫编：《北大岁月》，内蒙古文化出版社，2001年，第324、325页。

忆叙永《布谷》壁报的文章中提到，何扬、秦泥等"还邀请西语系助教查良铮（笔名穆旦，是联大本校冬青社成员）参加，合办了一个壁报，取名《布谷》——含有催人耕耘，带来春的消息之意"。这算是当事人的回忆。此外，闻黎明在《抗日战争与中国知识分子》一书写到叙永一节云：

> 叙永分校的大一英语，是专为外语系学生开设的，讲授者除陈嘉教授外，其余都是教员或助教，不过，这些年轻教师均有相当强的教学能力，如王佐良、杨周翰、李赋宁、查良铮、欧阳采薇等，日后都成为大师级的人物。

细心的读者一看就知道，这种荣幸地提及一下名字的回忆方式，还是在穆旦去世后因其身世和诗歌渐为人知后才零星地出现的。我们遍查当事人的日记，查良铮这个助教，可以说根本不在联大教授们的视野之内。但如此低调而不被人注意的诗人，却在到达叙永后不久，有一次意外的亮相。在一九四一年一月出刊的《教育杂志》月刊第三十一卷第一号上，穆旦以本名查良铮发表了《抗战以来的西南联大》一文。此期《教育杂志》策划了一期"抗战以来的高等教育"专辑，向读者集中介绍战时中国二十七所高校的情况，西南联大因整合了北大、清华、南开三所最著名的高校而占据一个突出的位置，穆旦的文章，位列头条。这种亮相，似乎与穆旦性格不合，因此，此文很可能是应学校当局之约而作，联大写得一手好文章的教授大有人在,何以找到任助教尚不足半年的穆旦操刀,这实在也称得上是一个小小的谜。

文献的不足,固然对于我们勾勒穆旦的形象增加了难度,但是,诗人与小说家毕竟有所不同,诗人全部的诗歌遗产,总会给我们提供一个更加真实的个人形象,只要我们能够穿透词语的丛林,对他所创造的隐喻充分解码,那么,诗人隐蔽的世界仍会豁然洞开。此处,借穆旦在叙永写下的一首诗歌,我们来考察一下,自从与初恋分手以后,穆旦与异性的交往情况。

不清楚穆旦是具体哪一天到达叙永分校的。我们在分校主任杨振声一月九日写给子女的信中知道,"分校已于六日开学,七日上课"(联大校史谓"十日上课")。猜想穆旦此前不久到达叙永。三月,他写下《夜晚的告别》一诗。穆旦很少写这样温暖的诗歌:

> 她说再见,一笑带上了门,
> 她是活泼,美丽,而且多情的,

一上来就是某次具体的告别——她向他的告别,一次她来看他,夜深了,她带上门离去。她离去时的莞尔一笑是意味深长的。这不是爱情的告别,恰恰相反,是昭示着爱情的来临,是期待着下一次约会的告别。

那一晚似乎是这样的:一个活泼、美丽、多情的女子来看他,他们像任何两个认识不久的年轻人一样,彼此有着好感、也曾试探性地谈论着什么。而且,这女子是活泼而主动的,她甚至向他袒露了什么:"那些坦白后的激动和心跳,/热情的眼泪,互助,温暖……"女子因为坦白而心跳加剧的激动跃然纸上。或许,是诗人还没有从前一次爱情的失败中走出来,总之,穆旦显得理智有余,热情不足。他甚至在意识的深处闪过这样的思想:"……多情的思索/是不好的,它要给我以伤害,当我有了累赘的良心。"也许因为看到了诗人并没有热情地回应,女子终于说出了心里略带嗔怒的话:"你是冷酷的。你是不是冷酷的?"穆旦是外冷内热的性格,这不是冷酷,而是另有担心。诗歌中,温情脉脉的另一面,是不时出现门外的"风在怒号","风粗暴地吹打"以及"海上的舟子嘶声地喊"这样的表示着内心挣扎的意象。穆旦是悲观的,无论是对于"命定的绵羊的地位"(《我向自己说》)的现实,还是突然走近他身边的爱情。

在叙永,或者在南岳、在蒙自……在任何曾经待过的地方,诗人穆旦注定都是孤独的。这一次来到永宁河边的这座老县城,他也根本不知道,"在冷清的街道上,我独自/走回多少次了……"他似乎习惯了这样的孤独。

《夜晚的告别》应该还有重逢,以及真正的告别。但这重逢的故事,像流水一样完全消失在永宁河静水流深的涧底了。尽管穆旦本能地想"给我热!为什么不给我热?/我沉思地期待着伟大的爱情!"(《悲观论者的画像》)但是,在这之前,他唯有一再地写下他的《哀悼》:

> O爱情，O希望，O勇敢，
>
> 你使我们拾起又唾弃，
>
> 唾弃了，我们自己受了伤！
>
> 我们躺下来没有救治，
>
> 我们走去，O无边的荒凉！

《哀悼》作于一九四一年七月，诗的主题，也许不仅仅在哀悼爱情。但爱情，显然是诗人需要加以哀悼的非物质——或许还是现代人病症的一种。

《哀悼》是穆旦第一部诗集《探险队》的最后一首。以这样一首诗来给一部诗集收尾，诗人是不是想告诉我们：他此前的生活并不如意。而诗实是诗人过往生命的痕迹，无论是灰烬还是火焰，都是失去的生命，"落在时间的激流里，向他呼救"。（《智慧的来临》）因此，他的哀悼是有理由的。

> 最大的悲哀在于无悲哀。以今视昔，我倒要庆幸那一点虚妄的自信。使我写下过去这些东西，使我能保留一点过去生命的痕迹的，还不是那颗不甘变冷的心么？所以，当我翻阅这本书时，我仿佛看见了那尚未灰灭的火焰，斑斑点点的灼炭，闪闪的、散播在吞蚀一切的黑暗中。我不能不感到一点喜。[1]

---

[1] 《关于〈探险队〉的自述》，《穆旦诗文集》（2），人民文学出版社，2018年，第69页。

这是穆旦关于诗集《探险队》亲拟的一则类似于"广告"的自述。一九四五年一月,穆旦首部诗集《探险队》由文聚社出版,为"文聚丛书"之一种。目录列二十五首诗,实际收入二十四首,其中《神魔之争》有题无诗,只存于目录,未见诗行。据《穆旦诗文集》编者的查证,"这是二十世纪四十年代诗人穆旦唯一在公开出版物上发表的谈自己创作的文字"。[1] 其中穆旦所言"那一点虚妄的自信",剔除"虚妄"这个谦辞,倒是极可以见出他写作时的精神状况。

《探险队》收入穆旦自一九三九年至一九四一年的诗歌,可算是诗人早期诗歌的结集。它的出版,尽管在一九四五年,但里面全部的作品,都是一九四一年七月前创作完成,故列在本章,稍作评价。

"探险队",作为一部诗集的命名,也许是奇怪的,但了解了穆旦此前的经历之后,那就不足为奇了。没错,这个书名,穆旦即为纪念湘黔滇旅行团三千里长途跋涉而取。参加旅行团之前,诗人只有大城市的生活,三千里的跋涉之后,他的筋骨强健了,眼界开阔了,偏僻的西南山区农村生活的幽暗场景从此成为他文学记忆的一部分。文学史告诉我们,诗人的经历对其诗歌的创作特别重要。穆旦湘黔滇三省步行的经历,此后一直在他的作品中

---

[1] 编者的注释,《穆旦诗文集》(2),人民文学出版社,2018年,第69页。

闪现。除开未曾入集的两首直接以"三千里步行"为副题的诗歌《出发》《原野上走路》以及一首《中国在哪里》外，集子里稍长的那首《小镇一日》，很明显也与这段人生经历有关。同样，在此提前说一句，穆旦野人山的经历也在他的诗歌创作中留下了白骨般的印记。这大抵就是穆旦后来总结的他的创作观"要使现今的生活成为诗的形象的来源"的由来。换言之，诗的形象的提取，靠的是现实的生活经验。毫无疑问，穆旦是一个从自己身上索取创造灵感的诗人。

从诗集的第一首诗《野兽》开始。穆旦创造了一种硬朗的学院式诗风。这种硬朗表现在他以强力诗人的形象闯入了他那个时代的中枢神经系统。他抓住了时代的主要矛盾：抗日的滚滚铁流。在主观上，穆旦有"我要赶到车站搭一九四〇年的车开向最炽热的熔炉里"（《玫瑰之歌》）的愿望，据此，他能够写出"像大旗飘进宇宙的洪荒"（《合唱二章》）这样的大诗，也完全在情理之中。

最后，我们得强调一句，这"尚未灰灭"的一个人的"探险队"，有着立体的呈现——里面，既有史诗般的宏大合唱，也有一个人在单调疲倦中的孤独的低语；不仅是横越湘、黔、滇三省的年轻身体的探险，同时也是词语和灵魂的探险。

一九四一年，联大实际负责人梅贻琦脑子里考虑最多的问题恐怕是下学年是否仍设叙永分校一事。梅贻琦个人并不主张设置分校，碍于"无分校对于时局变化更难应付"，他也只好随众。而此时昆明物价飞涨，联大运行的资金已经非常紧张，设立分校的费用与补助学生由川黔来昆的路费相较，算下来要多出数倍。联大常委会为此多次商谈叙永分校继续设立与否的问题。六月十日，梅贻琦去叙永视察，以便听取分校教职员对分校去留的意见。下午，他与叙永校务委员会谈了一次，记了八条意见，其中第八条云："助教多愿回昆，学生闻返昆讯皆大高兴。"[1]七月四日，校务会第三届第五次会议决议，终于痛下决心：自一九四一至一九四二年度起，本校不继续设立叙永分校。七月十六日，常委会第一八三次会议，其中有"设置叙永分校迁校委员会……筹办分校迁移、员生返昆及迁归后叙永方面善后等事宜"。决议规定像穆旦这样的单身迁归者，路费先由个人垫付，返昆后可领取津贴五百元。分校迁归的步骤随即紧锣密鼓地展开。

八月十七日，吴宓日记给我们发来了如此悭吝的一条短信：

查良铮归自叙永。[2]

---

1 梅贻琦著，黄延复、王小宁整理：《梅贻琦西南联大日记》，中华书局，2018年，第51页。
2 吴宓：《吴宓日记》第8册（1941—1942），三联书店，1998年，第155页。

第十二章

丰富,和丰富的痛苦——《赞美》前后

叙永归来,重新回到昆明联大本部的外文系助教查良铮,无论诗歌写作还是个人生活,都到了一个关键的时刻。此前,他每年创作的诗歌数量一直不多,可是,从一九四〇年开始,他的创作量突然多起来。而湘黔滇旅行团的经历一再闪现在他的潜意识里,西南山区壮阔却又闭塞的画面开始出现在他的诗歌中。这表明,经过沉淀后的个人生活经验主动前来寻求情感和理智的分行了。还有,他对于现代诗的技艺的把握也越来越精细、越来越多样化了。《五月》(1940)一诗的探索,可以看出诗人的巧思(或曰分裂):一方面,是宁静的乡村牧歌式的画面;另一方面,是"无尽的阴谋"的现实,暴力的现实。前者以戏谑的七言写出,后者完全以现代诗的方式出之,两个画面,两种语言方式,颇类似于文学作品的复调叙述。穆旦试图将两种风格综合起来,这给沈从文造成了这样的印象:"若为古典现代有所综合。"但这两种风格嫁接在同一首诗中,仍显得泾渭分明。两者错杂在一起,反而突出了这种不协调。这似乎应了诗里的一句话:"一个封建社会搁浅在资本主义的历史里。"搁浅的这两头,从根本上说,是融不到一块儿去的。

《摇篮歌——赠阿咪》是另一种风格,有点奥登轻体诗的味道。当然,这跟诗赠与的对象有关。阿咪即王佐良的夫人徐序。诗为穆旦清华大学和联大外文系同班同学王佐良的第一个孩子诞生而作,写得俏皮,充满童趣,在穆旦的整个诗歌创作中也极其少见。诗轻松活泼的节奏和气息,表明穆旦性格中确乎存在孩子气的一面。关于诗人的孩子气,只有王佐良以老友的眼光,在同一篇文章里,打量了两次:"他已不再是一个十八岁的孩子。这个孩子实际上并未长成大人。他没有普通中国诗人所有的派头。""但是穆旦,以他的孩子似的好奇,他在灵魂深处的窥探,至少是明白冲突和怀疑的……"(王佐良:《一个中国诗人》)穆旦一直被认为是一个早熟的诗人,唯有王佐良发现了早熟的穆旦具有天真而孩子气的一面。我们认为,穆旦矜持的性格中也不乏一个诗人所有的孩子气的冲动。

应该注意这个时期穆旦诗歌的措词。在这两年的诗歌中,穆旦根本不避大词,词汇外延越大,他反而越喜欢使用。这些大词是:宇宙、荒原、战争、祖国……以"宇宙"一词为例,他至少运用过这么多的次数,"像大旗飘进宇宙的洪荒"(《合唱二章》),

"这自由的天空中纯净的电子／盛着小小的宇宙……"(《在旷野上》),"宇宙间是充满了太多的血泪"(《潮汐》),"公路扬起身,看见宇宙"(《小镇一日》),"当皇帝徘徊于桑干河的原野上,／忘怀在宇宙里,感到了磁力"。还有,"战争"一词,出现的频率也多了起来,"但是我的孩子们战争去了"(《漫漫长夜》),名词直接用作了动词,"为了继续古老的战争,在人的爱情里"(《华参先生的疲倦》),而在《从空虚到充实》一诗中,不仅使用了"战争"一词,还直接写到了战争:

> 他的家烧了,痛苦地喊,
> 战争!战争!在轰炸的时候,
> (一片洪水又来把我们淹没,)
> 整个城市投进毁灭,卷进了
> 海涛里,海涛里有血
> 的浪花,浪花上有光。

当然,穆旦间接写到战争的诗句要多得多,此处不赘述。

　　穆旦不仅大量地使用大词(这里有青春期写作的兴奋和试图加入合唱团为一个民族立言的雄心),也有意识地使用了一些非诗意的词(此举可以看出一个诗人在汉语上的贡献),这里面,既有一些行业术语,比如"化学原料""电报条""枢纽""电子""电力""X光"等等,也有一些政治语汇,如"封建主义""资本主义""同志""人民"以及随后的"通货膨胀"等。《蛇的诱惑——小资产阶级的手势之一》的副标题干脆用了"小资产阶级"一语。这些政治术语的频繁使用,可以看出穆旦对于左派或者说左派书籍的关注,这明确地告诉我们,穆旦不是一个只顾打磨诗歌技艺而两耳不闻窗外事的象牙塔里的诗人,他的思想要比我们认识到的活跃得多,也复杂得多。这一点,通常情况下,可以拿他先跟噶邦福后来跟刘泽荣学习俄语联系起来加以分析。此外,我们必须看到,一个诗人词汇量的扩容,是他在写作才能及抱负上开疆拓土的最具体的表现。

一九四一年十二月,穆旦写出了广受欢迎的《赞美》。他仍然以山峦、河流、草原、村庄、亚洲的土地以及风、水、森林、人民等大词组合在一片宏大的背景上展开。不过,《赞美》在兴奋地拉过一个广角镜头之后,很快落实到一个农夫的大特写上。这里,穆旦并没有描摹一个具体的农夫形象。诗歌中的这个农夫,只是历史场合里的一个名词,一个象征,是作为一个抽象的人种出现的。穆旦对于一个抽象而非具体的农夫的凝神耐人寻味,他不过是借此告诉我们:我们无言的痛苦是太多了。在这个"看着自己溶进死亡里"的农夫身上,有着我们"多年耻辱的历史仍在这广大的山河中等待"的痛苦,但这一页必将翻转过去,因为一个民族必须起来,"一个民族已经起来"这一句,在长达六十一行的诗里,在四个章节中,总共重复了五次(最后一节重复两次),成为这首在合唱的背景下真正具有独唱性质的诗歌最为深沉的旋律。

在写作《赞美》的前后，有两种风格缠绕着穆旦，一种是浓缩的、晦涩的、智性的；另一种是狂放的、散文化的、感性的。后一种风格相对明朗。《赞美》就属于后一种。一般来说，前一种风格来自艾略特的影响，后一种是否有相对好懂的奥登甚至艾青的影响，这仍需要仔细辨别。

在穆旦的创作生涯中，唯有在一九四○年西南联大毕业前夕曾分别为艾青的《他死在第二次》和卞之琳的《慰劳信集》两部新出版的诗集写过诗评。这至少说明，穆旦对"抗战以后新兴的诗坛"是关注和熟悉的，他的诗歌谱系，除了艾略特、奥登之外，或许还得加上艾青和卞之琳等同时代的新诗人。穆旦对艾青提出的"诗的散文美"曾引以为同调，他认为"这是此后新诗唯一可以凭藉的路子"，"诗的语言所应采取的路线"。《赞美》一诗中的"散文的美"是非常明显的。这在穆旦是一种有意识的尝试。还有，他对于艾青诗歌的评介，也完全可以用在这一首《赞美》上：

> 我们可以想见许许多多疲弱的、病态的土地都随着抗战的到来而蓬勃起来了，它们正怎样拥挤着在诗人的头脑里，振奋他，推动他，使他不得不一次又一次地使用粗大的线条把它们表现出来。

"粗大的线条"，正是我们对《赞美》的整体感受，尤其是阅读此诗第一节长长的十九行的感受。而此诗正是借着散文化倾向的明晰、完整、易以把握为更多的读者所接受。这也是一九四二年二月十六日出刊的《文聚》杂志第一卷第一期把它列入头条的原因。"诗人的才华当时还被埋在泥土里,我们决定把《赞美》放在创刊号的'头条'。宝石出土,便放出耀眼的光辉,当时就受到不少读者赞美。"[1]文聚社的组建,林元回忆在一九四一年十月,"十月间和马尔俄(蔡汉荣)、李典(李流丹)、马蹄(马杏垣)等商量办一个文学刊物。穆旦(查良铮)、杜运燮、刘北汜、田堃(王铁臣、王凝)、汪曾祺、辛代(方龄贵)、罗寄一(江瑞熙)、陈时(陈良时)等同学不但自己积极写稿支持,还出主意和帮助组织稿件,这就也成为文聚社的一分子了"。[2]由此可知,穆旦参与了文聚社的创办,并被视为理所当然的成员。而关于发表,林元有这样的一段回忆:"在《文聚》上发表过文章的同学……发表作品最多的是穆旦。计有他的诗《赞美》(《文聚》一卷一期)、《春的降临》(《文聚》一卷二期)、《诗》(八首)(《文聚》一卷三期)、《诗三章》(《文聚》一卷五六期合刊)、《合唱二章》(《文聚》二卷二期)、《线上》(《文聚》二卷三期)。"[3]除了热情地提供稿件,穆旦还帮助《文聚》约稿,袁水拍的稿件就是他约来的。

有意思的是,此时,穆旦受聘联大助教已经一年多了,但在

---

1 林元:《一枝四十年代文学之花——回忆昆明〈文聚〉杂志》,《新文学史料》1986年第3期,第122页。
2 同上,第120页。
3 同上,第121页。

社友的回忆中，他的身份似乎仍是学生。无独有偶，杜运燮、张同吾一九九七年编选出版《西南联大现代诗钞》时，全书分教师、学生两卷，穆旦列在学生卷殿后。从某种意义上看，穆旦西南联大毕业后，尽管有了助教的名头，但他在联大诗坛的身份却反而显得暧昧起来。他随后主动要求从军，是否也有与联大在精神上来一次彻底断奶的意图在呢？

在联大，给人以青涩形象的穆旦，在行文中却显得相当老练。他在写给卞之琳《慰劳信集》的书评中，很自信地提出了"新的抒情"的看法。这是针对徐迟提出的"抒情的放逐"来说的。徐迟的观念不用说来源于艾略特的"诗不是放纵感情而是逃避感情"的观念。穆旦还清楚，"诗人卞之琳是早在徐迟先生提出口号以前就把抒情放逐了"。穆旦在解释"新的抒情"时强调"强烈的律动，洪大的节奏，欢快的调子"三原则，其实他自己也未必严格地践行过它。比如，"欢快的调子"，终其一生，他的诗中就未必有。但是，穆旦确实早早地意识到了，那种"脑神经的运用代替了血液的激荡"的"以机智（wit）来写诗的风气"。不过，如同我们在《赞美》的前后所看到的两种诗风的纠缠一样，我们也看到了他在抒情与抒情的放逐中的摇摆——穆旦后来发展壮大的那种智性的诗歌，是完全放逐了抒情的结果。但这也是经过了内心的纠结而做出的一个合乎诗人天性的选择。

尽管穆旦对卞之琳的《慰劳信集》因为"新的抒情"太贫乏而不满足，但显然，他部分地接受了来自卞之琳的影响，短评中拈出"黑夜如果是母亲,这里是子宫"一句中的"子宫",就写入了他那首《我》。还有,卞之琳绝句般的名诗《断章》:"你站在桥上看风景,/看风景人在楼上看你。//明月装饰了你的窗子,/你装饰了别人的梦。"显然跟穆旦的那首未曾入集的《窗——寄敌后方某女士》有所对应。诗中写某女士爱"在高倨的窗前"晚眺。以下是《窗》的最后三行:

> 原来你的窗子是个美丽的装饰,
> 我下楼时就看见了坚厚的墙壁,
> 它诱惑别人却关住了自己。

短短的《窗》中,楼、晚眺、高倨的窗前、风景、装饰这些词汇,同样可以在短短的《断章》里找到。这首副题为"寄敌后方某女士"的爱情短章,虽以第一人称"我"写就,却与作者本人的关联不大,从字里行间我们可以觉出,"我"是一名守住了阵地却在抗日前线受了伤的军人,整首诗是"我"向着窗子里的恋人的深情回忆和告白。这使得这首几乎脱胎于《断章》的诗多了一些更深广的现实内容。诗中有一个下棋的细节或许和穆旦本人有关。在赵瑞蕻写给穆旦的长诗《一九四〇春,昆明——赠诗人穆旦》里就有"你笑了。来下盘棋吧,/别慌,'紧急'的还未放——/偏角那只红马进三吧,/铁甲车开进去吃掉那卖国的贼相!"这样的诗句。这一次,穆旦本人无意中写下了一个下棋的细节,不会是偶然的巧合吧。猜想这应该是诗人的一个小小的嗜好。

让我们的目光再一次聚焦在《赞美》上。在穆旦的整个诗歌生涯中,《赞美》是继《防空洞里的抒情诗》之后的又一次放纵着诗风的偏散文化写作。但《赞美》之后,穆旦又随着他的本性回复到他一向擅长的相对浓缩而凝重的诗风中去了。其中,《春》和《诗八首》两首最值得我们标示出来。

一九四二年春天,穆旦在从军出征缅甸之前,写了两首与春天有关的诗歌。一月份写了《春底降临》,二月份写了《春》。对季节本能地发生了前所未有的敏感。《赞美》之后,穆旦明朗的诗风重新归于晦涩。说实话,两诗都很费解。从《春底降临》中,我们只是感觉到原先那种悲观的情绪消退了,"沉默和恐惧底季节已经过去","和平底幻象重又在人间聚拢","那些死难者,要在我们底身上复生;/而幸福存在着再不是罪恶","他底笑声追过了哭泣","和平底美德和适宜的欢欣",因为季节的变化,穆旦难得地开始乐观起来。需要注意的是,这里的"和平"一词,并非"战争"的另一面,实际上它指的是人心的平和,因春的降临而获得的一个人内心的平和。或许因为《春底降临》过于缺乏通透,这首诗也就从来没有收归穆旦自编的任何一部诗集。

《春》相对而言要通透一些。从《春底降临》到《春》有一个过渡的句子:"因为日,夜,将要溶进堇色的光里/永不停歇",然后才是《春》的大片光芒:

绿色的火焰在草地上摇曳,
他渴求着拥抱你,花朵。
反抗着土地,花朵伸出来,
当暖风吹来烦恼,或者欢乐。
如果你是醒了,推开窗子,
看这满园的欲望多么美丽。

蓝天下,为永远的谜迷惑着的
是我们二十岁的紧闭的肉体,
一如那泥土做成的鸟的歌,
你们被点燃,却无处归依。
呵,光,影,声,色,都已经赤裸,
痛苦着,等待伸入新的组合。

《春》有着唐诗绝句般的精美,诗思的跳跃,语言的活泼,一如一九四二年的春天满园的光线,不过它是一首以现代汉语写成的现代诗。此前,"五四"以降的新文学尚未写出过如此朦胧又如此美丽绝伦的诗篇。像这样的现代诗,经过将近八十年的检验,可以说仍然是常读常新。穆旦的意象组合,奇异而超乎寻常,说穿了,那是非天才所根本办不到的。当代杰出的诗人多多有一次很意外地谈到了《春》,多多说:"他(穆旦)的那些东西,奇异的意象,今天也没有几个中国人能写出来。穆旦二十四岁就把这些东西写出来了，确立了，传世了。"多多对"穆旦的意象那种坚实性，还有奇异性"推崇备至。谈到穆旦的那种真正出色的本质的时候，这位当代诗人毫不含糊地告诉我们："简而言之，就是他写作的现在时态和终极性的共同出场。他有终极性的东西，这是穆旦非常厉害的地方，二十一二岁就有。"简言之，在多多看来，"他（穆旦）就是用某种极其冷静的一双眼睛在观察，在观察他自己和观察他的诗歌。"[1]这里再加一句，他也在观察他的时代。这是中国二十世纪四十年代诗人中唯一给予当代诗人教诲的地方。

《春》就我们所见，有两个版本，上面的十二行是一个通行的版本。《春》最初在《贵州日报·革命军诗刊》发表的时候，与这个通行的版本多有所不同，比如，第二行的"他"，初版用的是"它"，而第五行，初版干脆就是"如果你是女郎，把脸仰起"。至于其他的句子，改动之处甚多，但唯有这两处可以看出一些意外的端倪。首先，通行版第二行的"他"和第五行的"你"有了一个对称。而对照初版，"你"在穆旦的最初的诗思里其实就是一个女郎。至于通行版第八行的"我们"，不就是一对恋人吗？如此理解"我们二十岁紧闭的肉体"，"光，影，声，色，都已经赤裸／痛苦着，等待伸入新的组合"不就水到渠成了吗？那么，简单一点说吧，《春》是一首爱情诗，我们这样说，也似乎印证了西方诗

---

[1] 引自多多、李章斌：《是我站在寂静的中心——多多、李章斌对谈录》（2018年9月29日，南京大学文学院），《文艺争鸣》2019年第3期。

学的一个观点：试问，哪一首抒情诗不是一首情诗？

如果把《春》当作有本事的情诗来看，那么，《春底降临》意外的乐观也就可以理解了，同样，对理解《诗八首》也不无启发的作用。

《诗八首》是现代诗史上的名篇，是一曲爱情的组歌。它的出名是诗无解偏又吸引着读者费尽心力要去破解。八首八行诗，每首两节，每节四行，穆旦太有形式感了，这也是学院诗人方才具备的现代诗形式。这种坚硬的形式的确本身构成了诗的内容。

《诗八首》的主题关乎爱情，这一点毫无疑问。穆旦自己就说过："我的那《诗八首》，那是写在我二十三四岁的时候，那里也充满爱情的绝望之感。"（穆旦致郭保卫，1975年9月9日）关于两性之间的爱情，穆旦以他痛苦的经历总结过经验："爱情的关系，生于两个性格的交锋，死于'太亲热、太含糊'的俯顺。这是一种辩证关系，太近则疏远了。该在两个性格的相同和不同之间找到不断的平衡，这才能维持有活力的爱情。"（同上）而二十三四岁的穆旦在爱情上却不可能有这样丰富的现实经验。他绝望，甚至抱怨上帝的残忍（在"我"看来，上帝是通过玩弄"我"而在"坑弄他自己"），"我哭泣，变灰，变灰又新生"，像这样的死去活来的苦痛，究其原因，乃是"我却爱了一个暂时的你"。这是一个"死底子宫"。这样的爱情注定是不能成活的。悲剧早已注定，正如诗所直指，"永远不能完成他自己"。但是，局部的完成也会引发爱情巨大的晕眩，第三首，"越过你大理石的理智殿堂"，性爱的高潮很快到来了。诗人不回避性爱的描写，相反，充满着隐喻色彩的性爱描写还非常具体。这一首用郑敏的话来说是"火焰样的热情"。第四首是性爱的小小高潮之后的一次平复，是宁静的一刻，但这宁静的一刻，"那未成形的黑暗"也在凝聚。第四首承第三首，仍是表面甜蜜的安睡，不过，爱情的背景更加阔大，夕阳西下，时间在变更，一种可怕的美已经诞生。第六首，第一行就出现了"怠倦"一词，我们忽然想起了一名英国诗人的诗句：生命首先是厌倦，其次是恐惧。（菲利普·拉金：《多克里和儿子》）在两性关系中，"厌倦"或"怠倦"是具有杀伤力的。第六首中的"他"是从"我"中化出来的。穆旦的诗歌，多有这种人称突然发生变化的艺术手段，郑敏称之为"'人格分裂'的手法"，也就是说，"'我'忽然分裂成两个人格……这分裂的两个人格之间也是一种既矛盾又统一的关系"。（郑敏：《诗人与矛盾》）"他底痛苦是不断的寻求"，这个与"我"合一的"他"，给了我们一个苦苦追索爱情的形象。第七首临近诗的尾声，从一个高潮里一路下来，声调开始低沉而平静下来，至此，心有所归依，"所有科学不能祛除的恐惧／让我在你底怀里得到安憩——"。这两句诗直接启示了第八首第一句"再没有更近的接近"。这种"接近"，或者，更进一步地说"结合"，不过是"偶然在我们间定型"，但即使是两片最心甘情愿的叶子，也是"等候季一到就要各自飘落"的。这里，就很自然地呼应了第一首"我却爱了一个暂时的你"这一行。结尾"合一的老根"的意象，有一种无限的凄美。郑敏说《诗八首》

结尾"有安魂曲式的美",那是一个懂得旋律之美的诗人的直觉。

关于这八首诗,新时期以来,不少人都做出过诠释,这里,我们特别引述同为就读于西南联大的女诗人郑敏的解释:

> 这是一次痛苦不幸的感情经历。全组诗贯穿着三股力量的矛盾斗争。这三股力量"你""我"和代表命运和客观世界的"上帝"。上帝在这里是冷酷无情的,他捉弄着这对情人,而就是在"你"和"我"之间,也是既相吸引而又相排斥,他们之间有着不可逾越的距离,而又有着强烈的吸引力。……这八首套曲有着紧密的内在联系。首与首之间相呼应,始终贯穿在八首诗中的主题是既相矛盾又并存的生和死的力,幸福的允诺和接踵而至的幻灭的力。[1]

郑敏以女性诗人特有的敏感和哲学素养良好的评论家的理性,既有单首的解读,又有综合的分析,她的阅读又是在一个高度上展开的,故她为纪念穆旦而撰写的《诗人与矛盾》一文,确实是理解此诗的一个很好的参考。郑敏参与了那个时代的新诗创作,她以亲历者的身份观察到了这样一个事实:"穆旦在四十年代写出这类感情浓烈、结构复杂的诗,说明中国新诗发展到四十年代已

---

[1] 郑敏:《诗人与矛盾》,《一个民族已经起来——怀念诗人、翻译家穆旦》,江苏人民出版社,1987年,第34、38页。

经面临丰收和成熟。"[1]

一九四二年二月,穆旦从军的前夕,不知为何写下了《伤害》一诗。此诗有理由引起我们更多的注意。它刊载在《贵州日报·革命军诗刊》第八期(一九四二年二月二十七日)。不曾入集,长期以来不为读者所知。大概在一九九九年,它开始被研究者发现。此次,它引起我们注意的一个重要原因是它的题目。诗人到底想要表达一种什么样的"伤害",在这里,伤害是一个及物动词吗?

到那时为止,穆旦的经历不算复杂,也没有特别的不顺。我们知道,穆旦承受过爱情的伤害,除此之外,还有别的伤害吗?没有文献可以证实,唯一的线索只能从诗歌中寻找。"这样的感情澎湃又澎湃",《伤害》的起句很容易把读者的眼光误引到"感情"这个词上,但这次显然不是。这一次是:"你们底自尊心／践踏了我底","你们底偏见随着冷淡底武器要在／我无防而反复的心上开垦,／你们,你们,你们","你们是施与者"。这是一个单数的"我"跟复数的"你们"之间的搏斗。基本上可以断定,这是诗人为求生存而受到的伤害。"生底威胁",真实而残酷。当单数的"我向自己底偏见奔跑"的时候,复数的"你们"开始退却,但"我不愿意你们善良,像贼,／送来歉意,和我妥协"。这是一

---

[1] 郑敏:《诗人与矛盾》,《一个民族已经起来——怀念诗人、翻译家穆旦》,江苏人民出版社,1987年,第34、38页。

个诗人的自尊和敏感所致,即使诗人所处的俗世送来歉意和妥协,仍无从平息他心底翻滚的波涛。

所有的求取生存的搏斗,一定会跟具体的代理人有关,因此难免纠缠于人事,而对世间的一切人事,取超然之态度的,能有几人?诗人是天真的,在坚硬的现实面前,他免不了要付出惨重的代价。综合《还原作用》等其他诗歌,穆旦在留校任教后显然狠狠地碰过壁。经此,他的确厌倦了助教这个职业。他后来曾写下过参加远征军的动机:"校中教英文无成绩,感觉不宜教书;想做诗人,学校生活太沉寂,没有刺激,不如去军队中体验生活;想抗日。"[1] "无成绩"是说一下子出不了成绩;"不宜教书",可能是觉得自己没有做教师的才能;当然,拿军队生活的"刺激"与学校生活的"沉寂"相比,年轻人对前者总是抱有热烈的向往,何况穆旦是一个诗人,渴望各种丰富多彩的生活体验;至于"想抗日",在抗战军兴,如火如荼的情势下,那永远是一个政治正确的选择理由。可以说,穆旦所开列的,无一不是他离开学校的理由。

我们意外地在《杨振声年谱》下册中发现了一个与穆旦有关的小故事。在穆旦的一生当中,这样的故事非常少见,有必要引述一下:

> 一年暑假,在联大就读的杨振声的儿子杨起,到昆明东

---

[1] 穆旦档案之《历史思想自传》(1955),南开大学档案馆藏人事档案查良铮卷。

南部的阳宗海去游泳，休息时，在汤池边上的一个茶馆喝茶，桌上的查良铮（他不认识杨起）说："沈从文这样的人到联大来教书，就是杨振声这样没有眼光的人引荐来的。"可见当时阻力之大，更反衬出杨振声先生慧眼识珠。后来，有人告诉查先生杨起就是杨振声的儿子，查先生又来道歉。杨起认为没有必要，人们可以有自己的看法，事实会证明一切的。[1]

这个故事没有标明发生的时间。按，经杨振声推荐，一九三九年六月二十七日，联大常委会第一一一次会议做出决议："聘沈从文为本校师范学院国文系副教授，自下学年起聘，月薪二百八十元。"沈从文受聘联大显然遇到过非常大的阻力，但作为一名新诗人的穆旦何以如此非议作为新小说家的沈从文，此事颇值得玩味。我们认为，沈从文与穆旦之间，显然存在着文学气味的冲突，这种冲突基本上可以看成是民间与学院之间的冲突。穆旦的诗歌讲究技艺，且具备开阔的西方视野，但在整体的气味性上是学院式的；沈从文来自民间，没有文凭，知识也不够系统，更不具备国际性的视野，他的生机勃勃的天才的一面，还来不及为一个学院派诗人所体认。所以，冲突是难免的。这一句为杨起所记下的话，因为发生在一个轻松随意的私下的场合，一听就知道，穆旦是冲

---

[1] 杨起、王荣禧：《淡泊名利功成身退——杨振声先生在昆明》，昆明市政协文史学习委员会编：《抗战时期文化名人在昆明》（二），云南人民出版社，2002年，转引自季培刚：《杨振声年谱》（下），学苑出版社，2015年，第506页。

口而出,几乎不经他的大脑,这样的话,倒也可以代表当时不少人的看法,只不过穆旦心直口快,一下子说了出来。

在同时代人的回忆中,唐湜曾跟著者说:"穆旦这个人说话很痛快。"郑敏也有这样的感觉,她跟著者说过这样的话:"穆旦是想到什么说什么,没有保留。"杨苡跟著者直言:"他是诗人啊!他是诗人啊!"言下之意,穆旦有极易冲动的一面。杨苡曾告诉萧珊,我们应该保护穆旦。她担心穆旦心直口快得罪人。杨起偶然之间听到这句话,揆之常理,他也不可能不起反感。事实上,经人提醒,穆旦意识到了什么,他顿然不好意思起来,这才有了他的道歉。幸亏沈从文和杨振声都是有道君子,换成卑劣小人,这一句口无遮拦的话,诗人非给他们整惨不可。沈从文后来还对穆旦发表诗歌多有提携。沈从文在《新废邮存底》之二五八、三二四中都点到了穆旦的名字,"冯至、杜运燮、穆旦……几个新印的诗集,又若为古典现代有所综合,提出一种较复杂的要求"。"对读者保留一崭新印象的两位作家,一个穆旦,年纪也还只二十五六岁,一个郑敏女士,还不到廿五。"从中可以觉出,沈从文对穆旦多有肯定和鼓励。他们两人四十年代中期有较多的交往。而据吴小如的回忆,穆旦曾协助沈从文编辑《益世报》的副刊。"文革"中,出于一种精神上的安慰,穆旦托人将《从文小说习作选》捎给沈从文。此是后话,不赘述。

穆旦口无遮拦的性格显然会给他造成没来由的伤害。《伤害》所指,现在也不清楚具体到底是什么性质的一类伤害,显然,对于他一九四二年二月提出辞去西南联大教职有着隐秘的影响。当然，辞去助教一职，最大的考虑，可能还是来自经济上的压力。早在两年前，穆旦为《教育杂志》作《抗战以来的西南联大》时就说到联大的穷，特别谈到了教职员的穷："他们的月薪顶高的不过能买昆明的三四石米，低的则一石米都不能买到，以此养家，当可想见。"不想两年后，昆明的物价已经涨到离谱的阶段了，连闻一多这样的教授都去刻石头换取米钱，梅贻琦校长的夫人韩咏华开始制作定胜糕以贴补家用，更遑论穆旦这样的小小的助教。就在他从军后不久，外文系的助教们甚至罢了一个星期的课，向学校要求提高生活待遇，可知普通教师生活的窘境已到了何种地步。但联大哪来的钱？况且钱也越来越不值钱。时局发展到这一地步，即使仅仅为了谋生，诗人也必须寻求一条新的路途。须知，此时，连行年四十九岁的吴宓都一脸认真地跟第九集团军总司令关麟征将军叙情，当面表达了他从军的意向，更不用说年仅二十四五岁、血气方刚的穆旦了。我们不否认，穆旦像任何一名才华卓著的诗人一样，天生有着一种反抗现实、冒险冲动、寻求刺激的诗人性格。

第十三章

一个诗人的从军远征

一九四一年十二月七日,一个周日的早晨,日本海军经过三千五百海里的航程,赶到夏威夷,突然袭击珍珠港美军太平洋舰队,太平洋战争爆发。次日,英美向日本宣战。中国也正式向日本宣战。珍珠港事件成为第二次世界大战的重要转折点。

珍珠港偷袭成功的消息传到日本东京,狂喜的民众拥上街头,欢呼胜利。同样的消息传到陪都重庆,整个山城也是一片欢腾,满街都是叫卖报纸号外的声音。饱受日机轰炸之苦的重庆市民以中国人特有的方式——放鞭炮——来表示自己的欢庆。两个交战国的首都,居然同一时刻为同一事件欢欣鼓舞,欣喜若狂,这确乎是战争史上少见的奇观。而许多政府高层闻听此消息,忽有如释重负之感。大家都知道,从这一天起,打败日本只是一个时间问题了。[1]

---

1 陈晓卿、李继锋、朱乐贤:《一个时代的侧影:中国1931—1945》,广西师范大学出版社,2005年,第301页。

珍珠港事件使得中国与美国站在一起，以对付共同的敌人日本。从此，美国援助的战略和民用物资源源不断地运输到滇缅公路的终点——缅甸的腊戍，中转后经滇缅公路一整车一整车地运往昆明，发送到整个西南大后方。根据相关的文史资料记载："中国抗战后方所需各种战略和民用物资，汽油、煤油、柴油、橡胶、汽车配件的百分之百，药品、钢材、棉纱、白糖、纸张的百分之九十，都须从西方进口。如果日军切断滇缅公路，断绝中国同外部世界的一切联系，中国国内的各种战略物资储存最多只够维持三个月。"[1]在东部沿海已被日军完全封锁、滇越公路因日军占领越南而被彻底切断的态势下，滇缅公路成为中国唯一一条与外界有联系的战略通道。在这个问题上，时任国民政府外交部长的宋子文相当务实，他说："……倘若日寇进犯缅甸，断我赖以生存之滇缅公路，我后方军民则无异困守孤城，坐以待毙……"因此，保护滇缅公路是国民政府的当务之急，关系到对日作战的成败。

一九四二年初，日军"攻入缅甸，英军不堪一击，一再溃败。二月二十六日，蒋介石命令中国第五、第六两军紧急开进缅甸，协助英军固守缅南海口城市仰光，确保当时中国仅存的滇缅路这一国际通道"。[2]

---

[1] 凤凰卫视：《血战滇缅——中国远征军实录》，中国友谊出版公司，2005年，第11页。
[2] 杨天石：《蒋介石与史迪威事件：战时中美之间的严重冲突》，《找寻真实的蒋介石：蒋介石日记解读》，山西人民出版社，2008年，第356页。

中国远征军，正是在这个情势下组织实施，出征缅甸的。

一九四一年起，来华美军日渐增多。美军人中谙习中文的很少，故国家急需大批军事译员。为此，教育部曾下令内迁的各大学外文系三、四年级男生应征参加翻译工作。此事曾在西南联大引起热议。在西南联大的历史上，至少有过三次从军的高潮，从军学生总数超过一千一百人。以抗战胜利后镌刻在西南联大纪念碑碑阴的学生名录为例，学生从军凡八百三十四人（按，实为八百三十二人，两人名字重复）。而实际其实还不止此数。学生从军人数最多的一次是一九四四年。那一年毕业的学生全部来自叙永。那一年政府要求所有男生从军。但在一九四二年，学校尚未硬性规定男生必须从军。再说此时，穆旦已从外文系毕业，非学生身份了。他是联大的助教，有繁重的教学任务。他个人决定辞去联大教职，赴缅参加中国远征军，报效国家。

有资料表明，为了从军，穆旦至少找过两个人，一个是他的本家姑丈、时任中央社昆明分社的主任潘仲鲁。潘的夫人，穆旦的本家姑姑一直把穆旦当作自家人看待。而潘仲鲁因新闻从业的关系，工作中建有不少的人脉，他就非常热心地写信把穆旦介绍给杜聿明的参谋长罗友伦认识，并请罗友伦私下关照侄儿。这也是穆旦与罗友伦建立亲密关系的第一步。另一位是吴宓。查吴宓日记，穆旦与老师来往不多，算不上关系特别密切，这次穆旦找到老师，专门请他出面帮忙引荐。吴宓对这件事很热心（他向来是热心肠）。吴宓与第九集团军总司令关麟征是朋友，跟住在昆明翠湖南路四十五号的杜聿明也有过一饭之缘。就在一个月前的二月二日，吴宓应关麟征与第十一集团军总司令宋希濂招饮，与杜聿明等吃了一顿"肴馔甚佳"的西餐，算是眼熟。那一次的席间，这些即将出征的将军们谈到了缅甸的情况，吴宓同桌与闻。于是，热情的老师亲自带学生去翠湖南路五十号第五军办公处。此事，吴宓日记（一九四二年三月二日）有记：

> 晴。风。第二学期开课。上午入校。……
> 下午1—2上《欧文史》课。
> 2—5偕查良铮至第五军办公处（翠湖南路50号）。见曾医官，商定查君赴缅从军事。同谒梅校长（午寝。坐待约二小时）。报告第五军函征外文系教授、学生随军赴缅事。即与查君同访诸生，征询从军意向。奔走久之……[1]

曾是随军医生。"见曾医官"的原因，可能是从军人员必须通过曾医官这一关的体检，也可能是穆旦向他询问自己的身体状况能否适应缅甸的军中生活。总之，两人就这样算是认识了。穆旦"赴缅从军"一事，在这一天正式确定下来。随即，师徒两人又一同去拜访了梅贻琦校长。猜想是作为助教的穆旦有其他事务需要向校长交割。接下来，他们去学生处。这时，穆旦就成了吴宓向

---

[1] 吴宓:《吴宓日记》第8册（1941—1942），三联书店，1998年，第257页。

诸生"征询从军意向"的一个现实的榜样了。原来，约两个月前，一次课前，吴宓曾透露给这些学生他自己的意向：他本人"宁赴缅甸从军"。猜想他的学生当时未必信他，但吴宓是诚信的君子，这次他带了已经确定从军的学生穆旦前来以作号召，也稍可挽回他在诸生面前食言而丢掉的面子。

三月三日，星期三。吴宓日记再记一笔："请查良铮文林午饭（$18）。饯其从军赴缅，并与介函。"[1]这天吴宓上午有课。九点钟，讲课结束，他从北区的外文系教室赶到文林街，在一家他到昆明后常来此午饭的小饭馆匆匆忙忙地请穆旦吃了一顿快餐，没有其他人作陪。老师拿出一封已经写好的推荐信给学生。信的内容，猜想无非是请第五军高层关照之意。很有可能，这一天，穆旦是特为来取这封"介函"。一个"饯"字，说明穆旦出征在即。这与新发现的穆旦集外文《光荣的远征》中"记者于三月初参加了这百年来第一次出国的远征军"一语吻合。但匆匆忙忙的一顿午饭，也给我们加深了这么一个送别的印象——吴宓根本没有时间招致一桌人来为诗人的出征隆重地饯一次行。

倒是穆旦自己，以一个诗人的方式悄悄地为自己做了一次灵魂的壮行——诗人写了一首诗，题目就叫《诗》（后改题为《出发》）。《出发》这个诗题，他其实早就写过一首，那是记他参加湘黔滇旅行团的事。那时他也穿着军装，不过身份是学生。现在不

---

[1] 吴宓：《吴宓日记》第8册（1941—1942），三联书店，1998年，第257页。

同了,他是一名身着少校军装的正规军人。第五军又是装备极好的机械化部队,滚滚铁流,这是时代和民族的史诗啊——

> 告诉我们和平又必需杀戮,
> 而那可厌的我们先得去欢喜。
> 知道了"人"不够,我们再学习
> 蹂躏它的方法,排成机械的阵式,
> 智力体力蠕动着像一群野兽,
>
> 告诉我们这是新的美。因为
> ……

一个强调个性的诗人现在必须去服从一种"新的美"——加入一种泯灭人性的"机械的阵式",以练习杀戮。但这又是必须的,为了和平也必须杀戮,"因为那死的制造必须摧毁"。这就是一个国家和一个民族生存的矛盾,也必定是一个诗人的矛盾。但诗人是清醒的,在滚滚铁流中,个人的哀喜就该被蔑视、被否定。所以,他现在泯然如众人,行走在这一个整齐划一的钢铁方阵里。诗人蜕变为一名战士。

一九四二年三月初,辽阔版图的西南边陲,时令正是春天。"中国西南边疆的滇缅公路上突然尘土飞扬,旌旗挥舞。约十万将士组成的中国远征军开始进入缅甸,协同英、缅军对日作战,以打通中国的对外补给线。"[1] 远征军自畹町渡河进入缅甸。身材瘦弱、面目清秀的穆旦，一身戎装，坐着崭新的小包车，随同参谋长罗友伦出征。且看穆旦本人于"三月二十五日发自缅甸远征军"军中的描述：

> 至畹町渡河，即进入缅境，在群山的林荫中一辆一九四二别克式小包车在柏油路上驰着。它朝着瓦城行进，每隔两三分钟就必须停下来，为了让对面运货的车子驶过去。公路两旁是接连的茂密的森林，在正午暴烈的太阳下发出浓郁的气味和爆声。有些被砍伐下来的树，却为别的树干支持着，倒不下来。一路上都鸣响着疲倦的蝉声，天空被烤成了灰黄色，像雾，和灼白的马路一样的使人感到窒息。[2]

瓦城即曼德勒，缅北一个重要的城市。美制别克车里正"坐着年轻干练的参谋长"罗友伦，他正在对着地图研究地形，还不断地跟手下讲解这一带丰富的物产分布情况。穆旦在文章中仔细地记录了参谋长的讲话。可以肯定，穆旦本人也乘坐在这辆开往曼德勒的别克车上。他现在有了一个新的身份：少校翻译官。用

---

1 陈晓卿、李继锋、朱乐贤：《一个时代的侧影：中国1931—1945》，广西师范大学出版社，2005年，第311页。
2 穆旦：《光荣的远征》，原载昆明版《中央日报》，1942年4月6日，转引自《中国现代文学研究丛刊》2020年第4期之凌孟华《填补穆旦缅印从军经历空白的集外文两篇》。

他自己的话来说,即"在杜军中被派为军部少校翻译官,给参谋长罗又伦任翻译"。[1]

军队的工作看起来比学校单一多了。穆旦回忆"当时和英军及美军官常有联系,他们要了解远征军作战情形,我即为之翻译"。[2]"随军的翻译多是就战况进展情形,和英军有些联系,他们来司令部时我即为之口译,美军官也曾到司令部几次,也是口译。内容都和当时作战有关。"[3] 从军的任务既已派定,不过是在中英或中美的将军们之间口译一下。以穆旦的英文水准,不会觉得有多大的繁重。翻译官查良铮基本上待在远征军司令部,不在子弹横飞的前沿阵地。初入缅境,从穆旦随后撰写的战地报道看,这一路风景很优美。远征军大多住在洁净、整齐、有电灯也有自来水的英国兵房。吃食方面,此地的水果很便宜,军营里的米饭颇不恶,肉类食物还多过了蔬菜。重要的是,远征军的"每个兵士都领到了一件很好的橡皮雨衣,一套新制服,两双胶底鞋一个毛毯"。[4] 穆旦是军官,条件自然更优渥一些。如果战局顺利,这工作,看上去确乎不错。

穆旦在上引的"交代材料"中所说的"司令部",即指中国远

---

[1] 穆旦档案之《历史思想自传》(1955),南开大学档案馆藏人事档案查良铮卷。
[2] 同上。
[3] 穆旦档案之《我的历史问题的交代》(1956),南开大学档案馆藏人事档案查良铮卷。
[4] 穆旦:《光荣的远征》,原载昆明版《中央日报》,1942年4月6日,转引自《中国现代文学研究丛刊》2020年第4期之凌孟华《填补穆旦缅印从军经历空白的集外文两篇》。

征军长官司令部,一开始在缅甸中部城市曼德勒以北约六十公里的梅苗。罗友伦(穆旦习惯写成"罗又伦")回忆:

> 民国三十一年二月,第五军开赴昆明,旋转赴缅甸,这即是所谓的"远征军"……由昆明运输到腊戍,后来司令部就设在缅甸梅苗,美军史迪威(J.W. Stilwell)将军、英军蒙巴顿(Louis Mountbatten)将军的司令部也同驻一个山庄里。我们就在那里举行联盟作战会谈……[1]

罗友伦没有描述高级将领所住"山庄"的华丽。穆旦却记录了下来:"我们住在一栋最华丽的楼房里,每一个屋子都有电风扇和洗澡间,饭厅里装饰着鹿角,地板上涂着蜡,厨房中且可以自己制冰。我们和史蒂莱将军的两位代表住在一起……每天的情报我都讲给他们听。"(穆旦:《光荣的远征》)梅苗住着不少华人和印度人,他们在此地开有百货商店。初到梅苗的某个下午,穆旦就曾和一位高级将领来到一个咖腊的百货公司购货,并享受到主人盛情端出来待客的牛奶茶。

穆旦没有记下这位"高级将领"的名字。这里也不排除此人即罗友伦的可能。罗友伦不擅英文,从穆旦的"自传"分析,他

---

[1] 朱浤源、张瑞德访问,蔡说丽、潘光哲记录:《罗友伦先生访问记录》,台北"中央研究院"近代史研究所,1994年,第33页。

是罗友伦的专职翻译。司令部里"举行联盟作战会谈",少不了军部少校翻译官穆旦的口译。外出与当地人沟通之类的日常事务,罗友伦也离不开穆旦。罗友伦是第五军的参谋长,名副其实的高级将领。第五军是新成立的机械化部队,有战车、汽车一千多辆,下辖三个师:第二〇〇师(师长戴安澜)、新二十二师(师长廖耀湘)、九十六师(师长余韶)及机械化部队。杜聿明是中国远征军副司令,司令卫立煌,未到任,故由杜聿明代理。卫立煌的继任者为罗卓英,杜聿明任副司令并兼任第五军军长。在杜聿明的回忆中,我们知道,"中国远征军第一路司令长官司令部"是三月十二日即仰光失守后第四天成立的。但军队动员入缅,早在一九四一年十二月十一日即珍珠港事变后第四天就开始了。杜聿明将这次出征缅甸分成两个阶段:第一阶段,时间在一九四一年十二月十一日中国远征军开始入缅起,至一九四二年八月间败退止。第二阶段分印度和中国两个方面:印度方面,时间在一九四二年八月远征军一部败退印度至一九四五年日本投降止,其中的战役包括中缅印边境孟拱、密支那、八莫及畹町会师、打通中印公路等;中国方面,自一九四三年四月前后至一九四五年三月前后,包括中缅边境松山、腾冲、龙陵、畹町会师诸战役。[1]

  远征军在缅甸待了不过二十天,穆旦就发现了友军英军存在

---

[1] 杜聿明:《中国远征军入缅对日作战述略》,《文史资料辑》第八辑,中华书局,1960年,第1—3页。

的严重问题。此时，中国远征军已经得知日军的番号和配备，而英军方面，却对敌方情况一无所知，且还擅自撤退。后退的英军居然又在梅苗的福思特饭店扎堆酗酒，还出了人命。出事的次日，穆旦重回福思特饭店（那几天他可能也住在这家饭店，即所谓的"最华丽的楼房"），一位华侨老太太告诉他：昨夜两个英国下级军官喝酒，喝醉以后，擦枪走火，竟迷迷糊糊用手枪把自己打死了。

三月二十六日，吴宓收到一封通过昆明军邮局转交来的信，信封标明，信寄自缅甸第五军参谋处。吴宓日记："……查良铮自缅甸军中来函，亦言英军腐败。"对于"英人之颠顶"，吴宓曾在饭桌上当面听关麟征、宋希濂、杜聿明等将领"众谈"过一次。这几天，他对来自缅甸军中的消息特别留意，他已经听说了入缅军由于英军作战不力而失利的坏消息。吴宓甚至对畹町汉奸纵火一事都知道得一清二楚。为此，他忧心忡忡。赴缅远征军中，不仅有他的学生查良铮，也有他爱重的外文系学生、河北沧州人黄维。

穆旦言英军腐败，未说远征军方面的负面之事。相反，他的战地行记也多报道远征军的正面情况。如他眼中的某位师长，精神饱满，态度从容，微笑着跟他握手。他们坐在树荫下边吃西瓜边谈话，浑不管头顶盘旋的敌机。师长的士兵也是从容、机警地做着各自的事情。其实，中国远征军问题很多，特别是在眼下的长官司令部。原来，蒋介石规定第五军、第六军都归史迪威指挥，实权却在杜聿明手里。由此，杜聿明与史迪威之间矛盾重重。史迪威,一个美国职业军人,如何指挥得动实际掌握军队的杜聿明。而杜,他只听蒋介石的命令。至于到任的罗卓英,军事上未必有什么卓见,不过是蒋介石派来调和史迪威与杜聿明两人关系的一个缓冲,一个老资格。杜史两人后来为了作战的部署以及部队的调动几乎彻底闹翻。这些致命的摩擦,穆旦作为司令部的翻译官不可能不知道。此外,第六十六军新三十八师师长孙立人,系清华大学和美国西点军校出身,有胆也有谋略,并不买杜聿明的账。所幸第五军军纪尚好。但是,第六军就未必了。穆旦信中尽管没有明说,在昆明的吴宓却时有所闻。吴宓后来还通过外文系特别生、时在第六军五十五师任女翻译官的甄露茜的讲述,知道了远征军兵败的缘由。在该年九月九日的日记中,发泄了对国军腐败的严重不满:"入缅军皆以发洋财为志。第六军尤腐败。军官专务享乐。美衣服,盛容饰。乘汽车后军行。载咖啡可可西餐用品,网球拍、留声机片等以随。途中每日寻乐。至一城,则必欲入居最富丽之宅第,且搜求当地美妇女以自娱(甄之翻译工作,大半为此类人事)。"[1] "发洋财"三字,还加上了着重号,可知吴宓的愤懑。不过,吴宓对第五军却有"纪律较佳,在瓦城作战亦最力"的赞誉。

回到开头。穆旦入缅服务于第五军司令部。他参加的是第一阶段的作战。远征军经由同古(东瓜)、叶带西、斯瓦、仁安羌、乔克巴当、棠吉(东枝)、腊戌、曼德勒(瓦城)、惠通桥诸战役,

---

[1] 吴宓:《吴宓日记》第8册(1941—1942),三联书店,1998年,第380页。

其间有打成平手的同古守卫战,也有孙立人解救英军七千人逃出生路的仁安羌大捷,最后却因战略上的重大失误而遭致惨败。四月二十八日,日军占领腊戌。次日围攻曼德勒,罗卓英急令撤退。杜聿明由此感叹:"从此,我中国远征军走上前所未有的惨败境地。"此时,杜聿明与中国战区盟军统帅部参谋长、美驻华代表史迪威之间的矛盾已根本不可调和。两人最终分手,各自行动。史迪威、罗卓英命令各部撤退至印度,杜聿明不听。史迪威黯然离开曼德勒。不过,史迪威本人拒坐美军派出的飞机,以一名军人的本色,率领他的副官坚持步行到达印度。至于杜聿明,"决心仍照蒋介石命令向国境撤退"。五月九日,滇缅公路上的腊戌和密支那被日军占领。第五军是机械化部队,已没有大路可走,失败的命运已经注定。这些变局,穆旦皆身临其境。差不多一年后,他回忆了当时的情况:

> 我们被包围了,敌人从瓦城,八莫,密支那三个方向,逐步向我们逼紧来。……我们是被聚集在一块小小的地区里,白日在密林下突进,夜晚则穿行于火光中。[1]

---

[1] 穆旦:《苦难的旅程——遥寄生者和纪念死者》,原载1943年第2期至第9期的昆明《春秋导报》,转引自李煜哲《从"苦难"到"祭歌":穆旦的缅战经历叙述之变——从穆旦集外文〈苦难的旅程——遥寄生者和纪念死者〉说起》,载《现代中文学刊》,2019年第2期。

杜聿明所部在敌重重围困下,于五月十四日不得不进入方圆百里、渺无人烟的胡康河谷。穆旦以在场感极强的文字记录了这一至暗的时刻:

> ……五月十四日,在我们眼前展开的,是一片无涯的山林,寂静,幽暗,神秘,再没有战事,也没有人烟,只听见到处的虫鸣和鸟鸣了。……太阳照在炎热的天空中,却透不下来,因为给密叶遮住了。我们的左右前后全是密密的树木,看不出几丈远去。我们的脚下厚铺着腐烂的枯叶,绵软的,发着磷光,每隔十多步,大树倒下来了,树杈纵横,紊乱而没有秩序。很多蟒蛇在路的两旁蜿蜒着,那是矗立的大树的树根。……远远近近全是鸟鸣、虫鸣和猿鸣。坐下来休息时,我们却听不见它们了,更清晰的是蜜蜂果蝇的嗡嗡声,和美丽的蝴蝶在腐木上飞舞。肥大而油绿的灌木叶子垂下来,散发着涩鼻的香气。我们这样多人却造不成一个人的世界。[1]

十四日是穆旦记住的进入这片原始森林的日期。杜聿明的回忆录缺记。此时,雨季尚未来临,战争似乎被远远地抛甩在了

---

1 穆旦:《苦难的旅程——遥寄生者和纪念死者》,原载1943年第2期至第9期的昆明《春秋导报》,转引自李煜哲《从"苦难"到"祭歌":穆旦的缅战经历叙述之变——从穆旦集外文〈苦难的旅程——遥寄生者和纪念死者〉说起》,载《现代中文学刊》,2019年第2期。

边。穆旦紧随长官部,沿着有象粪和巨大足迹的大象走过的"象路",行走在这绿色翻滚的森林之海。"我们就闷在这'海底'下,醒来就走,走完了一天又睡下。"这里完全是一个植物世界,也是一个昆虫的乐园。在最初的十多天里,天气不错,路也坦荡。穆旦和曾医官、黄翻译官、陈参谋、铁道兵团的一位唐处长以及胡工程师等人走在一起。此刻,他们心情不错,一群军中的高知,轮番唱着中外歌曲,一路有说有笑,直似闲庭信步一般,甚至还有心情去采摘路边的野花。但有一天,走着走着,他和陈参谋就落了单。他们不得不在幽暗的山石中深一脚浅一脚地走着。"呼唤了一会,找到了屈参谋。于是我们三个人,饭也无法吃,在一天的疲倦后,露宿沙滩上。"[1]

在密林中走了十多天之后,部队突然之间就遭遇了敌人。那是在一个叫作朗津(Lonkin)的地方,两百名日军骑兵由密支那抄近路进驻此地,试图给远征军来一个出其不意的袭击。穆旦记录了远征军司令部应对这场小规模战斗的忙碌而紧张的那个瞬间:

> 夜晚住在克勤人(Kachins)的神庙中,半夜惊醒,听到杜将军和罗参谋长在幽暗的烛光下讨论地图上的路线,又

---

[1] 穆旦:《苦难的旅程——遥寄生者和纪念死者》,原载1943年第2期至第9期的昆明《春秋导报》,转引自李煜哲《从"苦难"到"祭歌":穆旦的缅战经历叙述之变——从穆旦集外文〈苦难的旅程——遥寄生者和纪念死者〉说起》,载《现代中文学刊》,2019年第2期。

听到不断的电话和传令兵的脚步声。所有的人似乎都起来了,而且在忙着。什么事呢!"要赶快搭桥,"杜将军在电话中沉稳地说,"要在早晨四点以前搭好,……不行吗?搭轻便的……喂,来个传令兵,通知特务营派一连人帮着破竹子……水急也得搭,你们是做什么的!"[1]

这段文字,证实撤退时穆旦和杜聿明、罗友伦等高级将领在一起。没错,这是杜聿明亲率的新二十二师及长官部所属各单位之一部。此文还难得地让我们看到了杜聿明应对变局的机警。很多年以后,战争的画面定格为历史的碎片,一切尘埃落定,杜将军却仍活在他发布命令的声音中。他的边上,正是他的翻译官那一双试图记住一切的眼睛。

日复一日,十来天走下来,单调、寂寞、绝望,如影随形,不知不觉跟了上来。在路上,穆旦"还常常想着自己写过的一段诗:风暴,远路,寂寞的夜晚,/丢失,记忆,永续的时间"[2],这是三个月前刚刚完成的《诗八章》(收入《旗》和闻一多《现代诗钞》时改为《诗八首》)中的句子,为什么单会想到这几句?除了这几个抽象的词汇中暗含着实在的内容外,紧接着的"所有科

---

[1] 穆旦:《苦难的旅程——遥寄生者和纪念死者》,原载1943年第2期至第9期的昆明《春秋导报》,转引自李煜哲《从"苦难"到"祭歌":穆旦的缅战经历叙述之变——从穆旦集外文〈苦难的旅程——遥寄生者和纪念死者〉说起》,载《现代中文学刊》,2019年第2期。

[2] 同上。

学不能祛除的恐惧／让我在你底怀里得到安憩"这两句实是关键，尤其后面一句——这个愿想中的"怀抱"成为穆旦活下来的灵魂的依靠。

根据战术的布局，杜聿明曾要求新三十八师殿后。师长孙立人拒绝执行这个命令。孙将军决定突围，亲自端起了冲锋枪冲锋在前，此刻，新三十八师已向着印度的方向而去（孙立人后来成功地带领新三十八师完退至印度）。没有办法，杜聿明只好以精锐的第二〇〇师断后。在一次战斗中，团长柳树人阵亡。五月二十六日，师长戴安澜壮烈殉国。第五军剩余的部队陷入万劫不复的地步。我们以统帅第五军的杜聿明本人的回忆来回顾这场惨绝人寰的大溃败：

> 各部队经过之处，多是崇山峻岭、山峦重叠的野人山及高黎贡山，森林蔽天，蚊蚋成群，人烟稀少，给养困难。本来预计在大雨季前可以到达缅北片马附近，可是由于沿途可行之道多为敌人封锁……因此曲折迂回，费时旷日……
>
> 自六月一日以后至七月中，缅甸雨水特大，整天倾盆大雨。原来旱季作为交通道路的河沟小渠，此时皆洪水汹涌，既不能徒涉，也无法架桥摆渡。我工兵扎制的无数木筏皆被洪水冲走，有的连人也冲没。加以原始森林内潮湿特甚，蚂蝗、蚊虫以及千奇百怪的小巴虫到处皆是。蚂蝗叮咬，破伤风病随之而来，疟疾、回归热及其他传染病也大为流行。一

第十三章｜一个诗人的从军远征

个发高热的人一经昏迷不醒,加上蚂蟥吸血,蚂蚁侵蚀,大雨冲洗,数小时内就变为白骨。官兵死亡累累,前后相继,沿途尸骨遍野,惨绝人寰。[1]

无独有偶,第五军参谋处长罗友伦晚年应邀做口述历史,其中《转战缅印,苦难行军》一章,也大同小异地讲到了可怕的野人山经历:

> 民国三十一年,战事失利,我们被迫转进缅北,再转进印度,适逢雨季来临,终日下着倾盆大雨,雨势之大,连对面五十公尺的事物都看不见,原来山间的小路在雨季时都变成了小河。缅甸的气候只有两季,雨季和干季。其中干季是一滴雨也没有,但一到雨季就全部是倾盆大雨。我们一步一步地走入了原始森林,行进非常困难……因喝了河水,三千多人通通腹泻……下雨时连雨衣都没有,士兵全遭虫咬,死了相当多……死去的马匹也都被吃光了……连续不断大雨,下得连对面都看不见人。一天走到一个山头上,全军没有一支洋火可以擦得着,因此虽然仍有粮食,但无法熟食……我们走过了不知多少河流,因为道路都变成了河,有的因山洪

---

[1] 杜聿明:《中国远征军入缅对日作战述略》,《文史资选辑》第八辑,中华书局,1960年,第37页。

爆发，波涛汹涌，根本无法渡过……我们循着藤索天桥，一步一步地走过去。像这样的河流不知经过了多少。而且愈走愈困难，前面走过的前卫，沿途就留下一身白骨，感觉好像真的是进入了人间地狱。在路的两旁，有些士兵身上爬满了蚂蝗，数以万计地围着在那儿啃食他们的尸体，其中有一位士兵眼睛、嘴巴还能动，他说："军长、参谋长！救救我吧！"但我们也无计可施，谁能赶得走那么多的蚂蝗，而把他救起呢？那时因为雨季太长，水泡得太久，四肢都麻木了，所以常常一旦坐下来，就爬不起来了，稍一迟疑就会有蚂蚁、蚊蝇出来围攻你。我的一个侍从副官就因蚂蝗从尿道里钻进去几乎丧失了性命。[1]

杜聿明记下了雨季来临的时间：六月一日。之后，茂密的原始森林开始变脸。地狱从此张开无底的血盆大口。痛苦的跋涉开始了。杜聿明、罗友伦都写到了这场持续长达两个半月的倾盆大雨以及雨中惨绝人寰的地狱境况。穆旦追随在他们身边，杜聿明、罗友伦所经历的，也正是他所亲历的。幸好穆旦本人也有文字记录这场可怕的雨以及雨中狂乱的人性：

---

[1] 朱浤源、张瑞德访问，蔡说丽、潘光哲记录：《罗友伦先生访问记录》，台北"中央研究院"近代史研究所，1994年，第35—37页。

……六、七、八月的雨季盛时日以继夜地下着。我们的头上没有一块屋顶，所以也是日以继夜地淋着。每淋七八天，或十多天，才能够找到屋子。……雨，雨害死了多少人！饿死病死都因了它。自杀者的厌世如绝望也为了它。因为下雨，我一直不曾睡过。因为下雨，蚂蟥群出。因为下雨，很多病人肿胀而死。我们近七八百近匹如（按，原文如此），都死光了。米都发酵了，火柴无用了，背包都加重了十倍压在身上。没有火，没有光，天天阴暗。没有吃的，没有喝的，没有歇的，而且没有温暖。每日以泥足陷于水中，滑于泥中，看着同（伴）依次倒毙，走过的全是骷髅和骷髅，不由得会想，自己的那一天不会到来吗？病好了，紧跟着的却是饥饿！饥饿还是得走，走嘛，大河又阻于前，集体哭了，焦急，绝望，挣扎，我们简直成了野兽。在河边的雨下，潮湿加上潮湿，病愈的会再病重些，死亡散播开，谁都不再希望了。东西都扒得光光的，钞票用来卷成了纸烟，抢劫和杀害在人稀的地方进行着。人的精神通通变态了，这是只有在集体屈死前才会观察到的狂乱。[1]

---

[1] 穆旦：《苦难的旅程——遥寄生者和纪念死者》穆旦：《苦难的旅程——遥寄生者和纪念死者》，原载1943年第2期至第9期的昆明《春秋导报》，转引自李煜哲《从"苦难"到"祭歌"：穆旦的缅战经历叙述之变——从穆旦集外文〈苦难的旅程——遥寄生者和纪念死者〉说起》，载《现代中文学刊》，2019年第2期。

翻越野人山的壮举，一段出生入死的经历，在长达六千字的纪实文《苦难的旅程——遥寄生者和纪念死者》发现之前，学界也只看到穆旦在《历史思想自传》中简略提到的一笔："同年五月，作战失败，退入野人山大森林中，又逢雨季，山洪暴发，在森林中步行四月余始抵印度……"还有就是来自王佐良的转述，"只有一次，被朋友们逼得没有办法了，他才说了一点"。王佐良记下的这"一点"是：

……一九四二年的缅甸撤退，他从事自杀性的殿后战。日本人穷追，他的马倒了地，传令兵死了，不知多少天，他给死去战友的直瞪的眼睛追赶着，在热带的毒雨里，他的腿肿了。疲倦得从来没有想到人能这样疲倦，放逐在时间——几乎还在空间——之外，胡康河谷的森林的阴暗和死寂一天比一天沉重了，更不能支持了，带着一种致命性的痢疾，让蚂蟥和大得可怕的蚊子咬着。而在这一切之上，是叫人发疯的饥饿。他曾经一次断粮到八日之久。[1]

王佐良写到的穆旦的传令兵，显然出自穆旦本人的口述。其实，在《苦难的旅程》中，穆旦很鲜活地写到了这个忠实勤谨、

---

[1] 王佐良：《一个中国诗人》，《穆旦诗集》附录，人民文学出版社，2001年，第118、119页。

质朴可爱却又"总是和我跑来跑去的,效劳于我"的传令兵:

> 我大声喝呼我的传令兵……他照顾了我喝水吃饭,打行李。有时候走到黄昏不能前进了,我往往歇在湿冷的青草地上睡着。他总要找到我,把我唤醒了,给我铺盖和饮食。否则我会教训他的。
>
> 我顶恨他在重担下喘气走路的样子。我告诉他,他总有一天要死在路上的。到第十天的黄昏,我们住在河边,夜晚下了一阵急雨,使我们从睡梦中都惊起来,坐以待旦。次晨,从后面过来一个兵,带来我的传令兵的口信,说他倒在一棵树下,不能动了。从此我就不再见他。[1]

这传令兵家里有父母和哥哥,是征来的兵,不识字,也不曾给家里去信,家人根本不知道他已到了遥远的缅甸战场。他发了一点洋财,舍不得扔掉。穆旦爱护他,为他不肯扔掉这洋财而吃重负担,已经骂过他两次了。仅仅十来天后,穆旦就知道了他的传令兵的死。死亡从此成为这一路上最习见的噩梦——他的马夫也死了;一名姓胡的工程师和一名舍不得他的牛的华侨也死了;一个得了疟疾的山西人,在活命无望后终于吊死在一棵树上;最

---

[1] 穆旦:《苦难的旅程——遥寄生者和纪念死者》,原载1943年第2期至第9期的昆明《春秋导报》,转引自李煜哲《从"苦难"到"祭歌":穆旦的缅战经历叙述之变——从穆旦集外文〈苦难的旅程——遥寄生者和纪念死者〉说起》,载《现代中文学刊》,2019年第2期。

后，传来了他的友人朱星杰死亡的消息。然而，穆旦更多目睹的，是大批的无名战士的纷纷倒毙，那真是尸横遍野，惨不忍睹，昨天还是好端端的一个人，转眼就变成了一堆冷森森的白骨，太令人震惊了。

王佐良记录的穆旦的战争讲述是粗线条的，远不如诗人本人写下的这段苦难的旅程来得具体和有在场感，但"疲倦得从来没有想到人能这样疲倦"和"叫人发疯的饥饿"这两句总结性的话里，却包含着一个人的绝望，绝望中又怀着怎样顽强的求生意识。很多年以后，这种关于疲倦感的回忆同样清晰而形象地出现在罗友伦的书里，就好像为了回应他已经死去多年的翻译官朋友似的：

> 军队走到后来实在是太疲倦了，突然发现一个小村庄，村里的屋子都是用木头搭盖的，下面关牛马生畜（牲畜），上面则住人，在屋里中间摆了一个大火盆，可以驱除蚊蝇、毒蛇。我们到了村庄后就得到了补给，村子里的粮食都被我们搬光了。我走进一间屋子里，就躺下来休息，满屋子都是半死的人，虽然外面下了那么大的雨，但我还是可以听到他们的呻吟声。但我也管不了那么多了，因为我实在是太疲倦了，就在一边睡着了。[1]

---

[1] 朱浤源、张瑞德访问，蔡说丽、潘光哲记录：《罗友伦先生访问记录》，台北"中央研究院"近代史研究所，1994年，第38页。

幸亏罗友伦走进的是一间屋子，倒头睡下后还有醒来的机会。很多士兵，在大雨中走进山洞避雨，在"疲倦得从来没有想到人能这样疲倦"的情况下，一坐下就睡着了，却再也没有机会醒转过来。原来，野人山的山洞里通常有瘴气，加上他们实在疲累到了极点，一旦进入，就整队整队地困死在山洞里了。有这样一个山洞，许多年以后，它被缅甸克钦邦一个领着部队打游击的军官发现了。他们砍开藤条封固的山洞，走了进去。他们全都惊呆了。原来满满一山洞都是白骨……以及搁在一旁已经生锈的枪支和钢盔。

人的睡眠容易得到补足，饥饿感却难以挥去。穆旦自述"曾有一次七八日未食，又一次五日未食，死人很多。困难时曾以买来之牛脚让罗友伦吃"。[1]我们不知道穆旦从哪里买来的牛脚，是他步入野人山之前所买而一直带在身边自备的食物吗？似乎不可能。或许就是那位死去的华侨留下的那头牛被人宰杀而购买的吧。总之，这一路的扶持，他与罗友伦生死与共，从此结下深厚的情谊。

在罗友伦晚年的"访问记录"里，也有"我们那时最大的困难还是饥饿。有一次饿了七天"[2]的记述。罗友伦清晰地记得士兵饿极了疯狂寻找食物的场面："所有粮食都吃光了，就吃芭蕉、树枝、葛草。几天后走到一处土人正开发的地方，种满了一片苞谷，

---

[1] 穆旦档案之《历史思想自传》（1955），南开大学档案馆馆藏人事档案查良铮卷。
[2] 朱浤源、张瑞德访问，蔡说丽、潘光哲记录：《罗友伦先生访问记录》，台北"中央研究院"近代史研究所，1994年，第37页。

饥饿的士兵蜂拥而上,像蝗虫过境一般一扫而光,只有一尺多高的苞谷一下子就连根带叶的被吃掉了。"[1]这是人这种血肉之躯的动物所无法想象的饥饿,"没几天粮食又没了,于是又吃树皮、吃芭蕉,这次饥饿的时间更长,有十四天没东西吃,途中被蚂蟥、蚊蝇吃掉的士兵很多"[2]。在水汽蒸腾的胡康河谷(意为魔鬼居住的地方)原始森林里,人能够找到的吃的东西实在不多,可是吃人的东西却很多,连蚂蟥、蚊虫、毒蛇都饿极了,这些小东西遍地都是,它们逮住人就吃,越聚越多,很快就将士兵的尸体吃光。杜聿明的副官染病,在树底下睡了一夜,第二天就变成了骨头,已经被千千万万的蚂蚁吃掉了。穆旦有一次无意中跟俞维德谈起,他告诉她,他曾亲眼见到一位军人的尸体,被蚂蚁啃得只剩下一堆白骨,但脚上仍穿着一双完整的军鞋。[3]

幸存的队伍继续往山里走,没有地图,只凭生存的本能走路。"原始森林也更茂密了,树也更粗大了,抬头看不到树顶,只听见有猴子在上面叫,可是抓不到,那里有人传说着:一位士兵被大蛇吞掉了,吞到肚子之后士兵醒转,就用冲锋枪连发二十几发子弹,把大蛇的肚子打破,由此生还了。"[4]

---

1 朱浤源、张瑞德访问,蔡说丽、潘光哲记录:《罗友伦先生访问记录》,台北"中央研究院"近代史研究所,1994年,第38页。
2 同上,第38、39页。
3 陈伯良:《穆旦传》,世界知识出版社,2006年,第90页。
4 朱浤源、张瑞德访问,蔡说丽、潘光哲记录:《罗友伦先生访问记录》,台北"中央研究院"近代史研究所,1994年,第39页。

幸亏军部的一部电台没有丢，居然还完好无损。他们用它收听到日军的广播，也收听到了重庆方面的电讯。原来，最高统帅部派飞机就在他们头顶盘旋寻找，信号联系上了，过了一个小时，天空中下来一架飞机，丢下了地图和指北针；过了不久，来了许多架飞机，空投下很多粮食。部队得到了补给，大家这才缓过一口生气。而此时，英军驻印度阿萨姆省的省长带人也来给他们指路了。第五军绝处逢生，这才走出丛林，来到了印度。

王佐良曾记述穆旦"在五个月的失踪之后，结果是拖了他的身体到达印度。虽然他从此变了一个人，以后在印度三个月的休养里又几乎因为饥饿之后的过饱而死去"。（王佐良：《一个中国诗人》）其实，路上已经有过一次差点儿过饱死的稀奇事了，那就是在丛林中，盟军的飞机找到他们并扔下不少粮食的那会儿，"有了粮食之后，有一个处长就煮了一大锅饭，拼命地吃，没想到居然就胀死了……"[1]这是罗友伦记录的一个细节，也一定是穆旦亲见的一幕。

经此溃败，疲于奔命，从缅北走到印度，罗友伦回忆，他这支部队，由原先的一万一千多人迅速减员，只有三千多人活着走出了野人山。八千多名将士死在了途中，长眠在异国他乡。[2]可悲

---

[1] 朱浤源、张瑞德访问，蔡说丽、潘光哲记录：《罗友伦先生访问记录》，台北"中央研究院近代史研究所"，1994年，第40页。

[2] 此据《罗友伦先生访问记录》中的数字。因历史的原因，罗友伦的回忆录未提及杜聿明。第五军分四路撤退：即第五军直属部队之一部；新二十二师及长官部所属各单位；九十六师及炮工兵一部；二〇〇师及新兵训练处等。杜聿明亲率新编第二十二师。按穆旦的文章分析，杜聿明、罗友伦和穆旦都在一起。

的是，部队并非战斗减员，撤退中损失人数其实远远多于作战伤亡的人数。别的不说，连军长杜聿明途中都得了回归热，昏迷了两天。两天后他自己醒转过来，而护理他的一位姓常的连长，却因受传染而不治，倒在了丛林中。此外，还死了二十多个给他这个军长抬担架的小伙子，其中包括警卫营营长——杜聿明的一位陕西米脂老乡。参谋长罗友伦的处境也好不到哪里去，他不幸感染了痢疾，手臂发炎，又引发高烧，差点儿将手臂锯掉，只是因一时找不到锯子而作罢。也是罗友伦命大，锯子没有找到，却在死去士兵的身上找到了消炎药片及六〇六，他总算捡回一条命。杜罗两位主帅的得病，穆旦的文章中记有简略的一笔："杜将军病了，住在芭蕉叶搭盖的棚里，罗参谋长也病了，那个用雨衣盖的棚子并且漏水。"（穆旦：《苦难的旅程》）军队危急到如此地步，全军覆灭的不祥之感笼罩着每个人。穆旦本人呢，当然也心事重重，他说："我呢，每日就坐在一个木桩上，两眼痴痴的，心腹空空的，每日巴望一点米汤和树根而已，我的一匹马早死了，我马夫也死了，我不知道底下是不是轮到了我。"（同上）此种绝望，若未亲历，实不能体会万一。

据说路上穆旦也得了可怕的疟疾。此说来自他的大女儿。穆旦去世多年后，查瑗面对采访镜头曾讲述：当时，杜聿明身上还有两粒药，可治腹泻，杜给了穆旦一粒，说，你要是命大，扛得过去，就能活下来，活不了，我也没办法。我也尽力了。穆旦吃了药，活了下来。这种生死一转念的故事，可能是平时穆旦无意中讲述而被女儿记住了。可惜,这种死亡线上挣扎的传奇经历,他讲得实在太少了。

穆旦是幸运的,虽饱受死亡的威胁,但总算拖着疲累的双腿走出地狱,回到了人间。同是吴宓的学生,从军赴缅比穆旦早两个月的外文系四年级学生黄维就没那么幸运了,横渡怒江(吴宓日记说澜沧江,此据联大校史)回国时,一张小小的竹筏驮载了八个人五匹马,严重超载。怒江江流异常迅急,仓皇之间,战马又没有遮目,渡至中流,马惊,跳动,嘶鸣不已,踢踏不停,终于,竹筏被踏翻,人马全部落入水中,瞬间就死了四个人和三匹马。黄维被战马带入波涛汹涌的江流中,战马在对岸爬了上去,而爱写小说的翻译官就这样被激流裹去,壮烈殉国。黄维所在的部队是第六军的第四十九师。原本就军纪不好的第六军在缅甸完全被日军击破,溃不成军,吴宓记下了经历艰险、刚刚返国的第六军第五十五师甄露茜关于她在本部的见闻:"……及败,仓皇退却,军官以军用汽车载货物急归。而兵卒之伤病者(死于病者多,死于战者少)则弃置路旁,听其自毙。缅人多持长刀,伏林中,到处截杀我军。即入国境后,兵卒之苦仍不减。医药给养并乏。负重行山路中,泥滑,人马失足即死。"[1]第六军退入云南,清点人数,残部仅存六千。杜聿明亲率新编第二十二师走出野人山、到达印度时也由原来的九千人锐减到三千(此据杜聿明本人回忆的

---

[1] 吴宓:《吴宓日记》第8册(1941—1942),三联书店,1998年,第380页。

数字）。至此，中国远征军由原先的十万人剧降至四万左右。

在野人山辗转三个月的新二十二师，原本是要取道回国的，但军情有变，日军已经深入云南，不得已也转向印度，一九四二年八月四日，"经新平洋、哈巴采、仰龙、旁提，到达列多，旋亦集中蓝伽"。[1]此时，杜聿明才知道，第五军减员过半，原先的四万两千人只剩下了两万人，其凄凉的心情可想而知。不久，他回国述职，离开印度。据说离开印度前，司令官在几千官兵面前失声痛哭，一迭声地说，对不起你们，对不起死难的弟兄们，野人山那么多弟兄的遗骨，就托付给你们了。杜聿明还把自己的手枪交给廖耀湘师长，拜托他好好练兵，为一路死难的弟兄们报仇雪恨。

就这样，九死一生的军部少校翻译官查良铮于一九四二年十一月随第五军残部来到了印度。他留了下来。此时中国远征军更名为中国驻印军，境遇大为改善。他们吃的是罐头装的牛肉食品，穿的是英军提供的热带卡其布操作服，其御寒衣物均为毛料制作，有毛背心、毛外套、毛袜子，甚至连裹腿都是毛呢的。关于部队发给的毛衣，穆旦的朋友唐振湘晚年有过一次回忆："当时我们的生活很艰苦，穿的衣服多数是来昆明以前置备的，少而旧。不知何时何人在房内遗下一件全新的毛料外套，经过相当长的时日，无人认领。我认为可能是穆旦从印度带回的，几次问他，他

1　孙克刚：《中国远征军缅甸荡寇志》，辽宁教育出版社，2005年，第24页。

都摇头,却说:'管他是谁的,谁需要就穿吧。'于是我们肯定那是他送给我们而又不愿明说。"[1]

新发现的穆旦佚文《国军在印度》记录了远征军在印度的衣食住行,其中衣食两方面的内容摘录如下:

> 印度东部的天气,是一年四季都可以穿单衣的,所以他们总是穿着卡其黄衬衣和裤衩,很好的布,每人两套。此外并有白背心和里裤,黄胶鞋,到十二月和一月间,气温较低,改穿长裤在衬衣上加一件棉背心也就够了。所以那里的士兵是没有外衣的。卧具则有床,毯子三条,白蚊帐一顶。……吃的方面也有功:校官以上者每人每日发牛肉一磅,鸡蛋两个,米、茶、盐,蔬菜,面包,黄油,果酱,干鲜水果及香烟一包。士兵没有这许多,但牛肉、蔬菜和油是有得吃的,米是足够的。著者每当黄昏散步时,常见士兵将一日的剩饭菜倒于一大汽油桶中,交与印人。[2]

驻印军全套的美式装备。"我军的需要,诸如军火,给养,服装等,全由美军SOS供给。"(穆旦《国军在印度》)这支整改一新

---

[1] 唐振湘、易彬:《由穆旦的一封信想起……》,《穆旦研究资料》,知识产权出版社,2013年,第145页。
[2] 穆旦:《国军在印度》,原载昆明版《中央日报》1943年3月1日,转引自《中国现代文学研究丛刊》2020年第4期。

的远征军，在蓝姆伽（旧译蓝伽）接受史迪威带来的全方位的美军特种兵训练。蓝姆伽原是一战时英军关押意大利俘虏的战俘营，史迪威把它彻底改变成驻印军的训练营，日夜操练，训练了将近一年，训练的科目包括爬山、爬吊杆、爬树、武装渡河、战斗射击等，出于切肤之痛，他们尤其注重森林战的训练。除了步兵训练由中国军官负责，其他特种兵训练完全由美军协助完成。穆旦流利的英文又派上了用场。

蓝姆伽是一个小镇，那里，倾斜着一片干燥的红色丘陵地带，风景秀美，河流曲折，远山葱翠。到处是大榕树，走在小镇的沥青石子路上，但见天空被密密匝匝地遮蔽着，阳光透过茂密的树叶漏下来，连阳光都是绿色的。

远征军的营房，在穆旦看来，也"很像一个城镇。全是一些砖砌的平房，疏疏落落，中间贯以公路，两旁为杂草，或为花坛，并有几条小水流流经其间"。（穆旦：《国军在印度》）因为中国士兵的到来，此地很快形成了一条中国街，大难不死的士兵们，专门跟印度人买吃的或日用品。

在蓝姆伽的军营中静养了一段时间后，穆旦身体好转，人也开始胖了一点。蓝姆伽到印度第三大城市加尔各答很方便，坐火车约十二小时到。一般的士兵语言不通，也少有开洋荤的机会，穆旦不同，凭他娴熟的英语口语，可以在普遍说英语的印度畅行无阻。终于，他抽个时间，容光焕发，佩带手枪，坐头等火车来到加尔各答游玩。晚上，他就住在金克木处，连住宿费都省了。

金克木上一年由缅甸到印度,此时他在印度一家中文报社做编辑,同时在学习印地语和梵文。

在加尔各答,穆旦邂逅了在驻印军训练中心任翻译的诗人杜运燮。杜运燮一九三九年由厦门大学转入联大,因同是诗人的缘故,他早闻穆旦之名,也读过穆旦发表在香港《大公报》上的诗歌。在联大,两人很快熟悉起来。杜运燮一直记得,他与穆旦第一次见面时穆旦的穿着:一件普通而且褪色的蓝布大褂。因为"谈得很愉快",两人"在(联大)校门前两旁有由加利树的马路上来回走了好几趟"。(杜运燮:《怀穆旦》)就在十个月前,杜运燮完成名诗《滇缅公路》的写作,这次在异国他乡偶遇,不说两人各自的从军经历,单是他们共同的有关诗歌的话题,就有说不完的话了。

在加尔各答,穆旦拍了一张半身肖像照,一身驻印军的卡其军装,左手护着的军帽,刻意地摆在右臂前,军帽显然是为了拍摄时不遮脸而摘下的。经过两个月的静养,穆旦消瘦的身体已经得到了充分的营养补充,脸颊变得丰满了,脸上的笑涡看去也不似原先那么明显,青春的活力重又回到了这个年轻英俊的身体中了。照片上有两样东西特别引人注目,一是斜肩的一条棕色牛皮带,在闪光灯下散射着神秘的微光,显然,那是他随身携带的手枪背带;二是左腕上的手表[1],非常醒目的表盘上,时针所指正是

---

[1] 关于这只手表,著者曾问过杨苡。杨先生快人快语,说:"不是有人说那表是宋美龄送的吗?多半是美军赠送的,一般,不值钱。"此处聊备一说。

加尔各答时间下午五点十分。这精精神神的一切似乎表明，穆旦的精神状态恢复过来了。而身体一经恢复、生活稍稍安定或者说有了一个喘气的机会，潜伏在灵魂中的诗神也就会适时地来寻找诗人了。

八月，穆旦写下《阻滞的路》一诗，那应该是他刚刚走到印度时写下的。诗人太敏感了，他一到那里就感觉到了某种歧视，断然写下"你们歧视我来自一个陌生的远方"这样的句子。这是一个初到英殖民地印度的中国人的真实感受。我们记得新三十八师孙立人师长的幕僚孙克刚在《初入印度》一节里无意间记下的一句话："在过去，华侨在街头行走时不准结集到十人以上……"[1] 可以想见华人在印度受到的歧视有多严重。不过，态度温和、装备精良、与英美军官平起平坐的中国驻印军在印度留下了很好的口碑，以至于当地的华侨皆以"新中国人"目之，此举也有利于提高华侨在印度的地位。

初来乍到印度的穆旦，适逢"绝望"之后，身体的、精神的伤口都尚未愈合，并不意外，诗人的灵魂深处撕扯出这么一个迫切的声音：

我要回去，回到我已失迷的故乡，
趁这次绝望给我引路，在泥淖里，

---

[1] 孙克刚:《中国远征军缅甸荡寇志》，辽宁教育出版社，2005年，第23页。

"绝望""泥淖"两个意象，明确地指向刚刚翻过的这一段野人山经历。

"我要回去"，"我要回去"，"回到我已失迷的故乡"，"然而我只想回到那已失迷的故乡"。同一首诗里，同样的意思，甚至同样的措辞，忍不住高涨的情感，差不多重复一遍。急促而果决的旋律，这里面，焉知没有穆旦向死而生的决绝。

第十四章

隐现的诗歌与漂泊的生活

一九四三年一月二十五日晚上六点,穆旦中学同学吕泳家宴,给刚刚从印度蓝姆伽归来的穆旦洗尘接风。吕泳、张允宜夫妇同时叫上了穆旦的老师吴宓和同学李赋宁作陪。当天,吴宓日记有记:

> 晚6—12偕宁赴吕泳、张允宜夫妇请宴于其寓,陪查良铮。铮述从军所见闻经历之详情,惊心动魄,可泣可歌。不及论述……[1]

从"陪查良铮"这句话可知,这个晚上,穆旦是当仁不让的

---

[1] 吴宓:《吴宓日记》第9册(1943—1945),三联书店,1999年,第16页。

主角。穆旦带着生死传奇回到昆明，归来时间应在此前不久。席间，大家听他详述从军的经历。这一顿饭，从六点钟一直吃到十二点，时间之长，在吴宓隔三岔五的饭局中也是绝无仅有的一次。整整六个小时，一席人似乎只在听穆旦兴奋地讲述战地见闻。吴宓日记里的这个"详"字，可知穆旦讲述的丰富，这在从军归来的他是不吐不快。很可惜，吴宓在用了惊心动魄、可歌可泣两个带感情的词汇之后，再没有其他记录，这大大出乎我们的意料。吴宓日记，事无巨细，通常都秉笔实录，细碎到连吃饭几块钱他都会记录在册。这次，居然以一个他平素极少用的省略号给省略了。这个省略号，我们猜想那天吴宓归寝已晚，匆匆记一笔后就入睡了。省略号很可能是他日后试图补述，但他终究没有补记，如此就错失了一段穆旦个人经历的可信的历史。说实话，佚文《苦难的旅程——遥寄生者和纪念死者》发现之前，坊间纷传惊心动魄的野人山经历，并没有记录穆旦本人在场的真实而残酷的细节，但是，它们确实发生过。实际上，王佐良粗线条的转述，也还谈不上局部的书写，更遑论完整的历史书写了。

　　这里有一个疑问。一九四三年一月，穆旦是以什么理由返国的？他曾自述"抵印后至中国军营中养病"。很明显，野人山的经历严重地挫伤了他疲累的身体。这不仅表现在身体的病困上，必然地，也会在他的精神上烙下深刻的印记，并会长久地折磨他的灵魂。那么，选择归国，而不继续服务于军队，生病是一种理由。但另一种理由也许更直接也更充分：退伍。如此，从一九四二年二月[1]到一九四三年一月。穆旦实际从军的时间将近一年。而教育部曾有外文系三、四年级男生应征参加翻译工作一年的规定，对于穆旦来说，一年时间已到，尽管，应征的时候他并非学生而是教师。他是应杜聿明"向西南联大致函征求会英文的教师从军"[2]而自愿报名甚至还是托了关系参加的。

此时，驻扎在蓝姆伽的中国驻印军在史迪威的直接指挥下正如火如荼地进行着操练。三百名美军官应史迪威的征召自美国本土来到南亚次大陆。很多命令、很多美式武器的操作说明都需要翻译官以中文讲解给中国士兵听。在中国官兵与美教官之间，太需要语言上的沟通。这时，翻译官太稀缺了。由于抗战的实际需要，一部分美教官还来到昆明。在云南，翻译官的稀缺尤其显得突出，以致很多联大学生自愿到曲靖给美军汽车训练班做零时性的译员。国民政府教育部更是下令，征调几所大学所有应届四年级身体合格的男生担任美军翻译员。一九四三年十一月九日，表情凝重的梅贻琦校长曾以严肃的语音动员学生从军：

> 近日来，当大家睡觉的时候，一定会听到不断的飞机声音吧，那是从印度飞来的运输机。它每天带来几十个盟军的军官和许多士兵，他们是来中国服务的。但是他们现在有几

---

[1] 按，穆旦自述从军时间是一九四二年二月，实际出发时间是三月初，如以报名参军之日算起，穆旦的自述应该也没有错。
[2] 穆旦档案之《历史思想自传》（1955），南开大学档案馆藏人事档案查良铮卷。

百人因为没有通译员不能到各地去工作。我们同学现在正是年富力强的时候,而且都受到了相当的教育。平时我们只恨没有好的、适当的机会为国家服务,能亲自经历这伟大时代的多变的新奇的赐予。现在机会到了,国家急切地需要你们,希望同学能踊跃参加通译工作。[1]

一句"国家急切地需要你们",多少学子热泪盈眶。梅贻琦自己的儿子梅祖彦不由分说就去报了名。从军三年,梅祖彦出生入死,并不因为是梅贻琦的儿子而有什么特殊化。其时,中国驻印军新一军军长孙立人干脆向联大直接招募土木、机械、电机专业的同学加入他的部队。这位出身清华、作战骁勇的将军鼓励学生为国家效力。

可正在这个节骨眼上,穆旦结束少校翻译官的从军生涯果决地乘飞机返国了。也许是一次正常的换岗,但推想其中必定也有当事人深刻而不便明说的缘由,事涉一个人隐秘的内情,自述的文字一般也就不会写,但诗会写,诗最擅长书写诗人欲说还休的潜意识。这种潜意识,似乎也可以用诗人的一行诗来表达,即:"我追寻的一切都已经避远……"(穆旦:《阻滞的路》)

---

[1] 转引自陈晓卿、李继锋、朱乐贤:《一个时代的侧影:中国1931—1945》,广西师范大学出版社,2005年,第372页。

应当记得穆旦初到印度时写下的这首《阻滞的路》。诗写得太直接了，像"我要回去""然而我只想回到那已失迷的故乡"这样的诗句，简直冲口而出。可以说，"趁这次绝望给我引路"而来到印度，他收获的并非希望，而是又一次"被时间冲向寒凛的地方"——一次莫名其妙的歧视，尽管没有明说它的施予者，但也不难猜想。穆旦写下了一个诗人天性中的敏感："你们歧视我来自一个陌生的远方……"（穆旦:《阻滞的路》）

还有更加深刻的一个原因。一九四二年十二月，即归国前一个月，穆旦写下了《幻想底乘客》。诗的第一节是：

> 从幻想底航线卸下的乘客，
> 永远走上了错误的一站，
> 而他，这个铁掌下的牺牲者，
> 当他意外地投进别人的愿望，

一九四二年，从"幻想底航线"运载来的"幻想底乘客"，不是普通的观光客，而是出征的士兵或是来蓝姆伽受训的国军军官。从"错误的一站""铁掌下的牺牲者""别人的愿望"这一类意象分析，我们完全可以体会到诗人迥异于主流关于战争的一般看法。不可否认，中国从事的是一场神圣而正义的战争，但是，如果站在一名诗人的立场，从人性的高度来审察，那就会得出与任何一方不甚同调的结论。不管怎么说，战争，对渺小的、活生生的个人来说，都是一场将生命碾入齿轮的大灾难。穆旦是体会过这首诗中所说的"这里的恩惠是彼此恐惧"和"秘密的绝望"的。这里，所谓的自由，也只是"忍耐的微笑"。当然，这些"幻想底乘客"，通过不择手段的"爬行"，"化无数的恶意为自己营养"，有一天，终究会有模有样地做起主人来的。但诗人不会，也不屑。

　　穆旦刚刚从可怖的死亡中走出来。说他从地狱里回来也毫不为过。野人山的经历惊心动魄，对任何经历者都是十足的噩梦。在写作中，穆旦非常珍惜自己的经验。他的从军，从潜意识里考察，也未尝没有要为自己的诗人生涯创造一种传奇的冲动。从偶然留存下来的他写给唐振湘的一封信，我们读到了这样的话："看你的信非常有现实性和戏剧性，一方面羡慕你的机遇，在这些被征同学中，你的变动该算最大，见闻最新。只要不死（好在你还能逃难），我想一得休息，你会写下点什么来的。"（穆旦致唐振湘，1944年11月16日）看到"羡慕"一词，完全可以明白穆旦对于丰富个人经历的那种热烈的向往（实际上，他的经历也足够丰富）。诗人最好的作品，必定是依托最丰富复杂的生活创造出来的。穆旦有过这样的写作经验，比如，三千里步行，一得休息，他就写出了《小镇一日》和《赞美》这样的诗。野人山噩梦，会不断地折磨他，迫使他寻找与死亡对应的词语。从心理上分析，写作可以缓释一个人精神紧张的压力。

事实上，野人山的经历已经隐隐约约地出现在一些诗歌中了，《自然底梦》从诗后标示的时间看，应该是一首到达印度不久写下的诗，但我们对这首诗的背景仍一无所知，我们不免感到，这首形式整饬、技艺出众的诗一目了然却又非常难懂，当穆旦写下"我底身体由白云和花草做成，／我是吹过林木的叹息……我是有过蓝色的血，星球底世系"而"迷误在自然底梦中"的时候，很难说没有那个刚刚翻过野人山原始森林的影子。

一九四三年三月的《祈神二章》，收录在《穆旦诗集（1939—1945）》中，因其言说的不及物，通常不被人注意。我们注意到它，是它的诗句溢出的情感太充沛了以致觉得它根本就与穆旦的诗歌观念相违背。现在已经明白，它是从一首更长的诗中截取出来的。它只是一首长诗的"合唱"部分，而且，截取后，两个章节前后正好反了一个个儿。这首长诗就是《隐现》。

需要说明一下的是，《隐现》的版本很多，从它的初稿开始，有五年的时间（1943—1948），穆旦时不时地在修订它，试图完善它。他修订的基本原则是把这首长诗抽象化，以使它获得一种诗学意义上的普遍性。此处，我们借助清华大学解志熙教授辑校的当年发表在重庆《华声》半月刊第一期第五、六合刊号的初版本来做一些选择性的评述。[1]

---

[1] 解志熙辑校的《隐现》初版本，见解志熙：《文本的隐与显：中国现代文学文献校读论稿》，北京大学出版社，2016年，第406—421页。

《隐现》是穆旦写下的为数不多的长诗中的一首，应该说，它是迄今他创作的最长的一首诗。在技艺上，它有十足的形式感。"隐现"的总题下分若干小标题，令人想到艾略特的《荒原》。但是，当你略过《时间的主宰》的小标题深入读下去的时候，长诗的语调反倒很接近于《四个四重奏》，而且，《隐现》的开篇，与《四个四重奏》的开篇一样，是关于时间的叙述：

> 白日是我们看见的，黑夜是我们看见的，
> 我们看不见时间，
> 未曾存在的出现了，出现的又已隐没，
> 我们不知道歌颂这真实的主宰，
> 一年，一月，一分，一秒，
> 喔，我们不知道一秒无限的丰富
> 我们不知道我们面对的恐怖
> 时间的占有和放弃，
> 我们看见的都是它所占有的，
> 我们看见的是它的意象的满足，
> 是苍天之下唯一的欢快

不仅如此，《隐现》的第一章《宣道》第二小节"一切摆动"中"已经发生过了正在发生着或者将要发生"的表述，与艾略特的"时间过去""时间现在"和"时间将来"（此据裘小龙译文）

也颇类似。当然,《四个四重奏》描绘一个皈依宗教的人在寻求真理的心路历程,既有艾略特个人的经历(经验),也以但丁式的诗行插入了当代历史的情景式描述,不过,长诗更多的乃是诗人对于人类命运的思考。我们在《隐现》中同样看到了这种努力。有意思的是,这个《华声》版的《隐现》,与后来的修订版有一个根本性的不同,它不像后者在第一章一上来的"宣道"之后就开始了向上帝的吁请("主啊,我们摆动于时间的两极"),这个"主"在初版里是在最后的"祈神"里出现的,前面祷告的成分并不明显,初版里面的两次"合唱队"的合唱,与其说是"祈神二章",不如把它们看成古希腊歌剧中歌队的咏叹。

不得不说,对《隐现》,我们仍然很难从整体上把握。从它有限的片段里,我们看到了野人山的经历在诗人灵魂中的回响:"可是当我爬过了这一切而来临,/ 亲爱的,坐在山岗上让我静静地哭泣。"从"爬过"一词,我们分明看到了这种艰难的心路历程。接下来:

> 那一切都在战争,亲爱的,
> 那以真换来的假,以假换来的真,
> 我和无我,那一切血液的流注
> 都已和时间同归消隐。
> 那每一伫足的胜利的光辉
> 虽然照耀,当我终于从战争归来,

当我把心的深处呈献你,亲爱的,
为什么那一切发光的领我来到绝顶的黑暗,
坐在山岗上让我静静地哭泣。

好一句"那一切都在战争",如艾略特通过欲望来考察人性一样,穆旦通过战争——一种更大的灾难来考察人性。"当我终于从战争中归来"的"战争",因为已经有了解志熙教授帮我们找来的标示着"一九四三年三月"创作日期的这个初版本,我们有理由把它直接看成是远征军入缅作战惨败的那一场。当战争找到了一个具体的时间和地点,很奇怪,这首诗忽然变得重要起来。在有关战争临身的片段里,我们读到了这样的句子:

我曾经生活过,我曾经燃烧过,
我曾经被割裂
在愤怒,悔恨,和间歇的冷热里。
我曾经憎恶一个人,把他推去,
他有高颧骨,小眼睛,枯干的耳朵,
他用嘶哑的声音喝喊他的同族,
……
我曾经把他推去,把我的兄弟推去,
我曾经自立在偏见里,而我没有快乐,

初版本《隐现》带着令人震惊的细节感以及诗人的体温开始了反思。穆旦"痛苦地发现即使身在正义的抗战阵营中的'自己',其实也并非问心无愧、清白无辜"。[1]从战场上归来的穆旦,正如解志熙所说"不再是一个单纯站在国族立场上讴歌民族抗战、欢呼民族复兴的诗人,而已成长为一个超越了民族国家界限、能够站在全人类的立场上来质疑战争的诗人"。[2]其实,在《幻想底乘客》一诗里——那种质疑的声音已经非常明显了。

在《隐现》中,穆旦秉承了艾略特等现代派诗人对于二十世纪的深刻的质疑与批评。在一个抗战主潮突出的时代,穆旦没有被千人一腔的时代喧嚣所淹没,他以独特的个性、以沉思的品质、以实验性的文本探索、以人性的高度、以异乎寻常的汉语……发出了一个时代卓越的高音:

> 我们站在这荒凉的悬崖上,
>
> 我们是廿世纪的众生骚动在黑暗里,
>
> 我们有机器和制度却没有幸福
>
> 我们有复杂的感情却无处归依
>
> 我们有很多声音而没有真理
>
> 我们有良心我们永无法表露

---

1 解志熙:《一首不寻常的长诗之短长》,《文本的隐与显:中国现代文学文献校读论稿》,北京大学出版社,2016年,第393页。
2 同上,第392、393页。

二十世纪，正因为有那么多的"没有"，"像荒原一样，不得到你的雨露的降临"，所以才特别需要一个上帝。这也是长诗第三部分《祈神》的主旨："我们失败了才能愈感到你的坚真和完整，/我们绕过一个圈子才能在每个方向里和你溶合。"而这个"你"，毫无疑问，就是隐现其中的上帝。然而，穆旦的上帝，并非宗教意义上的上帝。这大概也是他在自己的诗行中会让耶稣和默罕默德一同出现的理由。

穆旦一九四三年一月返国，直到三月，他一直"在昆明闲居"，但他的思想从来不曾闲居，回来不久他就创作了如此大体量的作品，可以想见他那种憋在心间的激情和能量有多大。

归国的代价实在不小。接下来的几年，穆旦总的来说是处在漂泊流寓之中。他最终没有回到联大，其中的原因不清楚，但有一点，联大教授们的生活是越来越困难了，他们的工资根本赶不上物价如脱缰野马般的涨幅，陈寅恪诗"日食万钱南下箸，月支双俸尚忧贫"可谓那个时期的佐证。"到一九四三年末，教授们每月'薪津'大约三千七百元，但实际购买力只合战前法币九元一角。"[1] 回联大这份看似体面的工作实际已成为一根鸡肋。此外，他自己也实在不喜欢昆明的"老生活圈子"（穆旦在给唐振湘的信中有"你若到那里，又是掉在老生活圈子了"的话）。尽管他返国初期的生活，也还是"大半住在联大附近，起初和吴讷孙、陆智周同住，以后和

---

[1] 陈明远：《文化人与钱》，百花文艺出版社，2001年，第226页。

江瑞熙同住。所接触的人仍是联大的师友"。[1]同住，说穿了，可以省却一笔住宿费用。省下不多的一点钱，可以寄回老家。穆旦是孝子，天津恒德里尚有父母和妹子，需要他在经济上加以接济。

一名战士脱离了死亡归来，他首先面临的也是与普通人一样的吃饭问题。这里有一张穆旦自书的履历表，写于十年之后，大致可以看出诗人回国后这几年到处求职谋生的艰辛：

一九四三年一月至一九四三年三月：自印度返国，在昆明闲居。

一九四三年三月至一九四三年五月：云南曲靖伪第五军汽车兵团少校（教团长英文）。

一九四三年六月至一九四三年七月：昆明伪军委会驻滇干训团第一大队中校英文秘书。

一九四三年七月至一九四三年十月：在昆明闲居及找工作。

一九四三年十一月至一九四四年二月：重庆伪国际宣传处新闻学院学员。

一九四四年二月至一九四五年五月：重庆伪中国航空公司职员。

一九四五年五月至一九四六年二月：伪青年军二〇七师

---

[1] 穆旦档案材料之《我的历史问题的交代》（1956），南开大学档案馆馆藏人事档案查良铮卷。

中校英文秘书（在曲靖）。

这真是一段缭乱的时期。穆旦此生，迄今为止，还从来没有经历如此无着落的生活。以下，以穆旦这份自书履历表的简历为线索，结合他一九五五、一九五六年留下的两份档案材料，稍稍复原一下他这段漂泊流寓的生活。

有一点是肯定的，穆旦仍围绕着自己的专业谋生。拢共有三次（两次在曲靖，一次在昆明），他为从军时的参谋长罗友伦工作。第一次，应罗友伦之邀去曲靖教他英文，时罗友伦以少将团长接掌第五汽车兵团，此时正大力整顿军容、车容，军务繁忙，但空下来却请穆旦专给他讲英语。从此，穆旦与比他大六岁的罗友伦的情谊又增进了一步。第二次，回昆明担任驻滇干部训练团第一大队的中校英文秘书，军衔升了一级，待遇却一般，而且干训团有外事处，那里已有不少翻译在工作，穆旦自感不被需要，也可能触动了诗人那根自尊的神经，这次他只"待了十多日便请病假退出"了。第三次在一年半之后，他仍去做驻扎在曲靖的二〇七师的中校英文秘书。穆旦是那年五月份去的，而上月（四月）五日，老上级罗友伦刚刚接任二〇七师师长。据穆旦自己讲述，这次乃是堂兄"查良钊自昆明来信，说曾在晚会上和杜聿明相见，提及我时，杜表示欢迎我再到军队抗战"。[1]穆旦说到的这位堂兄

---

[1] 穆旦档案之《我的历史问题的交代》（1956），南开大学档案馆馆藏人事档案查良铮卷。

是联大的核心人物，主持联大的训导工作，也是联大有名的查菩萨，脾气好，热心快肠，肯为同学做事。穆旦在联大时，我们很少找到他们堂兄弟之间直接交往的材料，他的这个自述倒让我们稍稍改变了一点看法。穆旦从军在杜聿明部，查良钊是知道的。查郑天挺日记，该年五月一日，查良钊、梅贻琦、郑天挺、黄钰生等应何敬之之约，有车接去白马寺晚宴，当晚两桌人，杜聿明在座，此时杜聿明升任第五集团军总司令，坐镇昆明，地位非同一般。而穆旦可能是查良钊与杜聿明交言的一个话头。就这样，穆旦得杜聿明关照，又去军队任事。至于他去二〇七师，那自然是罗友伦友情的召唤。

穆旦返国下半年"在昆明闲居及找工作"（一九四三年七月至十月）期间，联大外文系教授、翻译官们的主任陈福田还把他介绍给一位来华工作的美军中校。穆旦自述：

> ……（美军官）拟赴滇南半年，拟短期雇佣一英文较好的人为翻译，因待遇好，我已答应和他同去，但两星期后又拒绝了，因为此时见报，重庆的新闻学院招考学员，我决定去投考该处。在该美军官任用的两星期内，没有做任何事情，只是等待和他出发，每星期找他一次，看看有无事情可做。而在第二个星期去找他时，便告他不能和他去滇南，向他辞职。[1]

---

[1] 穆旦档案之《我的历史问题的交代》（1956），南开大学档案馆馆藏人事档案查良铮卷。

从这个自述可以看出，穆旦还是希望自己能找到一份有前途的工作。一九四三年八月二十三日，《中央日报》刊登《中宣部国际宣传处招考国际宣传高级新闻学员》公告，中央政治学校新闻学院宣布将在重庆、成都、昆明、桂林四地招考学员。九月八日截止报名。在昆明的穆旦报了名。但在随后公布的两名录取名单中并没有他的名字。幸好，国际宣传处昆明办事处主任周萍帆[1]认为穆旦英语很好，很看重他，也为他抱不平。周还专门向他的上级单位重庆国际宣传处写信，请求给予名额。最后，周还真的替他争取到了名额。在等待录取的这段时间里，穆旦临时给美国新闻处（the Office of War Information，简称OWI）接手主办的《联合画报》（the United Pictorial）翻译一点时论性质的短文如《大使从军记》《战争与儿童》《日本北部门户洞开》等赚取微薄的稿费。[2]同时，因昆明办事处其实就周萍帆一个人，他也忙不过来，就暂时让年轻人给他帮个忙，顺便可在此等待重庆方面的消息。就这样，穆旦也算做了一个月昆明办事处的小职员。其实，他每天也就坐办公室，司电话，接一下信件而已，类乎打杂。约一个月后，重庆国际宣传处复信给周萍帆，准许穆旦进新闻学院。[3]于是，昆明办事处慷慨地给他付了机票的钱，周萍帆主任还亲自送

---

[1] 或邹萍帆，英文名Fabian Chow，穆旦档案之《我的历史问题的交代》误记为邹海萍。
[2] 王岫庐：《穆旦时论翻译佚作钩沉（1943—1944）》，《中国现代文学研究丛刊》，2019年第4期。
[3] 穆旦：《关于一张像片的交待》，1969年2月1日。原件照片见于网络。

他去机场。十月底或十一月初,穆旦从昆明飞往重庆,去接受了四个月的英文新闻写作培训。随后,又去重庆各机关采访实习。其间,他也试着与其他学员编辑英文版的《重庆新闻》周报。但诗人实在难以忍受潘公展的党义课,也根本不能接受这种死板的党化教育。课堂上,唯有一位美籍老教授的美国新闻史课程,他听得津津有味:

> 这些课程中给我印象最深刻的是美国新闻史,该老教授讲到美国如何有"新闻自由",如何有一两人办的报纸和多数人的意见相违反,但仍旧有它存在的权利。他的讲课引起班上很大的兴趣,他给我灌输了这样的思想,即以少数人的意见抗拒多数人,这才表示有自由。[1]

重庆新闻学院是与美国哥伦比亚大学新闻学院合办的培训机构,故有美国教授来授课。但这样的老教授毕竟不多,学员有一定的生活补助费,按招考的公告"受训期间一年期内每月暂支给薪金一千二百元"的规定,生活可以无忧,实际因物价飞涨,穆旦还是觉得"生活苦,身体支持不住"。[2] 待了不满四个月,萌生离开的念头。离开的最主要的原因,他自谓"感觉自己对学新闻

---

1 穆旦档案之《历史思想自传》(1955),南开大学档案馆馆藏人事档案查良铮卷。
2 同上。

在能力和兴趣上都很勉强"。[1]但说白了吧，这个理由加上"想到家中也须要接济""需供养家庭"的由头，都不过是一个托词。他其实是看到了待遇较好的中航公司的招考广告，于是，就找了这么一个还算说得过去的理由要求退学。哪知，新闻学院院长、也是负责国际宣传的国民党中央宣传部副部长董显光不准他离开。董显光其实是看重穆旦的英文才能，当时，国民政府对外宣传人才非常缺乏。穆旦不明就里，结果与他大吵了一架，"经力争后得以退出"。从这里我们也可以看出穆旦性格中激烈和冲动的一面。这也许就是深印在唐振湘等友人记忆中穆旦的"诗人气质"吧。

穆旦当然知道在新闻学院完成学业，服务一年，成绩前十名就可以出国留学。但他顾不得这许多了。当然，学院招生时这个"出国留学"的许愿，他没有忘。他后来有这样的总结性自述：

> 总结这一阶段，就是为了生活，到处找事做，希望有一个较好的前途，同时逐渐抱着出国留学的期望。因为自己学英文系，觉得只有留学后才有较好的个人前途，否则只有到处碰壁。[2]

在脱离新闻学院重回曲靖跟着青年军二〇七师新任师长罗友

---

[1] 穆旦档案之《历史思想自传》(1955)，南开大学档案馆馆藏人事档案查良铮卷。
[2] 穆旦档案之《我的历史问题的交代》(1956)，南开大学档案馆馆藏人事档案查良铮卷。

伦做中校英文秘书期间，大约有一年零三个月的时间，穆旦看到工资待遇比较高的中航公司招考职员，这时，他天性中诗人的浪漫情怀来给他做向导了，他竟然"幻想去搞航空事务也不错"，完全不考虑这个职业潜在的危险性。结果他还真考上了。一九四四年二月，他如愿以偿地在重庆中国航空公司谋了一名营业组和人事科小职员的职位。"实习约半月，便派昆明办事处工作，管理客运及英文电报起草工作"。[1] 此时，穆旦的专业又派上了用场，也或者，中航把他招为职员，看中的就是他出色的英语才能吧。

就在这短短半个月的实习期间，确切地说，一九四四年三月十八日，穆旦二十六岁生日（农历二月二十四日）那天，他遇到了一位能够与他谈诗论文的女性。此人是南京人，一九三九至一九四四年就读于内迁到重庆的金陵女子大学英文系。她就是曾淑昭，小穆旦五岁，此时在中航公司重庆办事处任职。他们很快成了无话不谈的同事。

曾淑昭的出现是重要的。他给她写诗，她给他保管诗。六十余年后，她把一生珍藏的穆旦诗作、信件和照片等珍贵文献交给穆旦长子查英传，一串鲜活的火种，经由一个甲子的轮转，就这样传递给了穆旦诗歌的读者。

穆旦被委派在昆明期间，有一次，曾得曾淑昭的帮忙。事情的经过是这样的：他到昆明工作约一个月后，发现了航空公司的

---

[1] 穆旦档案之《历史思想自传》（1955），南开大学档案馆馆藏人事档案查良铮卷。

一个漏洞，发觉该处工作人员联合售卖黑票以牟取私利。出于对公司的尽心尽责，他写信将此事向航空公司总经理李吉辰做了汇报，哪知穆旦的私信被李的秘书拆阅，秘书与底下人员串通一气，将这个情况密告给了昆明办事处。这帮人就联合起来，处处刁难穆旦。按穆旦的说法是"十分被他们歧视"。[1]同在一处工作，这样的滋味是不好受的，尽管公司待遇不错，穆旦仍想到了请辞。辞职的意念一旦形成，他就写信告诉了曾淑昭。曾淑昭向李吉辰当面做了汇报。也许出于保护一位尽职的员工的考虑吧，公司将穆旦调到了重庆总公司一个并不重要的科室人事科。人事科管理一般职员在任用后的登记、移动、事假等工作。穆旦在科长李希贤手下工作，他管理公司新添职员的表格、科室内有关人员移动的英文电报、请假及例行的一般琐事。可不知道什么原因，穆旦又受到了营业部主任高大经的排挤，这次居然把他调到了偏僻的贵阳。在贵阳，穆旦回忆他"管理写电报及客运，工作量很少"。[2]在贵阳办事处工作两个月后，穆旦得着一个机会（见上文堂兄查良钊的建议），又回到了杜聿明、确切地说是罗友伦的手下。兜了好大的一个圈，单纯的诗人发觉还是军队适合他。军队的人际关系相对单纯一些。

---

1 穆旦档案之《历史思想自传》（1955），南开大学档案馆藏人事档案查良铮卷。
2 穆旦档案之《我的历史问题的交代》（1966），南开大学档案馆藏人事档案查良铮卷。

总结这个漂泊流寓的时期,穆旦自谓"人事上处不好",[1]这真要命。可是,天真的诗人和污浊的社会,两者之间天然地就处在一种紧张的关系中。记得同为诗人的郑敏晚年接受采访,面对镜头,她微微叹了一口气,这样谈到穆旦:"他这个人,对于环境是不大能够适应的。"[2]真是一语中的。世故能适应环境,诗人哪里世故得起来。既然不能适应,那就只有在辞职与求职的循环中来回折腾了。

　　而就在这个时候,国家和民族苦苦坚持了那么多年的抗日战争,终于走到了一个彪炳史册的伟大时刻。

1　穆旦档案之《历史思想自传》(1955),南开大学档案馆藏人事档案查良铮卷。
2　见纪录片《穆旦》对郑敏的采访。

第十五章

灿烂的焦灼——诗与爱的一年

一九四五年,是中国农历乙酉年。这一年的春节,很少下雪的华中特别是西南地区忽然飘飘洒洒下起了一场大雪,重庆的《中央日报》对这场大雪及时做了报道:在湖南西部,雪是十年少见,而贵阳的大雪则是二十年来所仅见。[1]雪在中国人的心目中是一个丰兆,瑞雪兆丰年,这是中国人对大雪亘古不变的情感。这一场罕见的大雪给饱受战争之苦的中国人民带来了希望。

战时首都,西南山城重庆,春天到来前的这个时段特别寒冷。中国的抗战此时已经进入尾声,整个国家的战略物资已经消耗得差不多了,重庆即使贵为国民政府的首都,每个星期,市区的大

---

[1] 陈晓卿、李继锋、朱乐贤:《一个时代的侧影:中国1931—1945》,广西师范大学出版社,2005年,第381页。

小街道，也毫无例外地要轮上一个夜晚停电断水。话说回来，即使其他六个有电的夜晚，由于电力供应的严重不足，拧亮的白炽灯昏黄有如点点鬼火。

一九四五年年初，穆旦到了贵阳。他终于被中航公司营业部的一个小主任从重庆排挤到了这个偏僻的省会城市。派他去那里的理由堂而皇之：那边新开航线，需要有人管理。

中国航空公司是当时中美合办的航空运输机构，总部在重庆，贵阳设有分部，是一个相当不错的单位。公司待遇好，工作量不大。贵阳那边两个星期才来一次班机，穆旦在那里只管理写电报及客运，其他时间可以自由支配。如此一来，他有时间可以写诗和会朋友了。

对于贵阳，穆旦并不陌生，且不说联大长征时旅行团居留过贵阳三天，自一九四一年七月开始，他的诗《五月》《我向自己说》《潮汐》《伤害》《黄昏》《春》等悉数刊发在《贵阳日报》文艺副刊《革命军诗刊》上。一九四四年，联大外文系毕业的诗人方敬到贵州大学任讲师，次年，他除了在贵大讲课之外，还接手主编《大刚报》文艺副刊《阵地》。穆旦与他在昆明时就认识，那个年代写新诗的人本来就不多，穆旦的到来，爱诗的方敬自然很高兴。穆旦找到他，他们很快就聊到了一起。晚年方敬撰文回忆那个时候的穆旦：

穆旦是我一九四一年在昆明结识的朋友。一九四五年初我编《阵地》不久，他忽然来到贵阳，在航空公司任职。他的工作似乎不很重，而诗兴却很浓，勤于写诗读诗，也喜欢谈诗，正要出一本诗集。每每周末，他忍耐着坐他不乐意坐的落后的旧式马车到花溪来找我，边玩边谈诗。[1]

方敬记忆中关于穆旦不乐意坐旧式马车的细节很有意思，倒很符合他厌弃旧词汇的新诗人派头。

穆旦在贵阳，就像他上年在重庆公司一样，没有多少事情要做。"我在这里真无事可做，连无聊的事都没有……"这年的四月一日，他在写给女友的信中有这样抱怨。幸好方敬在贵阳，现在他也不得不坐上一辆叮叮当当的老式马车，很有形式感地穿行在贵阳老街，到花溪贵州大学去会这位也在写诗的朋友。见面了，两人谈得最多的自然是诗，这多少缓解了小职员被排挤出重庆中航公司的不快。而如果方敬不在，穆旦就转去贵州大学图书馆借书看，或者待在自己的房间里，对照着新买的剑桥版文学史，翻一翻那本唯一带来的文学史——那是重庆的女友送给他的。

贵阳天高皇帝远，远离是非之地，穆旦忽然感到自由了，入定了，"多少年的往事，当我静坐，/一齐浮上我的心来，/一如这四月的黄昏，在窗外，/糅合着香味与烦扰，使我忽而凝住——"（《忆》）此时的穆旦，"每日自由"，闷了可以到郊外逛逛，表面看

---

[1] 方敬：《回忆〈阵地〉》，《新文学史料》，1992年第4期。

上去是轻松的，实际却心情郁闷。穆旦渴望恋爱，也或者，他当时正陷于单恋之中。因人事调动不得不离开跟自己谈得来的女友，致使两人天各一方，不得碰面。这种爱而不得的矛盾心理，忧郁缠身而又难以纾解，故每当入夜，孤独和思念就如小兽，前来撕扯他的心灵。而贵阳的春天偏又冷，孤衾不耐五更寒，睡不着，他只好枯坐灯下，写诗，一首又一首，向女朋友倾诉，心境越发凄凉不堪了。他写诗，也写信，充满了伤感，满纸是这样的句子："说不得的只有我的爱情"（《春天和蜜蜂》），"爱娇的是玛格丽的身体"（《风沙行》），"但玛格丽却常在我的心头"（《风沙行》）。

此外，穆旦对时局的忧虑日甚一日，虚无感不时地升腾起来，笼罩住他的心。此前，他在给唐振湘的信中曾说："很大的苦闷压在人的心上。前后左右都悲观。"[1] 苦闷和悲观，像瘟疫一样会传染。这也是一九四五年中国民众特别是知识分子的左脸和右脸。这里的"人"，既是穆旦本人，又可以指代大多数的中国民众。我们知道，穆旦不是一个喜欢在作品中突出第一人称的诗人，甚至在这一封私人信件里，也尽量避免一个"我"字。这影响到他看待世界的方式——不主观地介入情感。观察事物，打量世界，尽量做到客观。这种品质，在一个虚龄只有二十八岁、满腔热血的青年诗人身上，是不多见的。

---

[1] 穆旦致唐振湘，1944年11月16日。《穆旦诗文集》（2），人民文学出版社，2018年，第151页。

穆旦年龄不大，诗龄却不短，屈指算来，写诗至少已经十多年。种种迹象表明，他正在迎来诗歌创作的一个巅峰时期。

年初，有一段相对空闲的时间。在巨大的创作冲动尚未到来之际，从昆明传来一则消息：他的诗集《探险队》由文聚社出版了。抗战土纸印刷的这册诗集，只有薄薄的八十三页，印刷谈不上精良，扉页上献给友人董庶的"庶"字还错排成了"蔗"字。面对精神意义上的这一个"头生子"，诗人显得挺高兴。这册集子，可以看出穆旦多方面的诗歌营养——既保存有少量的浪漫主义的抒情元素，更有现代主义诗歌的影响。当然，后者推土机一样正在全面地驱逐前者。

一九四五年，穆旦至少已经写出了《防空洞里的抒情诗》《小镇一日》《赞美》《春》《诗八首》等名作，他的富于"新生的野力"的新诗人形象开始在同行中确立起来。他诗歌的内敛、智性的面孔已为一些有着高鉴赏力的师友所激赏和推崇，特别是一九四三年九月，早期中国新诗的重要诗人和理论家闻一多在编辑《现代诗钞》时，以引人注目的篇幅收编了穆旦的《诗八首》《出发》《还原作用》《幻想底乘客》等四首（因《诗八首》由八首八行诗构成，勉强可视为十一首。这样一来，穆旦诗歌的入编数量之多，仅次于名诗人徐志摩），这些无疑加重了穆旦在同行中的分量。当然，他诗歌的晦涩也受到了一些左派的指责。

对于千里流寓、辗转抵达贵阳的方敬来说，穆旦尽管比他小四岁，但已是成名的诗人。所以，当穆旦"忽然来到贵阳"，来找他切

磋诗艺的时候,方敬有理由以钦佩的目光仰看眼前这位俊逸的诗人:

> 他(穆旦)爱好西方现代派的诗,而又识得这种诗的现代精神特征,善于借鉴和摄取,他认真而聪明地写着诗。他写的现代诗是有中国特色和自己的独创风格的。当时他已在诗坛崭露头角,受到青睐和赞赏,被认为是写中国现代诗出色的诗人。[1]

在花溪,方敬近水楼台,把穆旦亲手交给他、认为是"现代抒情诗上品"的《春天和蜜蜂》以及"有智慧光泽的佳篇"《甘地》发表在他主编的《阵地》副刊上。

这一年,确切地说,这一年开初的两个月,穆旦在方敬的眼里,诗兴很浓,勤于写诗,读诗,谈诗。总之,穆旦的生活就和诗歌有关。穆旦因为寓居僻地而得闲,得闲而胡思乱想,胡思乱想又帮助他写作更多的诗。作为诗人的穆旦,这一年的勤奋确乎超过以往任何一年——以下是年终时,穆旦交出的一张诗歌"成绩单":

二月:《线上》《被围者》。

四月:《退伍》《春天和蜜蜂》《忆》《海恋》《旗》。

五月:《给战士——欧战胜利日》《流吧,长江的水》《风沙行》《甘地》。

---

[1] 方敬:《回忆〈阵地〉》,《新文学史料》,1992年第4期。

七月:《野外演习》《一个战士需要温柔的时候》《七七》《先导》《农民兵》《打出去》《奉献》《反攻基地》《通货膨胀》《良心颂》《苦闷的象征》《轰炸东京》。

九月:《森林之魅——祭胡康河上的白骨》。

十一月:《云》。

一九四五年,穆旦有二十五首诗出现在他的各种集子里。考察他一生的创作,这一年的创作量仅次于留下了二十七首的一九七六年。此前,他从来没有到达过这样的创作量。如果严格地筛选一下,这一年的创作,至少有五首是诗人创作史上值得一提的,它们是《退伍》《旗》《流吧,长江的水》《甘地》《森林之魅——祭胡康河上的白骨》。其中的《旗》还成了穆旦第三部诗集的书名,成为该集的主题诗歌。至于《森林之魅——祭胡康河上的白骨》的意义更是不同凡响。

仔细研究这二十五首诗,不难发现,穆旦的想象力自由地在过去、现在和未来三种时间里出没,在一个相对封闭的时间和空间里经营着他的诗歌世界,继续沉浸于他返国以来那"灿烂的焦躁"(《被围者》)。其诗歌所使用的材料,一如既往,乃是基于现实又超越现实的悲观和绝望。"一个圆,多少年的人工,/我们的绝望将使它完整。"(同上)这真应了鲁迅的一句话:"绝望之为虚妄,正与希望相同!"[1]穆旦对鲁迅不陌生,他早就写下过致敬鲁迅

---

[1] 鲁迅:《野草》,人民文学出版社,1973年,第18页。

的一行诗:"是你们教了我鲁迅的杂文。"(《五月》)

二月份的《线上》和《被围者》还只是这一年辉煌降临的一个前兆,或者说,只是诗人牛刀小试而已。严格地说,它们的出现,仅仅是一系列杰作得以诞生的一个引子。除了诗歌体式的一贯性之外,穆旦对诗歌题材的专注,这一年显然是值得注意的。一九四五年,地无分南北,人不分老幼,华夏大地上,没有比抗战的声音更宏大和更神圣的了。从这一年的二月份开始,穆旦一组发表时冠以"抗战诗录"的作品陆续诞生。"抗战诗录"后来基本上发表在《益世报·文学周刊》和天津《大公报》副刊《文艺》上。

此刻,欧洲战场上,希特勒的德国已是强弩之末,德国用以作战的战略后备力量也消耗得差不多了。太平洋战场,日军组成臭名昭著的"神风敢死队",向日益逼近的美军发起同归于尽的作战策略。但是,这一疯狂的招数根本无法阻挡美军继续向东京推进的态势。三月二十六日,经过激烈的战斗,在伤亡了两万多美军之后,美国星条旗如期插上日本空军基地硫磺岛最高点——折钵山山顶。日本的战败不再是一个遥不可及的神话,而是指日可待了。

四月的临时首都重庆,春天照样开始在重重瓦砾堆中挣扎出小手。与此呼应的是,无论小汽车里的达官贵人,或是街头的小商贩,或是夹着讲义匆匆步行前去大学授课的教授,春天开始在所有中国人饱经沧桑的脸上显露出来。中华民族经过坚苦卓绝的抗战,即将迎来最后的胜利。

这十四年中，中国战区大规模迁移的群体是知识分子，其中也有相当多的商人队伍，唯独农民，为土地捆绑，几乎一步都没有离开故土。但如果说中国各阶层哪个牺牲最大，回答无疑是这个庞大的农民群体。一九四七年七月，美国政府派魏德迈将军来华考察，他在答记者问的时候曾说过一句话：中国艰苦抗战，农民的牺牲最大，可战后政府对他们的照顾却太少太少。这话说出了战区农民的心声。当年，为了抗战，数量庞大的年轻农民离开世代赖以生存的土地，纷纷走进军营，成为沉默寡言的农民兵。现在，战争就要结束了，这些无知无识、来自农村又不习惯城市生活的农民兵却急着返乡。这个现象引起了穆旦的注意，诗人敏锐地看到了农民兵返乡的潮流。很快，他写下了《退伍》，反思战争。诗歌中，穆旦直接使用了"人类的错误"这样的诗句。"错误"这个词语，我们已经在另一首反战诗《幻想底乘客》中领受过一回，不陌生。当战争结束，好歹这些"没有个性的兵，重新恢复一个人"。而作为一个人，他们总要回到正常的生活中去，但是，"当巨大的意义忽然结束"，穆旦又不无焦虑地指出，"我们的胜利者回来看见失败"，"死难者生还的伙伴，／你未来的好日子隐藏着敌人"。（以上诗句均引自《退伍》）这里，穆旦用"伙伴"一词，有他自己的感情在里面，战争中，他自己曾是一名英勇的战士。三年前，他差点儿死在胡康河谷的野人山。所以，对这些即将退伍的兵士，他有着深切的理解和博大的同情。这样一首诗，关注的对象，诗歌的切入点，都是眼前之事，又立足于"时间现在",接着,诗歌向着过去和未来展开,"过去是死",是"难忘的光荣","未来的好日子里隐藏着敌人"。穆旦的沉思、怀疑,既向着过去,更向着不确定的未来。可是,穆旦又如此坚实地立足在他自己的时代,他以一行行出色的诗歌给硝烟弥漫、人性崩溃的战争做出某种在场的见证。

五月初,穆旦写下了标志性的《旗》。或许我们可以多花一点笔墨来谈谈这首著名的《旗》:

> 我们都在下面,你在高空飘扬,
> 风是你的身体,你和太阳同行,
> 常想飞出物外,却为地面拉紧。
>
> 是写在天上的话,大家都认识,
> 又简单明确,又博大无形,
> 是英雄们的游魂活在今日。
>
> 你渺小的身体是战争的动力,
> 战争过后,而你是唯一的完整,
> 我们化成灰,光荣由你留存。
>
> 太肯负责任,我们有时茫然,
> 资本家和地主拉你来解释,

用你来取得众人的和平。

是大家的心,可是比大家聪明,
带着清晨来,随黑夜而受苦,
你最会说出自由的欢欣。

四方的风暴,由你最先感受,
是大家的方向,因你而胜利固定,
我们爱慕你,如今属于人民。

　　《旗》在诗艺上是一个比较成熟的作品,六个分节,每节三行,形式上稳重而整饬,且没有穆旦先前把一个句子硬生生切断、再强行换行的欧化处理方式。《旗》把每个句子都拉平了,还非常少见地给它压上了韵脚(这在现代诗中其实并不重要),不过,我们可以看出年轻的穆旦对于中国现代诗探索的一个方向,尽管这种探索,无论穆旦,还是此后整个中国新诗的发展,都没有被完整地继承下来。

　　战争过后,很少诗人以饱满的热情去描绘这面破碎而依旧完整的旗,但它的确是一九四五年遍插在古老中国大地上迎接伟大而神圣的抗日战争最终取得胜利的旗帜,也是著名摄影家罗伯特·卡帕在台儿庄战役胜利后拍下的中国军队在城墙上庄严升起的那一面战旗,它弹痕累累、令人心碎。我们相信一名诗人的敬意，此刻他正对着一面他熟悉的旗帜写下了他的代表作。然而，当这面旗一经插上穆旦本人的作品并在文学史上占据一个高度，它的意义就超出了具体的"这一面"而成为所有旗帜的一个象征。这就是诗歌的魅力，超乎具体，超乎日常，具有普遍性和象征的力量。

在《旗》中，穆旦很扎眼地用了"资本家和地主"这两个政治化的词语，但，这并不表明穆旦这一年成了一个政治诗人，写出的是政治抒情诗，不，穆旦的一生，从他流传下来的一百五十多首诗看，像奥登一样，尽管很喜欢使用时代语汇来结构他的作品（接下来的篇幅中会继续谈到），一九四五年的穆旦尤其明显地使用着这些时代的语汇，但作为一个现实感很强的诗人，他充其量不过是一个左派。可是，无论在什么样的时代，请允许我们反问一句，所有的诗人，在他们年轻的时候，谁不是一个左派？

一九四五年五月八日，深夜，柏林郊区的卡尔斯霍尔斯特，法西斯德国正式签署无条件投降书。饱受战火蹂躏的欧洲迎来解放，和平降临千疮百孔的老欧洲。五月九日，欧战胜利日，在英伦三岛，据当天的《泰晤士报》报道，早晨，白金汉宫人满为患，各国政要前来倾听首相丘吉尔振奋人心的演讲。演讲结束，首相来到行宫外面与民同乐，还不失时机地领唱《希望和光荣的国土》。丘吉尔照例向沸腾的民众打出他著名的V形手势。"短短几分钟，仿佛是要将英伦三岛六年来的低迷之气一扫而光"。同一天，《纽约时报》报道美国总统杜鲁门讲话："我们的胜利还只赢得了一半……只有当最后一支日本部队无条件投降的时候，我们的战斗才能结束。"在法国，《费加罗报》的头版和二版重笔描写巴黎的快乐：汽笛开始长鸣，各大教堂都敲响了钟声。尽管互不认识，许多人手拉手聚成了一圈，跳起了欢快的舞蹈。人圈中心的士兵则高兴得手舞足蹈。而在中国西北角，当天出版的《解放日报》，也是一派喜气洋洋。延安为了热烈庆祝欧战胜利，中央党校特地放映苏联影片。许多机关举行跳舞晚会及会餐。"人们兴奋谈论并不断打电话询问本报关于德寇无条件投降的详细情形。"打开穆旦这些年不断有诗歌发表的《大公报》，扑面而来的也是一派喜气：国民政府因德国无条件投降、欧洲战事结束、盟军完全胜利而"通令全国各地，自九日起至十一日止，升旗三日，以志庆祝"。[1]

躬逢这样盛大的胜利场面，无论作为一名诗人，还是一个战士，五月九日都是穆旦难以忘怀的一天。当天，他写作《给战士——欧战胜利日》，从写下第一行的那个时刻，他就难以抑制自己的激动，直到他将这首胜利之诗一口气推进到最后一行——第三十三行。如此即兴的创作，这个时刻，许多中国诗人也一定在奋笔疾书，但没有人像穆旦那样仍如此注重诗歌的形式。描绘巨大欢腾的场面，这首长度达到三十三行的诗，通篇竟不着一个通

---

[1] 按：此节文字采自网络，原是新华社记者孙承斌、沈路涛、杨维汉等于2005年5月9日为纪念中国抗战暨二次世界大战胜利60周年撰写的新华社通稿，有删节。

气的"啊"字,却在一股庞大的激情中获得了整首诗的平衡。这种未经沉淀的即兴写作,在穆旦也是少有的。当然,与穆旦最好的作品相比,这首作品稍稍流于表面——它的成功,是穆旦高超的诗艺所致——诗人高超的技艺,可以避免即兴诗通常容易犯下的形式感崩溃的失误。

一九四五年,再复述一遍,迄今为止,是穆旦诗歌创作数量最多的一年。而七月份,又是这一年里创作量最突出的一个月,几乎占了全年创作数量二十五首中的半数(十二首),可以这样说,七月,穆旦整个身心沉浸在诗的氛围里了。此刻,他接续着四月创作《退伍》的思路,躲在"二〇七师的军营中"[1],冷静地思考着战后农民兵的命运。《农民兵》等诗就是这样在军营中写出来的。一个退伍的战士开始如实地记录、思考一种大规模的现象。过去的行伍生涯让穆旦很清楚农民兵的处境。他对这些被他们的长官们责骂为"愚蠢"的"农民兵"寄予了一个诗人的同情。和以往的晦涩不同,这一次写得极为清晰,没有艰涩的语词,不过稍稍有一点儿正话反说。面对农民兵的现实处境,穆旦出语愤恨,每个句子都包含着他对这个不公平世界的议论。诗人对现实的批判可以说一点儿都不留情面。他这样近乎大声地呼喊:"他们是春天而没有种子,/ 他们被谋害从未曾控诉。"穆旦为农民兵的沉默

---

[1] 穆旦档案之《我的历史问题的交代》(1956),南开大学档案馆藏人事档案查良铮卷。

感到悲哀，对历史赋予他们的必须服役的使命并不以为然。可见，内敛的穆旦一旦涉及现实问题，嗓子的分贝也绝不会压低下来。

七月，穆旦诗歌的主题和整个民族的焦点奇妙地对接在了一起。他把这个月写下的诗歌部分地纳入"抗战诗录"的总标题予以发表。这是诗人一个人的抗战，他的战场在一张质地粗糙的抗战土纸上。且看一下这些诗歌的题目：《野外演习》《一个战士需要温柔的时候》《农民兵》《打出去》《奉献》《反攻基地》《轰炸东京》等。不难感觉到，在纸上，穆旦完全把自己看成了一个孤独的战士。这会儿说他孤独，是因为这样的写作，在中国新诗史上是不多见的。或许其他左派诗人也会写这样的题目，写下类似的诗句。但他与他们处理诗歌的方式判然有别。在诗歌的艺术性上，穆旦的丰富和复杂高出他的同行。

现在，他以一个左派的眼光开始打量"人民"这个词："人民的世纪，大家终于起来／为日常生活而战，为自己牺牲，／人民里有了自己的英雄。"（《给战士——欧战胜利日》）写到"人民"的时候，穆旦也难得地写下了"自己的笑"，甚至过早地写下了"大家的身子都已直立"的理想生活。

他也开始在他的诗中复仇："一个合理的世界就要投下来，／我们要把你们长期的罪恶提醒，／种子已出芽：每个死亡的爆炸／都为我们受苦的父老爆开欢欣。"（《轰炸东京》）诗人非常清楚，"燃烧的大火是仅可能的语言"。换句话说，暴烈的战争须得以暴烈的轰炸来结束。

此时欧战已经结束，东方战场，盟军的战机还在日本本岛轰炸，日本法西斯的战败已是一个不争的事实。在诗歌中"轰炸东京"，穆旦高涨的民族意识，是与整个民族对侵略者的愤恨遥相呼应的。

"轰炸东京"的诗题说起来也颇意味深长。抗战已久，全民族的愤恨不仅表现在文艺作品中，甚至也表现在底层民众的吃食方面——日本宣布无条件投降的消息传到山城重庆，四川民众彻夜欢腾，重庆市民更以其智慧发明了一道抗战菜，取名"轰炸东京"，制作方式不妨照录如下："先在炒好的肉片下面，摆上炸脆的锅巴，然后兜头淋下一碗油汤，顿时引来噼里啪啦的炸响，热气翻滚，烟雾升腾。一时间，'轰炸东京'的吆喝声响彻大街小巷。"[1]重庆多年承受日机的轰炸，此刻，市民以此来消解郁结在心头的愤恨，这也是中国人欢庆胜利的独特方式。

穆旦勤勉地创作，看得出，是一个诗人际遇了一个沸腾的时代，而热血在其中起了很大的作用。但这些时感诗，撇开题材的当代性，毕竟不是深思熟虑之后写出的。它们并非完美无缺，其即兴的成分可以被一目了然地指认出来。

欧洲战场的胜利，使得美国能够腾出更大的人力、物力投入亚洲战场。七月二十六日，中、美、英三国政府在柏林哈韦尔河畔的波茨坦发表了著名的《波茨坦公告》，三国一致要求日本无条

---

[1] 李金荣、杨筱：《烽火岁月——重庆大轰炸》，重庆出版社，2005年，第158页。

件投降，尽快结束战争，但是日本置若罔闻。八月六日和九日，美军分别向广岛和长崎投下世界上仅有的两颗原子弹，十五万人在巨大的蘑菇云下灰飞烟灭。十五日中午，日本本岛响起一个近似哀鸣的声音，日本天皇有史以来首次向民众讲话，接受美、英、中、苏四国联合通告，宣读《停战诏书》。中国人民经过艰苦卓绝的战争，牺牲、消耗了无数的生命和物资，最终赢得胜利，用冯友兰在《国立西南联合大学简史》中的话即："全胜之局，秦汉以来所未有也。"

战争结束了，战争的创伤却远没有医治好，相反，在全民欢庆胜利的日子里，倒是很容易触动既是诗人又是战士的穆旦关于野人山的惨痛记忆。这是人的大脑皮层中常有的波峰浪谷吧。九月，穆旦对此做了一个了结——以诗剧的方式，写出了新诗史上一首直面战争的杰作：《森林之歌——祭野人山死难的兵士》。[1]

> 没有人知道我，我站在世界的一方。
> 我的容量大如海，随微风而起舞，
> 张开绿色肥大的叶子，我的牙齿。
> 没有人看见我笑，我笑而无声，
> 我又自己倒下来，长久的腐烂，

---

[1] 收录《穆旦诗集》时，作者本人将题目改为《森林之魅——祭胡康河上的白骨》并将部分内容做了修改。引文以此为准。

仍旧是滋养了自己的内心。

历史上"中印缅未定界"[1]之间的这一片原始森林,这次是以一个庞大的意象硬生生闯入了穆旦的诗歌。全胜之日,诗人要为三年前那漫山遍野的死亡来招魂慰灵了。

《森林之魅——祭胡康河上的白骨》是一首奇特的诗,它的展开不在一个平面上,也非线性思维,而是立体的和复调的。它类似于西方的诗剧,由"森林"和"人"分别站出来对唱,最后是合唱,组合成一曲安魂的《葬歌》。这是一个庞大的题材,掺合了穆旦本人直接的战争经验。写这首诗的时候,穆旦原先的设想很有可能还要庞大,因为这样的诗剧结构,决定了作品的规模必定是一个大制作。所以我们有理由相信,一九四五年,置身这个大起大落的时代,穆旦拥有建构一首大诗的雄心。如同给了他影响的叶芝,在爱尔兰民族自治运动起义失败后,叶芝敏锐地抓住了一个现实题材,写下了时代史诗《一九一六年复活节》并郑重宣告:"一种可怕的美已经诞生。"叶芝用他的分行将那个时代"可怕的美"固定下来。穆旦熟读叶芝诗歌,也非常清楚叶芝部分抒情

---

1 按:"胡康河谷,本来是我国孟养宣慰司的土地,原名户拱,它的行政中心区域叫孟关,原名孟缓。当时国内报纸,多从英名译音,因而失其真名,三十三年三月二日重庆《大公报》曾经刊载过吴景敖先生的一段更正……我把吴先生所提议的'滇印边境'范围扩大一点,称这一带地方作'中印缅未定界',也许比较合适一点。"见孙克刚:《中国远征军缅甸荡寇志》,云南人民出版社,2008年,第36—38页。

诗类似于诗剧的那种结构，加之共通的时代经验，这很可能也启发了穆旦的文本意识。不过，穆旦关于战争的直接经验，是叶芝和当时的大多数中国诗人不具备的。

从这诗歌的底色判定，穆旦属于现实主义，精神上确乎与鲁迅有相通之处，至于他的那种常被人论及的现代主义，则是穆旦诗歌的一个表征，一种进入诗歌的方法。分析他诗歌的题材，即会明白这一点。他与现实结合得太近的作品，难免给人即兴的印象。但是，野人山的经历，他终生难忘，而过于惨烈的现场感，在心灵的承受上，也需要有一段时间来平复，因而，穆旦在经过一开始的兴奋讲述后，就沉默下来，不愿意去触动它了。此后，穆旦甚至在最亲密的朋友面前，也不愿意过多地谈论。对这一段痛彻心扉的经历，他"淡漠而又随意"，更多的细节则深埋在了心底，等待着一个喷发的时机。三年的沉默期过去了，现在，时机来了。

《森林之魅——祭胡康河上的白骨》既取材于诗人独一无二的个人经历，又以独特的诗剧的方式来呈现；那长久保存在亲历者记忆中的画面，一经触动，即开始转化成一个个词语，一行行诗，进而结构成一篇大制作——对"逝去的六月和七月"，诗歌进行了直接的叙述。

让我们慢慢进入这首以大规模的死亡为代价因而也是纪念这场"对死的抗争"的大诗。

一方面，象征死亡的森林张开绿色肥大的牙齿，等待着人进入；另一方面，"离开了文明""离开了众多的敌人"的人，进入了森林充满敌意的梦中。"一个梦去了,另一个梦来代替"。森林与人的绞杀,在胡康河谷,在诗人的灵魂里开始了。

森林的庞大、繁盛和人的渺小、单一,那是一个力量的对比,恰如两军的对垒。《森林之魅——祭胡康河上的白骨》没有描写厮杀的场面,却从头到尾弥散着一股"温柔而邪恶"的鬼气。作品中,所有的一切无不处在死亡的笼罩之下。"毒烈的太阳""深厚的雨""飘来飘去的白云""杂草""红色小花""不知名的虫类""跳跃的猿鸣,鸟叫""水中的游鱼""陆上的蟒和象""树和树织成的网",这些描写原始森林的意象直接来自穆旦惨痛的野人山记忆。他翻出它们,如同一把撕开结痂的伤疤。而这一切之上,还有:

　　那刻骨的饥饿,那山洪的冲击,
　　那毒虫的啮咬和痛楚的夜晚,

特殊的词语构成了特殊的世界。在这里,无形的死神掌控一切。而死神的要求是"把血肉脱尽"。在死神面前,一方面是"欢迎你来""把你领过黑暗的门径"的磨砺,另一方面,也是直面死亡的强行闯入和穿越。

　　你们的身体还挣扎着想要回返,
　　而无名的野花已在头上开满。

这一画面极具洞察力，可以揪心地看到走过死亡的穆旦悲伤而深情回望死去战友的那一眼。在这两行诗上，穆旦确实学到了奥登传下的诗歌法宝，用他自己后来总结的话说，那就是："诗应该写出'发现底惊异'。"

穆旦不多的几首长诗都用诗剧的形式写成。这是其中最为诡异的一首，它不像同样运用野人山经历创作的长诗《隐现》的高度抽象化，它显得具体可感，也容易把握和理解。它表达的"你们死去为了要活的人们生存"这个战时的主题是明确的。穆旦以"发现底惊异"处理庞大的诗歌题材，最终使得这首诗超越了单一的战争主题而成为一个包含着复杂的死亡主题的庞大象征。

前面已经说过，当穆旦尝试着以诗剧来写作的时候，他内心是存了一个大目标的，这由他心目中作品的容量决定。可惜，不知道穆旦为什么在第六十四行上匆匆结束了这个完全可以抵达伟大而恢弘的大教堂式的作品。"没有人知道历史曾在此走过，／留下了英灵化入树干而滋生。"两个生硬的明显带有结尾性质的句子，和前面生机勃勃的描述不甚相合。也许，这就是一个大诗人的局限，面对一个象征的森林，他丰富地展开了它的幽暗和迷人，他进入了，触及了，却又悄悄地退了出来。他为什么不以他的天才来把它推到诗歌的帕米尔荒原——"用它峰顶静穆的声音"？

最后我们还想说说这一年穆旦的爱情。考察一个诗人的一生，如果忽略了他的爱情，无论作为考察者和被考察者，我们认为，那都是不道德的。

　　长期以来,穆旦被认为是一个不多写爱情诗的诗人。穆旦的爱情诗,大多是经过了情感的沉淀之后写出的,很少有浪漫激情的直接宣泄,也很少即兴创作。这方面,他是那个年代"诗与思"结合得最好的一名中国诗人。在穆旦整个一生的创作中,爱情诗的确不是他的一个主要的创作方向,即使有出色的作品《诗八首》压阵,也不占他创作生涯特别显眼的位置。穆旦即使有爱情的愿望需要倾诉,他也会把它们间接地融化在别的诗行里。他也从来不愿意将爱情写得像早期创造社那样的浪漫和煽情。仔细阅读一九四二年的《诗八首》,我们可以看出他对于爱情的思考。很难想象,这样的年龄对爱情竟然有着这样沉郁的悲观和彻头彻尾的绝望。这被看成是诗人早慧的一个方面。

　　这一年,穆旦有三首诗歌关乎爱情,它们是:《春天和蜜蜂》《流吧,长江的水》《风沙行》。后两首还直接写到了一个女性的名字——玛格丽。这是穆旦创作中唯一提及的一位女性的名字。穆旦把这个名字嵌进他的诗行,既是纪念,也是倾诉或对话的需要。以往,穆旦的诗歌存在着一个虚拟的对话者,有时候是"你"——它可以看成另一个相对客观的"我",或者"我们",即诗人本人;有时候是一个约伯意义上的上帝,但穆旦更喜欢用另一个语词"主"来书写。由于穆旦的非基督教背景,我们觉得这个上帝的来源不是教堂或圣经,而是众多的西方诗歌——有艾略特的,奥登的,可能还有里尔克的,但这回,他的诗歌中出现了玛格丽，一个洋气十足的女性名字。这就使得穆旦的爱情诗落实到了一个具体的女性形象上了。在"玛格丽"这个名字的掩盖下，一个有血有肉的女性——她的呼吸显得咝咝有声；她靠在高楼的窗口；她开始眺望了：

> 流吧，长江的水，缓缓的流，
> 玛格丽就住在岸沿的高楼，
> 她看着你，当春天尚未消逝，
> 流吧，长江的水，我的歌喉。
>
> 多么久了，一季又一季，
> 玛格丽和我彼此的思念，
> 你是懂得的，虽然永远沉默，
> 流吧，长江的水，缓缓的流。
>
> 这草色青青，今日一如往日，
> 还有鸟啼，霏雨，金黄的花香，
> 只是我们有过的已不能再有，
> 流吧，长江的水，我的烦忧。
>
> 玛格丽还要从楼窗外望，
> 那时她的心里已很不同，

那时我们的日子全已忘记,

流吧,长江的水,缓缓的流。

穆旦五月三日写下这首《给M——》(后改为《流吧,长江的水》),五月十七日写下《风沙行》,两诗中都出现了"玛格丽"这个名字:"玛格丽就住在岸沿的高楼""玛格丽和我彼此的思念"(《流吧,长江的水》);"爱娇的是玛格丽的身体""更为雅致的是她小小的居处"(《风沙行》)。这两首诗,穆旦不仅直接描摹了玛格丽的形象,还点出了她的居处。这里标示一下,两诗均写于重庆,而《流吧,长江的水》起初的诗题正是《重庆居》。这个居处,就是重庆某座山顶上一幢面对嘉陵江的粉红色小洋房,穆旦等有外文系背景的中航职员曾给它取过一个英文名:Pink House。站在此处,不仅能够一目了然地看到长江上游支流嘉陵江,还可以看到不远处的山湖坝机场。

"流吧,长江的水,我的烦忧。"此诗有给这场无望的爱情做一个了结的愿望。诗歌的场景在长江边——面对滚滚长江,引发了诗人的愁绪。在这里,滚滚长江是诗人的一个倾诉对象。长江的水一去不复返,这意味着,他的玛格丽,他的爱情,一去不复返。"那时她的心里已很不同,/那时我们的日子全已忘记",很显然,"玛格丽"离开了他。诗人得不到他的玛格丽,"但玛格丽却常在我的心头"(《风沙行》)。长江的水流过去了,思念引发的烦忧却未必流得过去。

关于这个时期穆旦的感情问题，陈伯良的《穆旦传》曾经透露过这样一些信息："穆旦在航空公司工作时，也曾和一个姓曾的女同事相好，女的是金陵大学出身。可是，由于'身份'的不相配，最后导致分手。那个女子和一位名人的儿子结了婚。"[1]这场爱情的结果当然是分手，曾姓女子后来"和一位名人的儿子结婚"。陈伯良写到这些地方，总是语焉不详。我们现在已经知道，"姓曾的女同事"即曾淑昭，"名人的儿子"即胡祖望，胡适的长子。穆旦的女同事曾淑昭是否就是他诗歌中的玛格丽，著者曾经推想过，事实证明的确是她。我们原以为真实的玛格丽消失在一九四五年的时间中了，但是不，若干年以后，大洋彼岸传来了玛格丽的消息，诗的女主人缓缓道出了这一段往事：

> 查良铮一九四四年二月开始在中国航空公司昆明办事处任职员至一九四五年五月。其中一九四四年三月至五月在中航重庆办事处帮忙。重庆办事处男职员住在面对嘉陵江的半山腰宿舍。曾淑昭一九四三年重庆金陵女子大学英文系毕业，十一月开始在中国航空公司重庆办事处任职员，与另外四位女士住在山顶上粉红色小洋房（时称Pink House），自己开伙，条件比男职员宿舍好。其中三位女士为中航空难牺牲的飞行员家属，她们只做一点小工作。由粉红色房子可以看到

---

[1] 陈伯良：《穆旦传》，浙江人民出版社，2004年，第89页。

山湖坝机场。查常被邀到山顶宿舍吃饭，然后与曾一起走下三百级台阶，在长江上游嘉陵江边散步。谈论最多的是共同有兴趣的英美文学，和十九世纪浪漫派诗人拜伦、雪莱、济慈的诗，没有谈中国诗。两人对诗欣赏一致。查于一九四四年五月被调回昆明，曾一九四四年六月被调到印度。后来信很多，多数谈生活和经历，不谈文学。中航邮件当天到，不用邮局。那段时间查写好的诗马上寄给曾看，包括当时用诗名《给玛格丽》《诗》《海恋》《圣者甘地》，后用诗名《流吧，长江的水》和《风沙行》《赠别》《给M——》的作品。查一九四五年五月三日至五月三十日写的诗都在重庆写出。一九四五年九月，查由昆明到重庆，在回北平前将一些照片和诗信手稿留给曾，说"放在你这里可靠，将来见面时再给我"。一九四七年曾托中航出差到沈阳的同事亲手将照片、诗信交还查，但因当时查不在沈阳，结果把装有照片、诗信的大信封带回给曾。[1]

曾淑昭本人于二〇一四年在美国的口述，记录者不是别人，正是穆旦在美国的长子查英传。曾淑昭证实玛格丽（Margaret）就是自己的英文名。引文讲到穆旦与曾淑昭"两人对诗欣赏一

---

[1] 以上曾淑昭二〇一四年口述提供，查英传记录。转引自李方：《穆旦（查良铮）年谱》，载《穆旦诗文集》（2），增订版，人民文学出版社，2018年4月第3版，第387页。

致"，可知曾氏对现代诗也有着极强的鉴赏力。而穆旦对曾淑昭的信任，也证明了穆旦的眼光。晚年的曾淑昭不负诗人的托付，将她珍藏六十余年的穆旦诗作、信件手迹和照片等完璧归赵，交给故人的长子查英传。在这批珍贵的文献中，我们看到，穆旦以中航公司信笺抄录的一组六首诗，在《To Margaret》的总标题下，第一首赫然是那首"光、影、声、色，现在已经赤裸"的《春》，穆旦写下它时，尚未认识曾淑昭，而诗题下一句英文（The same feeling repeated）多少也泄漏了一点秘密。是的，同样的情感在重复。

相关的诗歌分析表明，穆旦与曾淑昭的爱情始于一年前。一九四四年六月一日，穆旦将写好的《赠别》一诗自昆明寄给了时在重庆的曾淑昭。但这场爱情似乎一开始就情况不妙，诗歌中充满了"你的美繁复，你的心变冷""我徒然渴望拥有"（《赠别》）这样的句子。需要提及一下，穆旦写过好几首《赠别》。此作明显地受到了叶芝名诗《当你老了》的影响。"等你老了，独自对着炉火，／就会知道有一个灵魂也静静地，／他曾经爱过你的变化无尽，／旅梦碎了，他爱你的愁绪纷纷。"这些诗句，当年的读者未必清楚，现在大家都明白了，它们几乎是叶芝早期爱情诗的一个翻版。猜想不仅仅是叶芝揪心的诗句，还有他那长期追求毛特·冈而深陷绝望的爱情，一定深深地触动了穆旦。但这种触动，这种明显的叶芝烙印以及奥登烙印，今日也引来了一些质疑。此不赘述。

一九四五年上半年，穆旦仍然渴望爱情。尽管，曾淑昭劝他"有合适的小姐不要错过"[1]，他也违心地劝她"有合适的boy也不要错过"[2]，但他对她仍抱有一种幻想："我幻想一种生活，我们快乐的在一起。我想这不会很难……"[3]的确很难，很快，诗人"因爱/而遍受伤痕……"(《甘地》)爱情的最终结局，从六月七日晚所写的另一首《赠别》，我们可以窥见诗人的一丝不无伤感的离别之情：

> 既然一切是这样决定了：
> 我们的长夏将终于虚无，
> 你去了仍带着多刺的青春，
> 我也再从虚无里要回孤独；
>
> 面对着你，我心的旅程沉没
> 在一片重凝静止的潭水中，
> 具体的化为抽象，欢笑逝去了
> 却又不断地回来在这里固定；
>
> 留下火焰在你空去的地方，

---

1 穆旦致曾淑昭，1945年4月10日，《穆旦诗文集》(2)，人民文学出版社，2018年，第153页。
2 同上。
3 同上，第154页。

成熟的将是记忆的果实；

当分离的日子给人歪曲和苍老，

那从未实现的将引我们归去。

此诗曾抄寄给曾淑昭，因此我们有理由认为诗即为她而写。穆旦曾在信中对曾淑昭充满期待地低语："只要时机好一点，什么都可以实现了。"[1]可是，时局越来越坏，爱情，终究是一场空，而杜鹃啼血，也终究要化为诗句。"具体的化为抽象，欢笑逝去了"。玛格丽由此成为穆旦诗中一个抽象的符号。

二〇〇四年一月，我在清华大学教师宿舍采访联大诗人郑敏女士，请她回忆穆旦早年的爱情生活。郑敏想了一下，说：穆旦的感情生活是很丰富的，在西南联大的时候，在一个又一个的人生阶段里，穆旦的感情波动很大。郑敏谈得比较模糊，说完她又给我强调了一下，说，她只是凭那个时候的感觉记得这些。回过头来，生怕引起我的误解，郑敏又着重给刚才的这句话加了一个"旁注"：不是说那时候穆旦同时有很多女朋友……。郑敏的意思我后来明白了，她想告诉我的是，穆旦渴望爱情，他一路走来，可能谈了几个女朋友。他散掉一个，接着谈一个，可还是不成功。

---

1 穆旦致曾淑昭，1945年4月10日。《穆旦诗文集》（2），人民文学出版社，2018年，第154页。

这个印象后来在对杨苡的采访中也得到了证实。杨苡比郑敏更熟悉穆旦，她说得也更坦率，以下我们引述易彬对杨苡等的访谈：

> 穆旦写信给我时曾谈到当时的恋爱失败。我和江夫人曾给他数，究竟爱过几个，也没数清。"玛格丽"可能并不一定代表一个女人，而且这些并不重要。因为有的很短暂。穆旦早年有过多次恋爱经历，但他绝不是唐璜式的人物。他是得不到。[1]

在重庆，杨苡目睹了一次穆旦的失恋。在晚年出版的一部口述自传中，杨苡说，她曾收到穆旦的一封信，"说到他的失败感，说最后都是女友主动离开他的"，"记得里面说他失恋后一个人孤零零在房间里，扑倒在冰冷的床上。信上没说名字，但我想应该是指曾淑昭。他和曾淑昭的事很多人都知道"。[2]这后一句话很重要。换言之，穆旦与曾淑昭的恋爱关系那时是公开的。至少，在穆旦的朋友们看起来就是这样。爱情很容易伤神。穆旦与曾淑昭的这一段隐隐约约的恋爱经历，现在终究很难复原。杨苡无意中目睹了穆旦在曾淑昭那里的一脸的失败感，也见证了诗人的孤独

---

[1] 易彬：《"他非常渴望安定的生活"——同学四人谈穆旦》，《穆旦研究资料》（上），知识产权出版社，2013年，第81页。

[2] 《一百年，许多人，许多事：杨苡口述自传》，译林出版社，2023年，第341页。

以及对于美好的家庭生活的渴望。[1]

穆旦的两首写给玛格丽的诗,到底归属于何人,在时间的长河里,确乎也显得不那么重要了。在文学作品中,所有的女子可以说都是同一个女子。当这些和诗人的生命有着神秘关联的美丽女性催生了诗歌之后,她们的使命仿佛已经完成。她们最终都离开了诗人。穆旦的玛格丽也不例外,但是在他以痛苦的血肉制成的诗歌中,她们从来不曾离开,光辉的女性继续延续着时间长河里隐晦的生命。这是属于诗歌和诗人本人的一个秘密。

事实上,穆旦与杨苡之间,一度有比较密切的交往。自从杨苡与穆旦在高原社的一次诗会上认识以后,杨苡对穆旦一直是钦服的。杨苡喜欢穆旦的诗,也就特别关注穆旦。在杨苡的心目中,穆旦不仅是最难考的清华出身,而且"长得又帅",这都是让她对穆旦侧目的原因。可以说,杨苡对穆旦一直存有好感。杨苡一辈子都记得穆旦跟她打趣的话:T字(清华)香,P字(北大)好,N字(南开)头的没人要。

穆旦与杨苡真正走近,不是在昆明,而是在重庆。穆旦回忆重庆时期的生活时,无例外地,他提到了杨苡:

在重庆时,其他的社会关系尚有杨静如(在中大读书),

---

[1] 杨苡不知道玛格丽就是曾淑昭,我跟她聊天时告诉了她。杨先生沉默了一下,问我,长得好看吗?我将晚年曾淑昭的照片拿给她看,杨先生默默地注视了一会儿,没有说话。

陆智常（在南开中学教书）、曾淑昭（中航同事）、何怀德（中航同事），和他们都时常来往。[1]

两个人其实都是迫于生计而到重庆的。穆旦刚回国，为了赚钱糊口，他急于做事，重庆是战时国民政府的首都，求职的机会自然要多一点。而杨苡呢，那时已经结婚，她是"不想和赵瑞蕻老在一起"，于是带着刚出生的孩子到重庆投奔母亲。巧得很，他们共同的朋友巴金和萧珊也在重庆的文化生活出版社做事。正是萧珊，一天晚上约来了穆旦，哪知穆旦因跟赵瑞蕻绝交过，也许他觉得不好意思，到时间点了，磨磨蹭蹭居然不愿过来。还是萧珊有办法，她寻到一个小酒馆，竟然把穆旦给找着了。杨苡跟穆旦又一次见上了面。很多年以后，杨苡还记得那个场面，"见面之后，他（穆旦）不说话，我也没话，挺尴尬的"。这种尴尬其实是穆旦面对"赵瑞蕻夫人"心里还有一点芥蒂。好在有萧珊的地方总不会冷场。那个晚上其实赵瑞蕻不在。第二天，他们几个再约，一起到冠生园吃点心、喝咖啡，穆旦这才和赵瑞蕻和好了。他们的关系随即也就融洽起来。可到付账的时候，穆旦发觉装着钱包的外套落在办公室了。好在他的办公室离此不远，他急急忙忙跑去取来钱包，付了账。

穆旦说杨苡"在中大读书"，他记得没错。中大在沙坪坝，面对嘉陵江，一江春水向东流，年轻人很容易引发离愁别恨，而作

1　穆旦档案之《我的历史问题的交代》（1956），南开大学档案馆藏人事档案查良铮卷。

为诗人的穆旦或许更能感受到这种孤独，恰好，他的中学同学陆智周的哥哥陆智常在那里的南开中学教书，孤独的诗人需要倾述，郁结心头的愁眉也需要舒展，特别是面对异性的倾述，更能抚慰年轻的心灵。说到底，穆旦也没别的地方可去，于是，他就经常性地去找陆智常。然而，初为人母的杨苡敏感，她就认为穆旦对她有好感，在她的感觉里，与其说穆旦是来找陆智常，不如说是来找她，找她杨苡聊天。穆旦呢，他只是本能地感觉到，年轻的身体里有一种彻骨的孤独需要排遣。总之，不管怎么说吧，那段日子，穆旦、杨苡、陆智常，他们三个，面对滔滔滚滚的嘉陵江，隔三岔五，常有倾心闲谈的机会：

> 穆旦从城里来，交通不便，每次都是住陆智常那儿。在外面逛，或是坐茶馆，我们三人一道。三个人站在嘉陵江边，看日落，看江景，聊各种话题，从自然风景到南方人、北方人，随意地聊。[1]

一九四五年四月六日[2]，穆旦离开重庆前，他再一次到沙坪坝找陆智常和杨苡。他是来告别的。杨苡回忆：

---

1 《一百年，许多人，许多事：杨苡口述自传》，译林出版社，2023年，第340页。
2 作者根据杨苡回忆"那天是穆旦生日"推算。穆旦生日是农历二月廿四，过去一般按农历过自己的生日，这里已换算成公历。

陆智常找个借口避开了，让穆旦一个人来找我。那天我是有课的，也并不知他要来，下了课就见他在松林坡下面，同行的同学有人就朝我使眼色，说有人在等你哩。那也是我和穆旦为数不多单独在一起说话。就坐在嘉陵江边上的小茶馆里，对面就是盘溪，我们看着对面的景，聊了很久。聊诗，我把我写的诗给他看的，请他提意见，他指出了一些毛病，但看我悲观兮兮的，还是鼓励的吧。那天是穆旦的生日，也聊个人生活上的问题，都有很多苦闷，就互相说。……穆旦半真半假地说过，我们的关系"More than friendship, less than love."。我也是这么觉得，他说得很对。[1]

杨苡晚年很坦率地回忆了她与穆旦之间的交往。他们两个都是天津人，都学外语，都爱读翻译作品，也都爱诗，聊得到一块儿。在各自晦暗的青春期，两人互相成为谈话的对象。穆旦很好地总结了这种关系：友谊超过一般的朋友关系，但又不抵及爱情。杨苡自己也认同这么一个定位。其实，异性之间的这种关系，友谊最是久长。

多年的战争改变了人们的生活状态，使得原先的婚姻关系变得异常脆弱，更遑论尚未走到婚姻这一步的爱情了。战时的重庆，

---

[1] 《一百年，许多人，许多事：杨苡口述自传》，译林出版社，2023年，第341页。

随着国民政府迁都于此,大量外来人口蜂拥而入,许多原本固定的家庭被迫拆散,在一个新的地方,重新组合一个新的家庭,有名的"重庆之家"就这样应运而生。这样组成的家庭,具有非常态下临时过活的性质,家庭成员之间,原先的婚姻关系基本上都没有解除。这在当年是一种普遍的存在。毫无疑问,这是战争加重人生幻灭感在爱情或婚姻上的一种表现。这一切,不可能不反映到穆旦的诗歌创作中。

一九四五年,穆旦的现实题材明显加重,这固然与他置身在一个特定的时代有关,同时也是他一以贯之的诗歌注意力所致。作为二十世纪四十年代艾略特和奥登在中国最好的传人,两位英语诗人不仅在修辞上给他影响,还在题材开掘上对他有潜移默化的作用。特别是奥登写于中国、以中国的抗战为题材的《战时》十四行组诗,是穆旦反复学习的样本。穆旦卓越的英文,使得他能够很自如地领会原作的精髓,一些如"野外演习""反攻基地""通货膨胀"(仅从诗歌的标题上考察)之类的时代语汇,开始大量在他的诗歌中出现,这些非诗意的措辞习惯,曾是奥登作品的一个标志。显然,穆旦愉快地接纳了奥登的这个癖好。

穆旦是现代中国比较少地使用第一人称代词"我"以及这个主观的"我"发出的廉价的"啊"的一个诗人。本年度他创作的二十五首诗歌中,只有《忆》《春天和蜜蜂》《风沙行》《反攻基地》等不多的几首在低沉的声调中使用了"我"。这个"我",相比于他其他诗歌中理直气壮的"你""我们"等人称代词,仿佛一个羞涩的小男孩躲进了一个偏僻的角落，声音是那么微弱，因此，他的这个"我"，发出的声音其实并不那么引人注意。这或许就是穆旦渴求的艺术效果。作为能与世界诗歌潮流对话的不多的几个青年诗人之一，穆旦清楚他那个时代的诗歌走向，他熟悉T.S.艾略特的规诫："诗不是感情，也不是回忆，也不是宁静（如不曲解字义）。诗是许多经验的集中，集中后所发生的新东西。"（艾略特：《传统与个人的才能》，卞之琳译）尤其是："诗不是放纵感情，而是逃避感情，不是表现个性，而是逃避个性。"（同上）当然，聪明如穆旦，自然理解"只有有个性和感情的人才会知道要逃避这种东西是什么意义"。（同上）

一九四五年五月，穆旦请辞中航公司。多年以后，他给出的辞职理由，嫌"它是商业机关，没有'前途'"。[1]还有，中航"人多陈腐"。[2]说起来，穆旦觉得好笑："我和一年青同事看《新华日报》，亦为公司中人所歧视。"[3]《新华日报》是共产党的机关报，当年的发行量不算大，不过，弄到它也不难。但这种来自意识形态方面的"歧视"倒不是他辞职的根本原因，关键还是诗人"人事上处不好"[4]，大受排挤，心里憋气，再加上老上级的招呼，他就又

---

1 穆旦档案之《历史思想自传》（1955），南开大学档案馆馆藏人事档案查良铮卷。
2 同上。
3 同上。
4 同上。

去了军队。那时欧战已经胜利，抗战即将胜利，而军队手里操持着会说话的家伙，很吃得开。

得堂兄查良钊传话，杜聿明首肯，穆旦重回罗友伦手下工作。"他（罗友伦）又答应有机会和我去美国，在他那里也可以自如地读书和写诗"。"去美国""读书""写诗"，三者都是穆旦的心愿。特别是留学，他早已心有所向。

重回军队不过三个月，抗战胜利，昆明欣动，爆竹声中夹杂着大炮的轰鸣，人民喧呼歌唱，举国欢腾。诗人亲历"每一步都是欢欣"（《给战士——欧战胜利日》）的伟大时刻，短短几个月，怀着火热的激情，一连串的时感诗喷涌而出——他也终于写下了那首终结野人山经历的大诗《森林之魅——祭胡康河上的白骨》。这正应了他写给唐振湘的那句话："现在是，不是先有文学兴趣而写作，而是内中有物，良心所迫，不得不写一点东西的局势。"[1]

一九四五年，这诗与爱的一年，说不得的只有穆旦的爱情。爱情没了，另一种爱还在。还是老朋友王佐良最了解他的心事：

"这些日子他所想的可能不是他的诗，而是他的母亲。有整整八年他没见到母亲了……"[2]

---

[1] 穆旦致唐振湘，1944年11月16日。《穆旦诗文集》（2），人民文学出版社，2018年，第151页。
[2] 王佐良：《一个中国诗人》，《穆旦诗集》附录，人民文学出版社，2001年，第119页。

第十六章

北 归

一九四五年十一月二十一日,一辆军用吉普车开出昆明,沿着湘黔滇公路,一路向北颠簸,往长沙方向疾驶而去。穆旦一身中校的军装,安坐在吉普车上,旁边,是他的老上级——七个月前转任二〇七师师长的罗友伦。翻越野人山的共同经历,以及这几个月来承穆旦教他学习英文,使得这位军中儒将渐渐地把穆旦当成了他的朋友、弟兄看待。

一长溜烟尘中,一个车队,拢共五辆军车,前呼后拥,前后照应着,在黄沙覆道、坑坑洼洼、灰尘蔽日的简易公路上摇摆颠行。

抗战胜利,凶残的日本兵现在个个低眉顺眼,不再构成威胁,但遍地的盗贼却如雨后春笋似的冒了出来。月前,贵东马场坪一带,就曾劫去中国银行七千万钞票;眼前的这一条湘黔滇公路上,劫掠日有所闻，这早已不是什么新闻。这次师长亲赴北地，路上也怕抢劫，可知抢劫之风来势之汹汹。沿途，不断见到行旅高如山积的车辆上，车身尽管喷着"复员专车安全第一"八个醒目的油漆大字，可都把枪架在了车上警戒。罗友伦行伍出身，行事缜密，对于安全，一向警惕，故此次出行，前后左右，警卫的跟随自然少不得。穆旦坐在车上，回头一望，见"后两部是卫护车，有冲锋枪十多支，前后接应而行，一如赴战地然"。这就是军队的特权吧。但据说，劫匪连军车也抢。

"路上到处怕抢，离现代国家还是太远了！"穆旦听到师长的叹气声了。

穆旦陪同罗友伦北返，他也想乘此次胜利复员的机会，回家去看一看八年未见的母亲。虽然这几年，他每隔半月，即寄去一张明信片，报告自己的行止；领了薪金，也必定汇去接济父母与妹妹的生活，但毕竟八年未归故土，思念的根茎已经抽得很长很长了。

第一天行程结束，歇于普安。次日继续北行，费一天时间安抵贵阳。又两日，于霏霏细雨中抵芷江小城。芷江在沅水北岸，为湘西之藩篱，因八月二十一日受日本无条件投降而闻名，此时，时令上已是酷冷的严冬，穆旦随队住了两天，出于对这个英雄小城的敬意，他独自去城里逛了一圈，一路所见，无非瓦砾遍地，处处残垣断壁。不过，一些新修的房子也开始矗立起来，新与旧，就这样纠结在一起，也像极了这个枪弹遍布、百废待举的国家。

路口和一些小巷里，还插着空军SOS的警示牌，算是与"受降"有关的遗迹了。街上也能看到零星的美军和其他友军的身影。那天晚上，穆旦中航公司的同事、一位处长尽地主之谊，约他吃了一顿饭。席间，穆旦听得这位前同事抱怨，说他在这暴得大名的小城，不是送军火，就是迎来送往礼送要人，累得腰都快要断了。饭局上，前同事还叫了几位华西大学、同济大学征调出来在芷江后方医院服务的小姐陪席。第二天无事，穆旦去小姐们服务的医院走观，也听她们抱怨。她们倒不抱怨此间简朴的生活和单调的环境，而是看到服务的医院里被病兵占满，兵士们治好了病却不愿意离去，以致现在没什么病好让她们去医治了。

两日后，穆旦离开芷江，经由安江、宝庆、湘潭而直奔长沙。离开昆明十二天后，他们终于到了长沙地界。车行速度之缓慢，简直超出坐车人的耐心。这里，除了路况的不良之外，一些地方的公路大桥战争中遭到破坏，一时修复不了，只好用摆渡船把车子像蜗牛一样缓慢地摆渡过河。在湘潭摆渡的时候，穆旦留意到开船的竟然是一个日本俘虏兵。这一路上，他也不断地看到这些投降的日俘。在长沙街上，他发现，有一辆卡车一直紧跟着他们的车队，驾驶员正是一个日本人。"战争真是一个奇怪的东西，"穆旦对罗友伦说道，"两年前，一年前，想一想，有个日本兵在我们的车子后面，那是什么情况？"战争的荒诞，战争的教训，藉着一个个被毁县城的活生生的画面，在穆旦的意识里闪过。

穆旦是十二月三日晚上来到长沙南门外的。他对长沙不陌生，八年前，北平南下，学校曾在长沙逗留。所以，经过一天的颠簸之后，在又冷又饿又不耐烦中瞥一眼长沙的老南门，简直不敢相信已经到长沙南门了，此处，哪有当年熙来攘往的繁盛景象。他看到的，只是一些遭轰炸之后临时搭建的低矮木板房，到处是断墙，大街清冷，有士兵横拿着上了刺刀的枪，站在自己的岗位和街口警戒。车队从南城经中山马路、北大马路、北二马路，停到了一家预定的旅馆门口。当晚，穆旦住宿在这家名为"国胜"的旅馆里。

穆旦此行，还负有《独立周报》一个"特约记者"的身份。这可能跟他与周报的关系比较好有关，报社于是特别托付他有关采写任务。所以，一旦安顿下来，他就要用他诗人的敏锐眼光到处去打量一下。他来到长沙的街上，看到沉默的市民从逃难中回来了。为了安顿残破的家园，他们在废墟上默默地盖着茅草的房子，继续过着这穷苦破烂的生活；而以前民众听到也会胆寒的日本兵，这会儿个个衣衫褴褛，或在清扫街道，或拉着一车的断砖破瓦，帮助中国人修桥铺路，以获取一点点活命的收入。穆旦对这些又可恨又可怜的日俘，不免多看了一眼：

……这些日本人，这些矮鬼，有的皮鞋坏了，脚上是用他自己军装缝起的鞋子，全身脏污，有的站在小摊旁吃东西，有的在街上推着大车，在人群中走过，无所表情，有的蹲在墙下晒太阳，和中国士兵谈天，那种无所归依的样子，那种失去了人的体面的样子,你就希望"赶快走吧",最好别再看见他,你希望他们赶快回国去,你不由得可怜,这种感情又似乎不对。(穆旦:《从昆明到长沙——还乡记》)

他来到湘江边,看到江上又织满了船桅,磕磕碰碰,这条开走了,那一条又适时地插入,船舷碰着船舷。岸上的鱼摊上,照例散发一股咸鱼的腥臭,挥之不去。人们重新聚拢来,馊臭的汗味儿,老烟的辛辣味儿,还有就是这股浓烈的咸鱼腥味儿,交织在一起。不得不说,老长沙的气味——随着拖儿带女一家子的回城——又回来了。而一个令人担忧的事实是,一天比一天高涨的物价,也从昆明带到了这里。穆旦了解了一下,发觉就在这五六天中,长沙的米价,由五千元暴涨到了九千元。攀升速度之快,令人咋舌。

到处是焚毁的城市和流离失所的人民;在长沙,穆旦看到战败国的俘虏在卑污里挣扎讨生活。这些昔日的仇敌淹没在他们曾经践踏的人群中,现在又一道来收拾这一场破烂,不由得让他思考战争的本质。确实,战争有什么意义,人类何必通过战争来把好的破坏,再来共享这种破坏?当夜,躺在国胜旅馆的床上,他翻来覆去,哪里还睡得着。他掏出钢笔,笔走龙蛇,在长沙写下了这《还乡记》的第一篇:《从昆明到长沙》。此时,已是十二月四日。

乘着军用吉普车,穆旦继续北行。下一个到达的大城市是武汉。这是十二月底的一天，按公历计算正是年尾。武汉的天气冷得很，长江上的冷风横刮过来，小刀子似的剜着人的皮肉。不过，因为要过新年了，而且还是神州光复后的第一个新年，国民政府在武汉的各机关比较重视，门口都扎上了彩牌以示庆祝。

穆旦到汉口已经第三天。一路的疲累稍有缓解，可以到处逛逛了。很奇怪，经历了这么一场战争，汉口的跳舞厅、影剧院、饭店、百货公司都还在，高楼大厦也都还在，所不同的是，英、法、美这些盟国的旗子也还插在孤岛似的高楼大厦上，不过毕竟现在是盟国的旗帜，看上去也顺眼一点了。旗子还在屋顶飘扬，下面的房子却空无一人，房牌也都换上了空军、海军司令部以及某某公署等政府机关的招牌。这是一个很光鲜的汉口，权力机关也开始占地盘了。可另一个见不得人的汉口也在滋长，妓女和暗娼，穆旦发觉此地多得惊人。这一圈逛下来，他心里有数了，提笔给一个住在外地的汉口老朋友写了一封信：

> 你是一个老汉口，也许想知道一下这地方破坏的情形。如果是怀旧，那你大可以放心，这地方还是老样子，尽管旧日租界是全部炸毁了，沿江码头，旧英租界，也炸坏很多，可是汉口还是老汉口，还是高楼大厦，还是带铃的包月车在柏油路上飞驰，弄堂里二房东、三房东的生活还是在那旧的轨道上转，他们七八年就始终没有离开过抽水马桶和后门的楼梯。我们去了又来了，日本人来了又去了，这在他们也许

像是"出将""入相"似的看了一出戏。这其间的血泪,痛苦,斗争,绝望和新生,在他们竟隔了一层,因为他们在"自私"的围墙里始终可以过得"很好"的缘故。

也许有人以为我说得过分了。一点没有。假如你和战争整整密切地接触了八年,东奔西走,你觉得你是尽力为了国家,有了一点功劳至少足以使自己感到骄傲,那你就来到老汉口的街上走走吧。这里人来人往,仕女如云,你早已沉没在里面,而一条旧的路重又等着你去钻行。在汉口你就会感到旧日的生活的威胁,你看着每个人的脸上,似乎都写着:"去吧!管你自己的事情去!"(穆旦:《岁暮的武汉》)

这是穆旦从一个"和战争整整密切地接触了八年,东奔西走……为了国家"的个人发出的对老汉口那些个"二房东、三房东"的批评。"二房东"在那个年代是一个很不好听的名词,大家都知道他们从中剥削、吃差价,更不用说还有"三房东"了。

穆旦在中航公司待了一年零三个月,也结交了一些朋友。汉口就有一个,这次顺道路过,反正也没事,他就去看这位朋友。哪知朋友因正被"二房东"欺负而抱怨。"二房东"涨租价的手段,一般就是谎说有亲戚要来住,他这房子这几天收回,请租住者往别处租住。穆旦的这位朋友正好遇到了这种事。谁知道这些见钱眼开的"二房东"是否真有亲戚来住呢。

每到一地,书店是穆旦必要去转一转的。在汉口,他就走进了刚从重庆分来的文化生活社。这出版社是巴金创办的，而巴金夫人陈蕴珍（萧珊）是他联大时期就结识的好朋友，为的这个缘故，加上文化生活社选译的外国名著特别精当，他就感到有一股特别亲和的吸引力。看到有人进来淘书，老板自然高兴，一搭话，两人就聊上了。穆旦记下了老板的感叹："荒凉呵！荒凉呵！这里简直没有人买书。"汉口是商业城市，比不得战时的重庆，一大批文人云集在那里。

也许穆旦记起了自己的"特约记者"使命，这次复员北归，有一个地方，有一群人，他必定会多看一眼，那就是日俘以及日侨。汉口是租界城市，有日本租界，战前很多日侨居住在这里。通往旧日租界的街道以前热闹非凡，现在冷冷清清。当穆旦走入日侨的居地，就开始发觉了它的热闹，这里，一个个草棚连起来的是商场，正在拍卖准备回国人家的日常用物以维持现阶段的生活。穆旦仔细地看了拍卖行，发觉里面独多日本花衣、古董、漆器、手表、日文与英文书籍，可以说应有尽有。此地料理店的生意也不错；有一个野川牙医所，店招挂在简陋的室外，很吸引穆旦，他忍不住多看了一眼。与店外的简陋、吵闹完全不同，牙医所里干干净净，也安安静静，木板钉的桌凳，摆着茶具和茶点，墙壁上，点缀着日本的素画，或者是一棵装饰着梅花的假树，呆板的墙壁忽然就有了生机，室内的一角，留声机依然播放着西洋乐曲。这种精致，即使在中国的上流社会，也还是不多见的。有两个细节引起了穆旦的深思，一个是他看到街口三四个少女在为无衣食的日人劝募,另一个是日本的小孩,尽管衣着已大不如往昔,但仍然兴高采烈地在街上掷皮球玩耍。看到这里,诗人的心里起了波澜:

　　人在怎样的情形下都要生活,这一群集中的亡国侨民,由骄横忽然降为卑屈,由豪华忽然赤贫而濒于饥寒,而他们还竟过得这么有声有色,使你不由不对他们的弹性得一深刻的印象。(穆旦:《岁暮的武汉》)

抗日战争,中国因全胜之局,国际地位明显提高,军人的地位尤显特别。此次穆旦身穿中校军装复员,一路上备受瞩目。吃饭的时间到了,当他走进汉口郊外一家小饭馆,三个正在饮酒吃饭的日俘立即起身敬礼。原来,"盟军规定,日俘遇见战胜国的军人,不论对方阶级高低,都要敬礼,而对方不必还礼"[1]。此刻的日人很会揣摩中国人的心理,其中的一个还满斟一杯来敬穆旦,非请他饮下不可。穆旦推辞不了,也就接过,一饮而尽。看到穆旦喝下了酒,三个日俘便围在他身边,敬酒递烟忙个不亦乐乎,热烈地邀他到他们的桌上去吃。穆旦不愿同席,三人干脆把酒菜统统搬到了穆旦的桌子上。吃饭的时候,穆旦问一个名叫吉岗的年轻日俘:"为什么要打中国呢?"这位曾是军曹的东京帝国大学理科

1　王鼎钧:《关山夺路》,三联书店,2013年,第77页

生摇摇头，告诉他："我奉上面命令来，不明情势。日本不好！"另一位曾是准尉的日俘对穆旦告诉他们"日本侵略不好"若有所解地点头不止。

这是很纪实的一幕。两个交战国家的年轻人终于放下了不久前"双方都有的那种bravado（故作勇武、虚张声势）、那种故意暴涨的精神"，回复到人性的一面，日常生活的一面。穆旦可贵的一点，即使在民族主义高涨的年代，他也没有民族主义的狭隘和片面，他总是站在人性的高度上来认识和反思这场战争。

汉口不是穆旦此行的目的地。他的最终目标是北平，回到父母之邦。原来，日军占领天津期间，查燮和李玉书夫妇迫于生计，出售了天津恒德里的老宅，现在正租住在北平。穆旦北归的计划是这样的：汉口乘轮船到上海，再由上海坐火车或乘海轮北上回家。

他在汉口滞留的时间不会少。他像很多不得不在旅馆里长住下来的住客一样等待下一班载客下行的轮船。但是，令人绝望的事实是，他的前面至少有八千多个人在排队等着回家。轮船呢，半个月都不见一艘到来。想想回家还有这么长的路程，他茫然而绝望，不知所措。

焦急中他想到了自己的老东家中航公司，朋友B告诉他，根本没有飞北平的飞机，因为公司压根儿就没有这一条航线。货运的飞机是有的，但不售票。不过这也说不定，中国的事情，谁知道呢！

那是一个早晨,他路上又一次碰到这位朋友,朋友知道他急着要回家,故意逗他:"有一架飞机去北平,你坐不坐?""当然。有希望吗?"看到他急不可耐,先就笑了:"你太晚了,旅客这时已在飞机上。"他知道朋友在调侃他。他也不以为意。反正也没有事,一边陪着他来到中航公司,一边免不了一路抱怨。可就在这时,机场开来一辆卡车,人们告诉他,去北平的飞机改为明天起飞。这正是一个好时机,那就看他的本事了。

他向司令部告了假,又去汉口郊外的旅馆里取来行旅,还办好了公函,带着忐忑不安的心情走进航检所办坐飞机的手续。他好话说尽,没用。"等两天来看看吧!"这已算是一句安慰他的回话了。带着懊丧、无奈、恼怒,拖着疲惫的身体正准备重回郊外的小旅馆,忽然,耳朵边传来一声:"老查,是你!你怎么来到汉口!"这一声"老查",叫得他心花怒放。原来他的一个老朋友,正是这家航检所的所长。

简直是戏剧性的巧遇。看来,中航公司这一年零三个月的时间他没有白待。五分钟后,他拿到了航检所的批准,订到了这架由行政院长包用却尚有几个空位出售的飞机。此时,已是一九四六年一月五日。

一月六日,正午,飞机经过数小时的飞行到达北平上空,在天空中看到了八年未见的故都,他像大家一样,热泪在眼眶里打转。他不是一个喜欢抒情的人,这会儿却忍不住,心里翻滚着这样的句子:

下面是无际的原野，静静的原野，为厚厚的白雪盖上的
　　原野。
下面是银白色的，在冬日的阳光下闪闪发光，金光刺眼。
下面是村庄点点，道路纵横，笔直的田垄在雪中画了一
　　个整齐的棋盘。
你想象这一面平原就是敌人八年中密密层层包围里的华北，
你想象那下面的每一小块地方就是游击区，而现在，
这一片静静的农村和田野就是国际间的一个严重问题，
你想象那小得看不见的人正在下面拆除铁轨，
敌意正在下面坚固的存在，和飞机中的人正是两方面，
你想象这就是国家的宝藏，我们血战八年
所由来的，所渴望回转的人民的故乡……[1]

　　北平，西苑机场到了。突然，他沉默了，他说他像中了魔咒。北平还是以前他求学时的北平，不过更旧了，寒冷依旧，也或者，加倍寒冷了。此刻北平正是"洪水，猛兽得意的地方"。说白了吧，抗战胜利三个月来，北平的物价升高了二十倍，并且还在攀升。这其中最受苦受难的还是小老百姓，他们从吃肉吃素菜到现在也只好吃咸菜、吃盐巴了。

1　按，这十行诗，原文不分行，出自穆旦散文《回到北平，正是"冒险家的乐园"》，原载1946年2月1日《独立周报》，由著者分行而成。

那么，胜利，难道是一个噩梦？

回家了，穆旦看到他的小侄子、小侄女们因吃不到油而叫苦，看到伯父因他的一小幢房子要征收房捐而发愁；一般的中产之家，一转眼而沦为赤贫，而贪官污吏们，纠集着一帮奸商，处处囤积居奇，一个个成了巨富。

这世界会好吗？哪里又是他一再寻找的乐土？

第十七章

远 行

抗战胜利，穆旦所在的以知识青年军为主体的二〇七师在师长罗友伦的带领下，从云南曲靖出发，通过汽车运输，行军三千里而到达长沙，又以火车及民船，水陆并进来到汉口，再分乘轮船至上海。路经南京的时候，二〇七师官兵上岸，整队去中山陵谒陵，向孙中山先生致敬。在上海，二〇七师乘美军的登陆艇开赴秦皇岛，最后，转乘北宁路火车出山海关，来到冰天雪地的东北，接收驻防。

一九四六年初，在北平闲居了一个多月，闻知军队的动向后，又加上罗友伦的召唤，穆旦穿上那件御寒的毛领大衣，匆匆告别双亲，入关报到二〇七师师部。不过，他心里已经有了另一种打算，"我和徐露放（二〇七师政工队员，现在北京中茶公司）请求以二〇七师复员青年军名义办一民间报纸"。[1]穆旦和徐露放的这

---

[1] 穆旦档案之《历史思想自传》(1955)，南开大学档案馆馆藏人事档案查良铮卷。

个共同的请求得到了罗友伦的同意，于是，诗人来到锦州，旋即又回沈阳，开始了他的报人生涯——《新报》的筹备工作正在有条不紊地进行当中。

起初，他们想办一张《东北日报》，当局不同意，认为日报应该由政府办，于是预办的《东北日报》易名为《新报》。罗友伦挂了一个董事长的名头，他唯一的要求是要手下办成一张为老百姓说话的报纸。他不干涉事务，相反，在找房、筹款、纸张供应等方面还帮了不少忙。《新报》由徐露放任总经理兼社长、发行人，报纸的行政事务由他主持。穆旦任总编辑，"主持编辑部，负责编辑方针、社务、人事及资金等事"。[1]看来，《新报》的业务、资金和人事都在穆旦手里。不过，连穆旦自己都承认"我和徐露放的职责并没有很清楚地划分"。[2]徐露放是二〇七师的政工队员、文字秘书，穆旦在曲靖二〇七师师部时与他多有接触，穆旦曾列此人与杜聿明两人同为他那段时期的历史见证人。《新报》一周年的时候，徐露放撰文述及创刊情形，他提到了穆旦：

我和我的好友查良铮兄等四人在冰天雪地里奔跑，为了房屋跑遍锦州，到处碰壁。为了人才煞费物色的苦心；为

---

1 李方：《穆旦主编〈新报〉始末》，原载《新文学史料》2007年第2期，李怡、易彬：《穆旦研究资料》上册，知识产权出版社，2013年，第93页。
2 穆旦档案之《我的历史问题的交代》（1956），南开大学档案馆藏人事档案查良铮卷。

了经济我们夜不能安枕,昼不得进食,为了印刷,向印刷商低头而不可得,半个多月的筹划工作,费尽了心血伤透了脑筋。……不久,沈阳突告接收,随军事政治中心的转移,本报为适应需要来沈阳办。[1]

四月十九日,《新报》试刊,一连试印了三天。二十二日,《新报》正式创刊登场。五月七日,四开小报改版成对开大报。可知《新报》的发展势头相当不错,发行量由最初的三千份猛增到一万多份,且还在长春设立了分社。几乎与穆旦一同到达沈阳的作家王鼎钧那时是一个小小的宪兵,他因为爱好文学而不仅买来《新报》阅读,还开始了向《新报》投稿,晚年他回忆"《新报》偏重本市新闻,活泼亲切,类似今天的社区报,版面上常有熟悉的身影晃动,它在本市拥有大量读者"。[2]穆旦的朋友邵寄平也曾撰文回忆,短短的时间,《新报》成为与《前进报》《中苏日报》《东北民报》并称的"当时东北四大报之一":

我开始在编辑部做他的副手。在这个时期,他很少写诗。《新报》副刊上甚至没发表过他的文章。报纸三版左上角有一专栏《日日谈》,文章不超过三四百字,大部由穆旦执笔,不

---

1 徐露放:《回顾与前瞻 本报周年纪念感怀》,转引自易彬:《穆旦年谱》,中国社会科学出版社,2010年,第89页。
2 王鼎钧:《关山夺路》,三联书店,2013年,第120页。

署名，发表过不少犀利的时事评论。……在这一段时期，他的作品虽然不多，但在情感上确有不平凡的经历。[1]

邵寄平所谓穆旦的情感经历，除了报纸的波折以及最后被停刊的打击之外，还应该包括一九四六年夏天以及一九四七年春天诗人个人的情感波折——两位年轻的女性走到了穆旦面前。前一位是周与良，老同学周珏良的妹妹；后一位梁再冰，梁思成与林徽因的女儿。穆旦经由在清华任教的王佐良、周珏良介绍去清华园梁思成林徽因家，那年，他们的女儿梁再冰十八岁，还在北京大学读书。梁再冰热爱诗歌，读过穆旦的诗。就这样，两人搭上话，开始了一段频繁而持续的通信。一九四七年春夏之交的一个下午，在北大教授的宿舍里，正准备转学北大中文系的吴小如匆匆记下了一个"戴白草帽，着短裤，说话的语音诚挚而简单""年轻、秀气而温文"的诗人形象。[2]大概那会儿穆旦去北大找梁再冰，顺路去某教授宿舍而巧遇吴小如。关于穆旦一再来北大，梁再冰本人也并不否认诗人对她有好感：

查良铮当时是以"诗人"的身份来到我家的，在此之前

---

1 邵寄平：《穆旦二三事》，原载杜运燮等编：《丰富和丰富的痛苦：穆旦逝世20周年纪念文集》，北京师范大学出版社，1997年，第203页。
2 吴小如：《读〈穆旦诗集〉》，载《穆旦研究资料》（上），知识产权出版社，2013年，第325页。此文原题《穆旦诗集——一九四七年五月出版》，署名"少若"，曾刊载于《民国日报·文艺》第93期，1947年9月8日。

我已经读过好多首他以"穆旦"为笔名发表的诗……（我）只把他当作一个"诗人"看待，他当时则对我表示有好感，可能他当时有和我谈恋爱的打算，他在我家里和我认识后曾到北大我的宿舍来找过我一两次……[1]

梁再冰是在一九五五年特殊时期写下的回忆，她说她"只把他当作一个'诗人'看待"。这话背后的意思，却也坦承了穆旦并不把她当作普通读者看待的事实。据此分析，穆旦对梁再冰可能有一种朦胧的向往，但诗人内敛，并没有向对方表白。后来，在这一段"参加革命工作履历"需要填写证明人的时候，穆旦认真地填上了梁再冰的名字。

穆旦认识周与良比认识梁再冰早半年。创办《新报》那段时期，他以种种原因回过三四次家。穆旦回北平，通常会与老同学王佐良、周珏良聚会，当时周与良在燕京大学攻读生物系研究生，在几个关系紧密的老同学的聚会上他遇到了周与良。周与良晚年回忆她与穆旦的认识经过：

我和良铮是一九四六年在清华园相识的。当时我二哥珏良是清华大学外文系讲师，每逢周末我经常去二哥家玩，良

---

[1] 梁再冰：《关于我所了解的查良铮的一部分历史情况以及查良铮和杜运燮解放后来往的情况》，1955年11月26日，南开大学档案馆馆藏人事档案查良铮卷。

铮是二哥的同学,他也常去。周末清华园工字厅有舞会,我经常参加,有时良铮也去。一九四六年夏,我去参加国民党政府官费留学考试,考场设在北师大,又遇见良铮。王佐良、周珏良也都参加考试,我们大家在北师大附近小馆吃午餐。那时我吃得很少,良铮风趣地说:"你吃得这么少,这么瘦,怎么能考好呢?还是胖了会更好。"[1]

这之后,周与良开始注意到这个讲话风趣,语调诚挚而简单,外表高高瘦瘦、英俊、秀气而又温文尔雅的诗人。穆旦开始约会周与良。此后,他回北平也有了一个私密的理由。他不仅去燕大找她,还约她逛王府井大街,陪她逛东安市场,给她买书。东安市场临近东安门,那地方最早是清代的一个练兵场,一九〇三年始建东安市场,为北京城最早出现的一座市场,旧书肆、布服店、钟表行、铁器铺、首饰店、字画店、鞋帽铺、灯笼市乃至饮品店、鲜花铺、小吃摊一应俱全,三四十年代成为很火热的市场。据说从北门往南行,街两边都是旧书铺,特别是坐西朝东一侧,多外文书店,出售英文书,这是穆旦最爱逛的地方。逛完书店,两人会一道看一场电影。暑假,周与良回天津老家,穆旦也赶去看她,还参加了周与良的父亲周叔弢在唐山的家庭舞会。周家是天津望族,自此开始,这个家庭慢慢地接纳了诗人。

---

1 周与良:《永恒的思念》,《穆旦诗文集》(1),人民文学出版社,2018年,第2页。

在北平，也在天津，穆旦与周与良慢慢地发展着恋爱关系。"不久他就回东北去了"，周与良清楚地记得那个时候穆旦两头跑的情况。

《新报》的创办，部分地实现了穆旦的公共知识分子情怀以及他的新闻理想。一九四七年四月二十二日，《新报》创办一周年，出周年纪念特刊，总编辑穆旦撰写了《撰稿和报人的良心——为本报一年言论作总答复》一文，明确地谈到了报纸要为老百姓说话的立场：

> 我们更应该注意的，其实是那广大的人们的动态、生活和严肃的工作，尽管他们无声无嗅，一个有良心的报人应该把它发掘报导出来，才算是尽了报人的责任。尤其是一些不合理现象，迫切的问题和人民的疾苦，我们不惜用头号标题惹人的注意。[1]

作为"替老百姓说话"的一个方面，《新报》开设了《读者来函》栏目。读者来函"在刊载后直接发生了有力的效果"，因而在受读者欢迎的同时也给报社"惹来了不少麻烦，甚至恐吓"。但总编辑穆旦明确表示"我们宁愿担当经常惹麻烦的危险"，也要"保

---

[1] 穆旦：《撰稿和报人的良心——为本报一年言论作总答复》，《穆旦诗文集》(2)，人民文学出版社，2018年，第85页。

持着读者来函这一栏地位"。

穆旦的知识分子报国情怀主要表现在对政府的舆论监督上。穆旦在新闻学院培训期间,曾听过美国新闻史,他清楚美国新闻界的行业规则。在新闻与政府的关系上,他的观念是倾向于英美的。职是之故,他认为:

> 攻击贪污,揭发舞弊,攻击官僚资本,揭发不合理的现象,这些都是本报以十分勇气做过了的。在这些地方我们希望得到当局的一个谅解:这样做,不是有害于政府,而正是有利于政府的……我们认为:报纸的言论不能也不必和政府的意见时常一致……政府如果能把报纸看作是和自己并行的一种力量,而不是附存的东西,也许对双方都有更大的好处,现在政府把报纸抓得太紧,因而对它的言论也负上了不必要的责任。[1]

穆旦这么论说的时候,他的思想的底子是英美的。例子也正来自英美的报业:

> 英美政府除了任由报纸供献民间的意见,不怕批评外,

---

[1] 穆旦:《撰稿和报人的良心——为本报一年言论作总答复》,《穆旦诗文集》(2),人民文学出版社,2018年,第86、87页。

还有议会，是专门为听反对党的责骂的。在他们这是"制衡与平衡"（Check and Balance）。因为只有如此，民主政治才能走上轨道。我们的报纸可以发挥这样一种助力，但直到目前还没有完全发挥出来。……

一年来看了不少的新闻稿，发现报纸文字也有一个不自觉的积习，就是好阿谀官吏，这倒是自己凑上去的。……报纸文字不但变成僵死的硬壳，对于民众也灌输了不良的概念，仿佛官吏都是高高在上，永无错误，永远庄严的偶像。反观美国新闻纸上的嬉笑怒骂，和那老老实实的有一说一，有二说二的新闻记载，每一见及不啻是吸了一口自由新鲜的空气。人家是连大总统闹笑话的事也不厌其详地登载，而我们则是对地方上的处长、局长等也要尊以官衔，饰以威严，这种僵硬的记述，自然是亟须予以破除和改良的。[1]

穆旦最后提出了报人要有"良心，明智和勇气"三则不可缺一的原则，他的意思是，惟其如此，才能办好一份"替老百姓说话"的报纸。但在这个问题上，知识分子总是太天真。而事实上，《新报》正是在这里卡了壳。一九四七年八月，按照穆旦的好友邵寄平的回忆，《新报》因揭发国民党辽宁省政府主席徐箴贪污而突

---

[1] 穆旦：《撰稿和报人的良心——为本报一年言论作总答复》，《穆旦诗文集》（2），人民文学出版社，2018年，第87、88页。

遭查封。穆旦当时还不在沈阳，闻讯赶去，据理力争无效，匆匆向全国发了一个通电，也就只好与徐露放、邵寄平等处理善后事宜。这事穆旦后来另有自述："约在一九四七年八月，陈诚到东北以后，《新报》被封闭，表面理由是《新报》言论'反动'，（民盟嫌疑）……被封的真实原因是陈诚把《新报》看成杜聿明的势力而予以排挤的结果。"[1] "陈诚到沈阳后……命令一切军报停刊，《新报》就被陈诚以有'民盟嫌疑'而封闭。"[2] 事隔十五年的两次记忆，都说到了"民盟嫌疑"这个理由。穆旦的看法显然与邵寄平不同。也许这两个因素都存在，但不可否认的一个原因是：《新报》的老东家二〇七师换防，"当时二〇七师驻地恰由沈阳转至抚顺，省政府趁师部换防而鞭长莫及，迫不及待下令'《新报》终止发行'，根本未容报社注册的属地沈阳市管理当局插手过问，而是直接派省警备厅将报社查封"。[3] 至此，穆旦一年零四个月（一九四六年四月至一九四七年八月）的报人生涯彻底终结。理想主义的诗人终于领受了现实残酷的教训。

一年零四个月的时间，不算长，但自从穆旦北归，投身报业以来，他几乎没有写诗。一九四六年全年无诗，这种颗粒不收的年份，自穆旦开始留存诗歌的一九三六年以来，还不曾有过。面

---

1 穆旦档案之《历史思想自传》（1955），南开大学档案馆馆藏人事档案查良铮卷。
2 穆旦档案材料之《关于林开鉴》，1969年2月16日，据网络照片录入。
3 李方：《穆旦主编〈新报〉始末》，原载《新文学史料》，2007年第2期，李怡、易彬：《穆旦研究资料》上册，知识产权出版社，2013年，第94页。

对这种情况，我们唯一的解释是，他忙于《新报》的事务。在某种程度上，他不仅仅在为谋食而忙碌，也是为一个诗人或知识分子的理想而忙碌。他根本没有时间斟酌诗歌。如果说穆旦这一年的身份，从诗人彻底转变成报人了，那也只是相当被动的身份的转变。不然，我们就没有办法解释这段时间他却在《文艺复兴》《新诗歌》《文学杂志》《大公报·星期文艺》以及天津《益世报·文学周刊》等发表了不少的诗歌。这一年，他似乎以发表而非以创作的方式在提醒自己：穆旦仍是一个诗人。

但更醒目的提醒显然是出版一部诗集。一九四七年六月一日，在时常有穆旦诗歌发表的天津《大公报》副刊《星期文艺》第三十四期上，出现了一则《穆旦诗集》出版的小广告：

> 作者穆旦，选集其抗战时期之诗歌共六十首，第一次印成单行本问世。附录有王佐良先生《一个中国诗人》介绍文一篇，原载于英国 Life and Letters 文学杂志上，对作者有深刻之分析。总经售：北平东四牌楼安邦书店，平津各书店皆有代售，定价八千元。[1]

诗集上月出版。换句话说，穆旦来到沈阳没多久，就选取了

---

1 转引自易彬：《穆旦年谱》，中国社会科学出版社，2010年，第101页。

一九三九至一九四五年创作的诗歌五十八首,[1]自费出版了第二部诗集《穆旦诗集》。自费,说明他经济上有所积余了,也或者有人资助。要知道,自胡适创制新诗以来,诗集的出版,一直是赔本的买卖。穆旦的诗根本就是小众的读物,《穆旦诗集》概不例外。我们还知道,当穆旦一九四七年十月离开沈阳的时候,他在他的朋友朱磊家里,"留下了两摞《穆旦诗集》——二十册",那本有着白纸红字的封面、正文纸张粗糙的新诗集,无论放置在哪个年代,都不可能是抢手货。

在《穆旦诗集》广告推出的同一天,《平明日报》副刊《读书界》第二十六期,也有介绍《穆旦诗集》的文字:

> 穆旦的诗曾经引起了一场争辩,但他是近来诗人里最令人注意的一个,却是无可推翻的。他的诗一方面不同于艾青、田间,一方面又决不是徐志摩或戴望舒的延长。他是一个深刻,苦思,而又热情的心灵,在技巧上泄露艾略特等英美现代诗派的影响,在文字上完全摒弃中国旧传统。这是他的主要集子,重要作品皆存,包括若干首在印缅和云南军中所作。[2]

《平明日报》是傅作义控制下北平的报纸,不知这位副刊编辑

---

[1] 按,标题为《诗》《赠别》《成熟》《农民兵》的诗作各有两首。
[2] 转引自易彬:《穆旦年谱》,中国社会科学出版社,2010年,第102页。

是谁。他显然很关注穆旦,因为就在诗集出版的前两个月,即三月二十二日,第十八期《读书界》栏目有一篇未署名的《平明日报》编者的长文,其中也谈到穆旦:

> 但我们有一个更为重要的诗人:穆旦。穆旦更丰富,方面更广。他有一种灵魂上的痛苦,而这使他最普通的观念都得了一种深厚和庄严。这样的诗中国以前还不大多见。最不可企及的,是他的句法……有谁曾用过这些简单然而美丽得使人不敢逼视的句子?[1]

"完全摒弃中国旧传统""灵魂上的痛苦""最不可企及的,是他的句法"等等,可以说都点到了穆旦诗歌的关键处。当然,这样的即兴式点评,并没有超出王佐良的那篇叙议结合的长文《一个中国诗人》的范畴。现在,后者正被穆旦放在了《穆旦诗集》附录里。显然,穆旦本人看重王佐良的观点。

王佐良的名文前几章我们多次引证并已经相当熟悉。他的观点不无偏颇,却也足够振聋发聩。他谈到穆旦"最好的品质却全然是非中国的","穆旦的胜利却在他对于古代经典的彻底的无知",以及"穆旦之得着一个文字,正由于他弃绝了一个文字",等等,都值得商榷。王佐良之所以这样论述,不可否认的一点是

---

[1] 转引自易彬:《穆旦年谱》,中国社会科学出版社,2010年,第98页。

需要引起读者的注意,这在另一方面,也说明穆旦尚未具备普遍的诗歌名声。即使创作了同样主题、同样丰富的抗战诗歌,穆旦的读者就不可能有艾青和田间的读者那么人数众多而一呼百应。

另一个值得注意的现象是,王佐良的文章以英文撰就,发表在伦敦《文学与生活》(Life and Letters)杂志,我们不知道这本杂志在英国文学界的地位如何,它面对的是普通读者还是文学界的专业读者(诗人或批评家)。不过,靠一篇文章想在英语世界建立诗歌声誉的想法显然是不现实的。这家杂志还几度更名,不见得是老牌文学杂志。《一个中国诗人》在这家杂志发表,现在看来只是一个孤立也是偶然的现象,很可能还是威廉·燕卜荪推荐发表的结果。早在一九三九年,燕卜荪就曾推荐叶公超翻译的卞之琳短篇小说《红裤子》在这家杂志上发表。[1] 燕卜荪曾鼓励他的学生用英文写作。作为联大教师,他和沈从文一样,也有推荐学生发表的习惯。

不管怎么说,二十世纪四十年代中后期,少量的报纸杂志上,新诗的评论中终于零星地出现了穆旦的名字。一九四六年毕业于联大外文系的袁可嘉,于次年三月三十日在天津《大公报》副刊《星期文艺》上发表长篇评论《新诗现代化——新传统的寻求》,他注意到了前不久穆旦发表的《时感四首》,特别是其中之四:

我们希望我们能有一个希望,

---

[1] 余斌:《西南联大的背影》,三联书店,2017年,第29页。

然后再受辱,痛苦,挣扎,死亡,
因为在我们明亮的血里奔流着勇敢,
可是在勇敢的中心:茫然,

我们希望我们能有一个希望,
它说:我并不美丽,但我不再欺骗,
因为我们看见那么多死去人的眼睛
在我们的绝望里闪着泪的火焰。

当多年的苦难以沉默的死结束,
我们期望的只是一句诺言,
然而只有空虚,我们才知道我们仍旧不过是
幸福到来前的人类的祖先,

还要在这无名的黑暗里开辟起点,
而在这起点里却积压着多年的耻辱:
冷刺着死人的骨头,就要毁灭我们一生,
我们只希望有一个希望当作报复。

《时感四首》写作时间署为"一九四七年,一月"[1],它是穆旦该

1　易彬:《穆旦诗编年汇校》,北京大学出版社,2019年,第282页。

年度恢复写诗后的第一个组诗，后来发表的时候，他把它汇入了《饥饿的中国》的长诗。上面的引诗，袁可嘉以批评家的敏锐眼光注意到了它的"思想活力"以及汉语的"弹性与韧性"：

> 作为主题的"绝望里期待希望，希望中见出绝望"的二支 Paradoxical（相反相成的）思想主流在每一节里都交互环锁，层层渗透；而且几乎是毫无例外地每一节有二句表示"希望"，另二句则是"绝望"的反问反击，因此"希望"也益发迫切，"绝望"也更显真实，而这一控诉的沉痛委婉也始得全盘流露，具有压倒的强烈程度。[1]

贴住穆旦的诗句，我们不禁要问一句：一九四七年一月，在冰天雪地的东北，这个不再欺骗人们的希望是什么？同是诗人和翻译家的袁可嘉以其巨眼深心看出了诗歌的主题乃是"一个诚挚的控诉"。此诗要表达的，是"有良心良知的今日中国人民的沉痛心情"。

从一九四七年一月的《时感四首》开始，穆旦的诗思在不急不缓地进行着。有意思的是，"时感"的主题奠定了接下来这两年诗人创作的基调。这两年创作的诗不多，但批判的锋芒直骨而外露，诗人立足在"每一刻的崩溃上"，他要写出一个时代的证词。

---

[1] 袁可嘉：《新诗现代化》，《论新诗现代化》，三联书店，1988年，第4、5页。

抗战，一个民族起来，为了国家和民族的生存，人们心甘情愿为之赴死，也在所不惜。抗战胜利了，"一个全体的失望在生长"（《牺牲》）。政治上，面对国民党一党专政，多年的苦难要么"以沉默的死结束"，要么继续呼喊万岁，可是，"我们已倦于呼喊万岁和万岁"；经济上，全国各地，笼罩在通货膨胀的阴影之中。穆旦的诗也与时俱进地出现了"零零零零零"和"00000000"的荒诞意象。"把贫乏加十个零，印出来我们新的生存"。随后，每天在增加这些零，一个国家深陷在无数深渊般的零中。国家在经过短暂的狂欢之后，诗人发现，我们每个人，其实已经身处"在毁灭的火焰之中"了。正是在时间的紧迫声里，穆旦写下了《三十诞辰有感》，[1]他发觉，"胜利和荣耀永远属于不见的主人"。而这个"主人"，就是虚无的时间。

> 在过去和未来两大黑暗间，以不断熄灭的
> 现在，举起了泥土，思想和荣耀

穆旦是绝望彻骨的悲观主义诗人，"过去"是黑暗，"未来"也不见得光明。"现在"的火在不断熄灭，要它举起"泥土，思想和荣耀"，一切都不过是枉然。我们"只有跟着向下碎落"而坠入地狱了。

---

[1] 按，穆旦生于一九一八年农历二月二十四日。一九四七年，虚龄三十岁。生日那天应为诞辰二十九岁。

这个地狱有一张饥饿的大嘴，正吞吐着中国。在一首《饥饿的中国》的组合性质的长诗里，穆旦写下了现实："昨天把敌人击倒，/ 今天是果实谁都没有尝到。"不仅如此，还有更糟糕的：

今天是混乱，疯狂，自渎，白白的死去——
然而我们要活着；今天是饥饿。

这就是一九四七年的局势。"从一个民族的勃起"，到已经安息"到一片土地的灰烬"里，多少人曾热情呼唤天堂，但天堂的难产，何其难也。也或者，在穆旦的观念中，只有地狱，根本就没有天堂的概念，正如王佐良上一年的发现："他懂得受难，却不知至善之乐。"（王佐良：《一个中国诗人》）更何况，抗战胜利后，大江南北，"在这片危险的土地上"，哪有至善可乐？穆旦在十月份写下《牺牲》一诗，其中就有"已经出血的地球还要出血"，以及"一个骗子的名字写在我们头上"这样的诗句。总之，诗中有这样一句诗谶："这苍白的世界正向我们索要屈辱的牺牲。"（《牺牲》）

而一九四八年，他写道，"你我的血液流向无形的大海"，"在一个谎上"，"我们一切的追求终于来到黑暗里"。（均引自写于一九四八年四月的《诗》）八月，他洞若观火地写道："暴力，它正在兑现小小的成功……"那么，作为一个诗人，穆旦"相信暴力的种子会开出和平"来吗？

穆旦强劲地介入现实的诗歌，有一种凛然的立场。他的诗的表达方式是学院式的，讲究技艺，反讽，也时有玄思。他的诗不免晦涩难懂，这引起了一位化名"初犊"的作者的愤怒，他指责评论穆旦诗歌的袁可嘉"无知"，"分明要存心欺骗读者愚弄读者"。在初犊的思维中，"那'空虚''茫然'一类的僵死的概念只能麻痹活人的精神状态"，"诗人所要的却是'我们只希望有一个希望当作报复'，这里面不但没有一点真实的人生的活的气息，而那'希望'也微弱得连死人的喘息和呻吟都不如了"。对此，钱理群一针见血地指出："在这位火气十足的《泥土》年轻人眼里，'希望'（'生'）与'绝望'（'死'）的对立只具有绝对的意义，一个'希望'与'绝望'纠缠为一体的分裂的自我对于他是不可思议的，在他单纯的信仰中，对'希望'（理想、未来、信念……）的任何置疑都是一种背叛：这才是他感到怒不可遏的真正原因。"[1]钱理群进而指出，在一九四八年这个历史转折时期，作为最后一代中国的哈姆雷特的穆旦和他的朋友们，遭遇了旧中国最后一代堂·吉诃德。这一哈姆雷特和堂·吉诃德的对称用法来自唐湜。这句话的背景，其实是一九四八年"七月派"的诗人与"中国诗歌"派诗人的叫板。实际上也是左翼的民间派挑衅中间的学院派，也即流畅浅白的革命现实主义叫板晦涩艰深的现代主义。但最后，在向着"明天"欢呼的时候，却是学院派的哈姆雷特们"忧虑着

---

[1] 钱理群：《1948：天地玄黄》，香港城市大学出版社，2017年，第113页。

'明天'的'美丽'会'把我们欺骗'"。必须知道,是穆旦而非"七月派"的诗人"更敏锐而清醒地看到或预见到:'那改变明天的已为今天所改变',那日益'接近'的'未来',不仅会给我们带来'希望',更会'给我们失望'"[1]。怀着超前的思想意识,诗人这么早就写下了他那超前的诗行!

一九四八年一月,一本叫作《诗创造》的刊物上,居然发布了一则穆旦的动态:"穆旦已南下,暂住南京。"这之前,一九四七年九月,在处理完《新报》的善后事宜后,穆旦彻底告别了他短暂而充满理想主义光芒的报人生涯。他的朋友朱磊(笔名亚珍)在《送穆旦离沈》的文章中写道:

> 两年来,东北不知有多少来的人,有多少走的人,算不了什么,你无非是这万万千千中的一个。两年之前和两年后的现在,你来,你走,这中间,你经历着兴衰样的变化,是你个人的,也是整个东北的,张大地说一说,也是中国的,也是世界的。你办成的报纸,它出现,它蓬勃,它消失,在人们的眼前,更在个人的生命上。[2]

这是来自朋友的安慰。报纸消失了,创办它的总编辑确实也没

---

[1] 钱理群:《1948:天地玄黄》,香港城市大学出版社,2017年,第113页。
[2] 亚珍:《送穆旦离沈》,原载《益世报·文学周报》第67期,1947年11月22日。载《穆旦研究资料》(上),知识产权出版社,2013年,第90页。

有继续待下去的必要。朱磊直言穆旦"还是走开的对"。就这样，穆旦离开了纷繁复杂的东北。十月，穆旦写下了《我想要走》——从诗题来看，诗人已经厌倦了身处的现实世界。那么，他的走——他到底想要走到一个什么地方呢？也许他心中早就有数。

一九四八年春天，在北平闲居了一段时间后，穆旦来到了南方。他是乘船在上海上岸的，很快赶到南京，向教育部和行政院索要公费留学考试时曾答应支付的出国外汇。原来，他想要走到更远的美国去。而支持他漂洋出国的主要因素是他正在追求的恋人周与良已确定留学美国。在后来的自述中他曾如此坦承："我的爱人即将赴美留学了，我更急切想去了。"[1]三月份，得悉周与良坐"高登将军号"邮轮启程赴美，他由南京专程赶赴上海送别。在黄浦江码头，穆旦把一张自己的照片送给周与良。翻过照片，周与良读到了这么几行字迹纤细的诗：

> 风暴，远路，寂寞的夜晚。
> 丢失，记忆，永续的时间，
> 所有科学不能祛除的恐惧
> 让我在你底怀里得到安憩——

这原本是《诗八首》里的句子。一句"让我在你底怀里得到安

---

[1] 穆旦档案之《历史思想自传》（1955），南开大学档案馆藏人事档案查良铮卷。

憩"，已经完完整整地向周与良表达了爱意。随着周与良的出国，穆旦出国的愿望更加强烈了。

但是，出国留洋需要很大一笔钱。穆旦不仅要支付赴美留学的外汇（大约两千美元），还需"留一笔安家费"，安置父母和妹妹的生活。由此，他不得不在南京或上海开始疯狂地找活干以赚取可怜的生活费。他先在上海中央社英文部找了一份编辑工作，一个月后离开。原来，春天的江南，正是各种疾病多发的季节，穆旦在沪宁之间来来往往，不小心感染了疾病，肺炎并转化为结核，到手的工作那是没法做了，他不得不在南京闲居了一个多月。六月，经友人何怀德介绍，他认识了美国新闻官Coltman，在新成立的联合国粮农组织（FAO）驻南京办事处谋到了一个小小的译员职位——"翻译关于粮农组织的英文新闻，发寄国内报馆及新闻社"。[1]此后大约有五个月的时间，他与江瑞熙（笔名罗寄一）合住在南京厚载巷二号以及五号。这是两位联大诗人自昆明合住后的再一次戏剧性的合住。五个月之后，战争迫近，FAO这样的国际性组织计划关门大吉，开始撤离了。此时，身心疲惫的诗人在杨苡哥哥杨宪益的介绍和担保下，在驻南京的美国新闻处谋了一个英文编辑的职位。一个月后，一九四八年十二月底，穆旦接到FAO泰国来电，再次任命他为译员半年。穆旦随即辞去美国新闻处工作。一九四九年二月，他

---

[1] 穆旦档案之《我的历史问题的交代》（1956），南开大学档案馆馆藏人事档案查良铮卷。

在广州领取了出国护照（护照号，京字17798，此据一九五三年一月十六日在广州所填的《出国留学生登记表》），赶紧办理了去泰国的手续。他离去美国的计划又近了一步。

一九四九年三月，人们在泰国曼谷朱拉隆功大学的一个明亮的小花园里看到了穆旦。穿着宽松的浅色长裤（可能是美军裤），上身着白色短袖，左手手腕上的老手表仍旧白亮亮的，惹人注目。头发三七开，纹丝不乱，似乎刚刚去理发店修理过。穆旦坐在树荫下的一只水泥凳上，浅浅地微笑着，像个大男孩。看上去，他在曼谷的生活很休闲，一扫他诗里纷繁芜杂的沉重和晦涩。

曼谷华侨不少，当地有很多中文报纸，他的工作就是为粮农组织翻译一些新闻稿，然后发给它们。他还管理着粮农组织内的一个小图书馆。这正是他求之不得的美事。此外，这半年多来，他还"校对了两三本英译中的科学技术书籍"，这工作量不算大，对于英文出色的穆旦来说根本不成问题。FAO是一个技术性机构，总部设在华盛顿，经费也来自那里，职员的待遇不错。而穆旦求职的目的本来就只想着赚够了外汇去美国留学，所以，即使在FAO这样的国际性大机构，他似乎也并无长待下去的打算。他选择万里迢迢去曼谷的根本原因，乃是从曼谷去美国要方便一些。

工作轻松，曼谷的阳光也有利于清扫淤积在诗人心头的忧郁，但身在异国他乡，孤独感是免不了的，好在他有了排遣孤独的方式，那就是写信，给远在美国芝加哥大学读植物学研究生的女友写信。周与良频密地收到他从曼谷寄来的书信：

> 良铮随联合国粮农组织去泰国曼谷后,我每周都收到他的信。信的内容非常有意思,有时描写泰国的风土人情,有时也谈泰国的经济。他说生活很容易,不用太累就可以生活得很好,只是天气太热,待路费赚够,就去美国。他还寄我很多他在泰国各地照的相片……这些信,增进了我们的感情和相互了解。[1]

穆旦跟周与良说在泰国"不用太累就可以生活得很好",反衬出他这几年在国内的生活之累。这在他是切身的体会。

在曼谷,穆旦在跟周与良通信的同时,也跟另一位女性保持着经常的通信联系,那就是梁再冰。梁再冰出生于文学世家,穆旦对她的好感,除了有共同热爱文学的因素,一大半恐怕也是出于对她的家族的敬意。毕竟,梁再冰是梁启超的孙女,梁思成和林徽因的女儿。穆旦每到一地,即致信告诉她通信的地址。他们两人之间的书信,未见有披露。我们只在特殊时期梁再冰陈述情况的一份材料中看到一些摘引。

穆旦写给梁再冰的信,不仅谈他的工作和生活经历,还谈到了来自七月诗派阵营对他的谩骂:

> 从那些骂我的话看来,只要他们有一天得势,我是一定

---

[1] 周与良:《永恒的思念》,《穆旦诗文集》(1),人民文学出版社,2018年,第3、4页。

要受他们"训练"的。我实在想写一些鲁迅杂文式的诗,把他们也反扫荡一下。[1]

此信"约写于一九四九年前期曼谷生活期间",也就是说,穆旦人在异域,分明听得到这些漫骂。这一点,至少说明了他对于国内文坛的关注。不过,这些漫骂早在一九四七年五月《穆旦诗集》出版后伴随着零星的赞誉就开始了。上面我们曾引述过化名"初枟"的人对《时感四首》的批评。一九四八年,随着袁可嘉、唐湜、默弓(陈敬容)等对穆旦的论赞,也随着穆旦的诗歌开始在《诗创造》(一九四七年七月创刊)和《中国诗歌》(一九四八年六月创刊)上的发表,穆旦连同在这两个杂志上发表作品的陈敬容、郑敏、袁可嘉、杭约赫、辛笛以及著文评论以上诗人的唐湜等,遭遇了来自另一个阵营的猛烈批判。而且,对方完全不是文艺理论的批评,而是"以政治评断代替文艺上不同意见的诘难"(钱理群语),大批判的声口中有一副"真理在握的审判式的语调"(同上),文章都不长,但特多"着意选用的粗暴、肮脏的词语"(同上),什么"旧社会豢养的和有毒的血液所滋育的腐烂的知识分子"(张羽:《南北才子才女的大会串》),什么"无廉耻的'白相诗人'"(舒波:《评〈中国新诗〉》),什么"既得利益阶级"(晋军:《踢去这些绊脚石》),诸如此类。"恐

---

[1] 穆旦致梁再冰,转引自梁再冰:《关于我所了解的查良铮的一部分历史情况以及查良铮和杜运燮解放后来往的情况》,1955年11月26日,南开大学档案馆馆藏人事档案查良铮卷。

惧扬起它的鞭子"(《我想要走》),开始抽打"一颗绞痛的心"(同上)。当为了谋食而一再折损翅膀、漂泊不定的穆旦听到自己被归入"既得利益阶级"而作为一块绊脚石需要被踢去的时候,他会怎么想?"公开的回应还没有发现,但私底下,据说是充满怨气的"。[1]

最好的安慰来自朋友们。陈敬容发展了王佐良的"他有许多人家所想不到的排列和组合……有一种猝然,一种剃刀片似的锋利"的观点,认为穆旦的诗"用深入——深入到剥皮见血的笔法,处理着他随处碰到的现实题材。无论写报贩、洗衣妇、战士、神或魔鬼,他都能掘出那灵魂深处的痛苦或欢欣"。袁可嘉不仅回应了张羽的批判,还再一次赞誉穆旦,他"个人觉得他是这一代的诗人中最有能量的、可能走得最远的人才之一"(袁可嘉:《诗的新方向》)。至于兼具诗人和批评家身份的唐湜,立论高远,称赞穆旦是"现代的哈姆雷特"和"自觉的现代主义者"。一九四七年秋天,唐湜在上海找到汪曾祺,后者给了他一册《穆旦诗集》,唐湜这才开始细读穆旦,被穆旦的"陌生感和新鲜感"[2]所震动。一九四八年二月,唐湜根据这册《穆旦诗集》以及刚刚出版的《旗》,躲在杭州求是桥畔写成一万多字的《穆旦论》,一篇早期穆旦研究中篇幅最长的文章,刊发在一九四八年八、九月的《中国新诗》第三、第四两集。唐湜称赏穆旦深沉的思想力,认为他践

1　易彬:《穆旦评传》,南京大学出版社,2012年,第246页。
2　唐湜:《忆诗人穆旦——纪念穆旦逝世十周年》,《一个民族已经起来——怀念诗人、翻译家穆旦》,江苏人民出版社,1987年,154页。

行了马修·阿诺德的"诗人必须进别人不敢进的窄门，在绝望里求希望"的观点。换言之，进了窄门的穆旦这样的现代哈姆雷特，触动了人类的病痛。但天真却也时有卓见的唐湜不知道，他爱重的"哈姆雷特气正是要被那个时代改造与摒弃的"。[1]

唐湜在写成《穆旦论》一年后，于一九四九年元旦来到南京，带着温州老乡赵瑞蕻及其夫人杨苡写的介绍信，找到了穆旦的租屋。两人"畅谈了一夕，顿成至交"（唐湜语）。这一夕谈话，唐湜不多记，但记下了穆旦跟他曾谈及"七月派"的吕荧（原名何佶）与他是联大同一年级的，还曾一起学俄语的往事。[2] 为什么穆旦谈到了素无往来的联大同级生吕荧，猜想是他与唐湜谈到了"七月派"。没错，当时被看成隶属于《中国新诗》派的穆旦和唐湜都曾领受过"七月派"通过《泥土》和《新诗潮》等杂志射来的箭矢。这是二十世纪四十年代末中国现代主义的发展遭遇到革命现实主义的崛起后必然要起的冲突。按钱理群的分析，这是"两种对立的历史观"。这种尖锐的对立也"决定人们的现实选择"。那一晚上，他们未必看得那么深透，但这无疑是穆旦和唐湜两位诗人共同的话题。

多年以后，著者专程去温州追问晚年的唐湜，请他讲一讲他所知道的那个穆旦，唐湜说："穆旦这个人很痛快……"唐湜的言外之意，穆旦在朋友之间，说话无保留，是一个真正的性情中

---

[1] 钱理群：《1948：天地玄黄》，香港城市大学出版社，2018年，第114页。
[2] 唐湜：《忆诗人穆旦——纪念穆旦逝世十周年》，《一个民族已经起来——怀念诗人、翻译家穆旦》，江苏人民出版社，1987年，第155页。

人。多年前的那一夜，穆旦留在唐湜一生记忆里的形象是"方面大耳"，精神气质则是"潇然气度"以及"世代书香的那种雍容风范"，而两者的结合，唐湜认为正合于他们海宁查家。

这里再补充一句，唐湜读到穆旦的新诗集《旗》，出版于他撰成《穆旦论》的一九四八年二月。《旗》是穆旦的第三部诗集，列入巴金主编的《文学丛刊》第九集，文化生活社出版。诗集收入穆旦诗歌只二十五首，除了《良心颂》《轰炸东京》《苦闷的象征》三首，其他二十二首都曾收入《穆旦诗集》。因此，《旗》的编定和出版，在某种意义上，是友情的催生而非诗集本身自然的分娩。一九四七年底穆旦南下，在沪宁之间讨生活。在南京，与他常见面的有赵瑞蕻杨苡夫妇，有资料表明他还曾请郑敏在新街口喝了一次咖啡，聊了一个晚上，给郑敏留下了"个性很鲜明，很有历史感的年轻人"的印象。在上海，他去得最多的是霞飞坊五十九号巴金萧珊夫妇家。黄裳不止一次写过他们聚会的二楼：

> 二楼是吃饭和会客的地方，一张圆台面以外，就是几只破旧的沙发，这就是当时我们称之为"沙龙"的地方。……萧珊的朋友多半是她在西南联大时的同学，这里面有年轻的诗人和小说家，好像过着困窘的日子，可是遇在一起都显得非常快乐，无所不谈，好像也并不只是谈论有关文学的事情。[1]

---

1 黄裳：《关于巴金的事情》，《黄裳文集》卷五"杂说卷"，上海书店出版社，1998年，第461页。

当时巴金住在霞飞坊（今淮海路），他家来往的朋友多，简直就像一座文艺沙龙。女主人萧珊殷勤好客，那间二楼起坐室总是有不断的客人……如汪曾祺、查良铮、刘北汜，也不时来坐。谈天迟了，就留下晚饭，有时到近旁的美心去叫葱油鸡来添菜。有时陪他们夫妇去吃咖啡，总是去附近国泰电影院斜对过的老大昌……也常去看电影……[1]

穆旦与萧珊是异性好友，在联大就很熟悉，这回在上海，足足有一个季节，他是她家的常客。萧珊离世后，他跟杨苡回忆了这深情的一幕：

回想起在上海李家的生活，我在一九四八年有一季是座中常客，那时是多么热闹呵。靳以和蕴珍，经常是互相逗笑，那时屋中很不讲究，厨房是进口，又黑又烟重，进到客室也是够旧的，可是由于有人们的青春，便觉得充满生命和快乐。汪曾祺，黄裳，王道乾，都到那里去。每天下午好像成了一个沙龙。我还记得巷口卖馄饨，卖到夜晚十二点；下午还有卖油炸臭豆腐，我就曾买上楼，大家一吃。[2]

---

1 黄裳：《琐记——和巴金在一起的日子》，《拾落红集》，安徽教育出版社，2006年，第24页。
2 穆旦致杨苡，1973年10月15日，《穆旦诗文集》（2），人民文学出版社，2018年，第168页。

味蕾的记忆最是迷人，因为记忆的细胞全都由它们滋养。深夜十二点的馄饨和下午的油炸臭豆腐……这意味着，是文学和关于文学的争论让他们深聊到了子夜，也深入到了肠胃。至于上午，在文学中是不存在的。上午是一场甜蜜的酣眠。

然而，这一切，美食和朋友，还有他的敌人们，一切都在迅速远去。"我想要走，走出这曲折的地方。"（《我想要走》）他早就下定了留学深造的决心。

穆旦在曼谷实际住了还不到六个月。这一天，他收到周与良寄自美国的一张一千美金的支票，而自己的口袋里已经积攒了一千美金，合起来，达到两千美金留学的必要条件，"可以申请留美的签证了"。[1]他叹了一口气，浑身轻松。他从曼谷乘船到香港。

香港有赴美的邮轮。他从那里乘船赴美。站在邮轮的甲板上，船只缓缓驶离维多利亚港。送别的人群散去，远航的汽笛鸣响，笔直的邮轮烟囱里，喷出的一股黑烟在八月湛蓝的天空下来了一个直角转向，径向更高的天空飘散开去。大海在翻滚，新生的野力浩浩荡荡，正汇聚于一个巨大的洋流。他平视着苍茫的海平线，看到"一条条求生的源流，寻觅着自己向大海欢聚！"（《诗四首》）他若有所思，不由得想到上一年的三月，在上海黄浦江码头他送给爱人周与良照片的反面写着的那行诗："风暴，远路，寂寞的夜晚……"还有，上一年八月他以极高的语速写下的那个未来

---

[1] 穆旦档案之《历史思想自传》（1955），南开大学档案馆馆藏人事档案查良铮卷。

的句子——

  迎接新的世纪来临！¹

那是他暂别祖国前写下的最后一首诗《诗四首》的第一行、第九行和第十二行——它们是同一行，同一个旋律，甚至是同一个举向空中的手势。

  一个远行的背影，在两块大陆之间辽阔的太平洋上，在时间过去和时间将来之间，正寻觅着蜕变。

  在海上与荒凉的白日和寂寞的夜晚相伴了整整半个月之后，诗人怀抱着求学的理想上岸了。他将去纽约，去芝加哥，去和爱人周与良以及他早已熟悉的中年男子普鲁弗洛克[2]会面。

       二〇一九年二月二十日开笔，七月十一日写讫

---

1 《诗四首》，《穆旦诗文集》（1），人民文学出版社，2018年，第283页。《诗四首》共四章，前二章载南京《诗星火》丛刊第1期，1948年10月1日。又，全诗载天津《大公报·星期文艺》第102期，1948年10月10日。
2 艾略特早期作品《阿尔弗瑞德·普鲁弗洛克的情歌》中的人物。穆旦晚年出于纯粹的爱好翻译了这首诗以及《荒原》等。这正是《穆旦传》第二部《普通的生活》中讲述的内容。

后　记

穆旦是谁？

我最初只知道他出生在天津，祖籍浙江海宁，本名查良铮，查家的良字辈。明清两代，查家是海宁的望族，出过不少中国文化史上卓有建树的人物。而最近一个大家都还记得的查氏俊杰正是良字辈的查良镛，笔名金庸，武侠小说的一代宗师。这是很容易发生联想的。

事实上，穆旦终其一生都没有到过海宁。早在二十年前，他的长子查英传在电话里跟我委婉地确认此事时，我惊讶得相当无知。及至后来，我遍查穆旦的史料，也只知道他曾坐火车路经海宁，至于脚踏海宁的实地，确乎找不到任何的记载。不过，这并不重要，重要的是，家乡一直骄傲于他的文学成就，始终把他列为当地的文化名人。说起来，这有无可辩驳的理由。就目前所见，穆旦归国后，在必须填写的各种表格上，籍贯一栏，他都认认真真地填着"浙江海宁"四字。毫无疑问，海宁有着这个北迁家族的根脉。

我的老家桐乡与海宁毗邻，风俗相近，民多往来。我最初大概是从海宁对外宣介的小册子上知道穆旦的。或许自己也是写诗的缘故，一看见就很自然地关注到他。然而，习诗之初，我更早知道的是出生在硖石的新月派诗人徐志摩，而非穆旦。现代文学史上，徐志摩和穆旦，一前一后，海宁竟然奢侈地拥有两位大诗人，这种文化上的卓特，或曰双峰并峙的奇观，太不同寻常。再说吧，当大多数人饭后茶余八卦着徐志摩的种种浪漫故事时，有少数人也在严肃地谈论穆旦的受难。而对于中文世界这无限的少数人，穆旦的诗歌就是晦暗、庸俗的生活中透进来的一道光，足够给芸芸众生以安慰和希望。如实说，在我看来，穆旦的现代诗，经过岁月的淘洗，比起徐志摩或其他声名煊赫的诗人，读上去更加耐人寻味，更有那种嚼劲。

早在一九九六年九月，中国文学出版社出版了一套"二十世纪桂冠诗丛"。当时尚在《诗刊》社工作的邹静之先生给我邮寄了这套书。收到后，我用三天时间读完了那册李方编选的《穆旦诗全集》。掩卷沉思，感慨不可谓不多。这是我第一次系统、全面、细致地阅读穆旦。不仅读了他的诗，还怀着极大的兴趣研读了书后附录的《穆旦（查良铮）年谱简编》。对于诗人的生平，这次我总算有了一个大致的了解。

我对穆旦诗的认识就是从那个时候开始的。二十世纪九十年代以降,我们这些沉迷于新诗创作的年轻人,都喜欢阅读翻译体诗,至于本国的新诗传统,很少注意,更遑论研究。但自从读到穆旦,我开始认识到,他的一百五十余首长长短短的现代诗,已经为中国新诗提供了一个值得信任的汉诗文本。这个新诗的文本极具创造性,其形式又如此稳定、坚固,且带有一种大时代的语调,足以让创造它的诗人不朽。我想,对穆旦,从此我们再不应该那么无视。

阅读穆旦三年后,因为写作,我从桐乡一个偏僻的乡村中学调入嘉兴市秀洲区文化馆。刚到嘉兴那会儿,大约有一年的时间,我租住于市中心干戈弄的一个小套间。干戈弄的一头,靠南即嘉兴市图书馆,步行五分钟即可到达。闲而无事的时候,我常去嘉兴市图书馆下属的秀州书局闲坐,喝杯热茶,随手翻翻琳琅满目的旧书,倘运气不错的话,可以淘到与穆旦有关的资料亦未可知。此外,我也需要知晓一点本地文化界的情况。可以这么说吧,那时我很过了一段惬意的时光。又过了三年,忽一日,我心有所动,觉得除了写一点小诗,或许还可以做一点诗歌的研究。而穆旦无疑是一个很有挑战性的选择。那时,我已经开始散文和诗歌评论的写作,觉得撰写一本评传性质的书,也不会有多大的困难。目标既已定下,接下来,就可以顺理成章地计划一次又一次的外出采访了。

首先想到要去一趟海宁。这不仅因为穆旦的祖籍地在海宁袁花。那时，也可能从秀州书局得到一个消息，说海宁政协有一位老先生正在撰写穆旦的传记。二〇〇三年八月二十四日，在当地一位朋友的陪同下，我冒着酷暑去硖石拜访陈伯良先生。我的愿望是向老先生借一册资料书，如蒙允诺去复印店复印一册，那是最理想的。

对于我的到访，陈先生显然感到突然。在他窄小而整洁的书房里，简单的寒暄之后，我们的交流始终处在某种迟滞的状态。陈先生话不多，声音很低，谨慎地应答着我的来访。这在我是很少有的经历。最后竟至于连我也很少问话了。而于无声中，我终于冒昧地向他提出能否借阅穆旦逝世十周年的纪念集《一个民族已经起来——怀念诗人、翻译家穆旦》。陈先生略略顿了一顿，抬起眼睛看了看我，转而用很轻很轻的声音说："书不知堆在哪里了，一时找不到。"那时我并不知道陈先生已经着手在写穆旦的传记了。初次见面，他当然也不便告诉我写作的计划。但他如此回复，似乎更加重了我的冒失。我脸上开始火辣辣的，甚觉惶恐而不安。现在想来，且不说老先生对我也谈不上了解，那时他既已放笔在写，那册纪念集就是手头必备的资料，岂可须臾离身？正尴尬着，只听得陪同的朋友说了一句"先生一般不出借书"，这才解了彼此的窘困。

时隔多年，回忆那个场景，因我的唐突反倒历历在目。不过，今天我仍要感谢陈伯良先生跟我谈到他跟穆旦夫人周与良及其亲属多年的书信往来，也让我了解到家属对于穆旦传记的意愿。我知道，伯良先生着手早，跟穆旦的亲属熟悉，也多有交流，无疑占有资料收集的便利。可惜，那天因我的不安和过度的敏感、自尊，交谈没有深入，加之天热，汗流不止，大概坐不多久，就匆匆告辞了。

二〇〇五年三月，我突然收到伯良先生签赠的《穆旦传》。这是诗人穆旦的第一部传记。收到的当天，我打电话向他表示感谢和祝贺。记得电话里他转而问我，我的《穆旦传》写得怎么样了。我实话实说还没写。他告诉我得抓紧时间写。据他所知，国内有研究者正赶写着穆旦的评传。电话那头，听得出，陈先生的说话是轻松的，全然不似初次交流时的那种沉闷和生涩。但这回轮到我支支吾吾了。其实，关于这部计划中的传记，由于资料搜集的难度，我差不多已经在打退堂鼓了。

二〇〇三年十一月底，我又赶去温州老城区花柳塘采访诗人唐湜。这一次，幸亏有当地作家程绍国兄的介绍和陪同，我很顺利地采访到唐湜。而且，还意外地获赠他书架上多余的一册《一个民族已经起来——怀念诗人、翻译家穆旦》（应是唐湜《忆诗人穆旦》一文的两册样书之一）。唐湜见过穆旦，很早就写过穆旦诗歌的长篇评论，尽管他那时因小中风，话不多，且语多含糊，但从唐湜那里疙疙瘩瘩听来的穆旦，也给了我一种如在目前的亲切之感。

二〇〇四年一月三十一日，新年正月初四，在林莽和邹静之两位先生的介绍下，我去清华大学荷清苑采访诗人郑敏。在郑敏家里，我跟她聊了一个愉快的下午。临走，郑先生拿出《丰富和丰富的痛苦：穆旦逝世20周年纪念文集》交给我，告诉我可到附近的文印店复印一册。穷书生为了节省一点复印费，书中那几篇稍长且已有收集的文章我就跳过没有复印。所以，现在我手头保存的这册特别的纪念文集，根本就是缺页而不完整的。

北京采访结束，我又南下去了天津，走访了南开中学和南开大学。在天津诗友的帮助下，这次在南开东村采访到穆旦的邻居、同事辜燮高、董泽云夫妇，也部分地获得了诗人在南开大学图书馆工作时的一些有意思的生活细节。辜先生后来还给我来过一封信，因担心采访时口头表述有不恰当的地方，他特别关照我以信中的文字表述为准。辜先生经历过非常时期，谨慎是他们那一代人背负的生活经验。其严肃如此，也颇令我动容。

也许是机缘巧合，在与穆旦交往密切的当事人中，我还采访过来新夏和杨苡。来新夏二〇〇四年来嘉兴参加图书馆的百年庆典活动，我跟他在秀州书局见面，坐下来听他聊他的"棚友"穆旦。来先生跟我讲到特殊时期他与穆旦一道打扫游泳池和厕所的往事，讲的人和听的人，仍都感觉异常沉重。而杨苡，早在二〇〇四年的时候，我曾致信问候，可惜当时未联系到她。不料十五年后的二〇一九年十月，经我"青春诗会"诗友吴兵兄的介绍，我终于颇有缘分地走进杨苡的书房。这一年，杨苡已经一百零一岁，其思维之清晰，记忆力之好，简直是人间的一个奇迹。因为事先已有电话联系，杨苡也有所准备。我们非常愉快地畅谈了一个下午的穆旦。临别，她亲送我到小院子的门口，还一再地指引我回返的路径。我跟她说，希望过段时间能够再去看望她，杨先生说了一句："欢迎！"顿了一下，睁着那双亮闪闪的一百零一岁的大眼睛，很有个性地告诉我，"我很少说欢迎的！"我跟杨苡的长谈，自然也采入相关的章节。回家的路上，我感慨万千，甚至觉得，杨苡以她异乎寻常的长寿，似乎正等待着这一场关于穆旦的长谈。感谢这位睿智而直爽的老人给我带来了一个立体的诗人形象。

在最初的一些采访和资料收集完成之后，我因工作调动以及专力于诗歌创作而中断了穆旦的研究。其间，我不时听到朋友和众多文学前辈传话给我，希望我写出《穆旦传》，这其中包括这些年研究穆旦硕果累累的易彬博士。而我却以年纪大一点再写也不迟为理由，一再地推延着传记的创作，直到二〇一八年，那天，我心血来潮，将一篇旧作交微信公号"采蓝小调"推送以纪念诗人诞辰一百周年。广西师范大学出版社上海分社主持"文学纪念碑丛书"的编辑魏东读到推文后，通过其他朋友，问到我的邮箱并发来网信，询问我"有没有继续推进的打算"。我当然愿意。就这样，几番沟通，他报送了选题。半年后出版社通过了选题，我这才着手《穆旦传》的写作，在接下来的十一个月里，我顺利完成了两卷本三十七万字的写作。可以说，没有素昧平生的魏东的盛情推动，传记根本就不可能在这一年动笔，或者我压根儿就不会这么快地去完成它。从这个角度说，应该郑重感谢魏东兄，正是他对于严肃的传记文学的推崇，以及对于诗人穆旦的理解和热爱，最终促成了这部传记的诞生。但好事多磨，书稿二〇二〇年二月交付之后，排版并校讫，封面也已设计完成，却一直未能下厂付印。这一搁就是四年。也是机缘巧合，书稿兜兜转转，终于找到译林出版社，蒙译林社副总编辑陆志宙女士青眼有加，书稿最终得以落实。

回想起来，穆旦跟译林的缘分，还要追溯到二十世纪九十年代初。一九九一年三月，印刷量巨大的穆旦译著《普希金抒情诗选》（上下）转由译林出版社出版（我手头正好保存有这一版本）。需要说明一下的是，二〇二三年一月，译林社出版了杨苡的口述自传《一百年，许多人，许多事》。杨苡关于穆旦的回忆，虽然也不多，但它有鲜活的细节，又有情义，是第一手资料，弥足珍贵。这次趁书稿最后校改的机会，我摘引两段，补入拙著，也算是对穆旦至交杨苡先生的一个纪念。

自李方首次编辑出版《穆旦诗全集》、陈伯良首次撰写出版《穆旦传》以来，穆旦的资料收集和研究做得最为完备的，应该是中南大学的易彬先生。易彬所著《穆旦年谱》《穆旦评传》的相继出版，为我的写作提供了诸多的便利。易著相当详实，完全想象得到当年他采访、搜集资料的艰难。拙著《穆旦传》的完成，受惠于易彬兄近年的研究实多，行文中若有所引用，我都已一一注明，但在此我仍要由衷地说一声感谢。

此外，我还要给朋友和家人送上这迟到了数年的感谢。

东君，小说家，二十多年的老友，他曾陪同我采访唐湜，还给我网购到不少唐湜和穆旦研究的书籍。特别是他通过私人关系，帮助我联系到南开大学档案馆，让我顺利查阅到该处保存完好的穆旦原始档案。拙著第二部得以顺利完稿，离不开这些珍贵的第一手资料。

沈方，诗人，十数年来持续不断地谈论诗歌的老友，写作中，每遇到手头缺少相关的资料，首先就想到请他帮我下载电子书。由此，很多与穆旦有关的文档，只要我报上书名，他就耐心地在网上查找、下载并整理好发我。这些史料，大大方便了我的写作。

海宁一位不知其名的收藏家，知道我在写传，辗转要到我的电话，给我寄来了他拍卖行竞购来的穆旦手写材料（复印件）。另一位收藏家老友，竞拍时，意外看到流失的穆旦手写材料，当场拍了照片发我，供我写作时参考之用。

此传撰写期间，我的女儿邹宜笑正在南京师范大学读研，利用高校校园网的便利，她也帮我下载了不少相关书籍和论文资料。此外，她的导师、著名评论家何平教授曾托她带来一大本自行装订成册的穆旦研究论文资料集。何平兄最后还郑重向译林出版社推荐了此书。在此，我深鞠一躬。

感谢穆旦长子查英传，许多年前的越洋电话仍旧回响在我的耳边。感谢天津小说家秦岭先生、南开大学图书馆馆长元青教授、南开大学档案馆张兰普先生、自小在南开大学校园长大的穆旦同事张文彬之子张尊先生等。感谢译林出版社副总编陆志宙女士和责任编辑张黎女士为本书的出版付出的艰辛努力。本书付梓之际，欣获"2024年嘉兴市文化精品重点扶持项目"，特此致谢。

最后，我要感谢南开大学一位不知其名的老员工——在天津高铁站乘往八里台的公交车上，我巧遇这位退休已经多年的老人，得知我此行的目的，她告诉我，很多年前，她在南开校园里远远地见过低头行走、若有所思的穆旦。因为同在一个校区，她那时对诗人的不幸遭遇也有所耳闻。老人叹息一声之后，就跟我讲起了那些年的南开往事。临别的时候，这位眉清目秀的老人特意走到我身旁，拉住我的手，把我的手放在她的两个手掌中，然后，她轻轻地拍了拍我的手背，用那根苍老而颤抖的食指，在我的手心里认真而动情地写了一个字。我没有记住这个字。但是，我记住了她跟我说的一句话："今我不述，更等何时。你做的是有意义的事！"闻听此话，我心头一热，觉得十多年的资料搜集以及近一年高强度的写作其间所有遭遇到的困难都不值一提了。这也许是传记作者得到的最好的安慰，何况这句话，我何其有幸，能够当面从一位经历了往事的南开老人那里听到。我把这一切，看成是冥冥之中的穆旦找到他的对话者并热情赠予他的一种特殊的缘分。感谢这位传奇的翻译家和诗人，其卓越的才华和丰沛的一生，二十多年来默默滋养着我的写作。我想，这正应和了诗人的一行诗：

……相信终点有爱在等待。

邹汉明

【征引书目】

穆旦:《穆旦诗集》,新文学碑林丛书,北京:人民文学出版社,2001年1月。

李方编:《穆旦诗全集》,北京:中国文学出版社,1996年9月。

周良沛编:《穆旦诗选》,武汉:长江文艺出版社,2003年3月。

曹元勇编:《蛇的诱惑》,珠海:珠海出版社,1997年4月。

《穆旦诗文集》(1、2),北京:人民文学出版社,2006年4月。

《穆旦诗文集》(1、2),增订版,北京:人民文学出版社,2018年4月。

《穆旦(查良铮)译文集》(全8卷),北京:人民文学出版社,2005年10月。

杜运燮、袁可嘉、周与良编:《一个民族已经起来——怀念诗人、翻译家穆旦》,南京:江苏人民出版社,1987年11月。

杜运燮、周与良、李方、张同道、余世存编：《丰富和丰富的痛苦：穆旦逝世20周年纪念文集》，北京：北京师范大学出版社，1997年1月北京。

李怡、易彬编：《穆旦研究资料》（上下），北京：知识产权出版社，2013年1月。

陈伯良：《穆旦传》，杭州：浙江人民出版社，2004年10月。北京：世界知识出版社，2006年10月。

易彬：《穆旦评传》，南京：南京大学出版社，2012年11月。

易彬：《穆旦年谱》，北京：中国社会科学出版社，2010年12月。

查济民主修，陈伯良、吴德健主编：《海宁查氏》（五卷本），香港：中国书画出版社，2006年10月。

潘光旦：《明清两代嘉兴的望族》，民国丛书选印本，上海：上海书店出版社，1991年12月。

［英］布莱恩·鲍尔著，刘国强译：《租界生活——一个英国人在天津的童年》，天津：天津人民出版社，2007年5月。

侯杰、秦方：《张伯苓》，石家庄：河北教育出版社，2004年10月。

巴金：《随想录》，北京：人民文学出版社，1980年6月。

李致、李斧编选：《巴金的两个哥哥》，北京：中国华侨出版社，2009年1月。

黄延复：《水木清华：二三十年代清华校园文化》，桂林：广西师范大学出版社，2001年5月。

刘绪贻口述、余坦坦整理：《箫声剑影：刘绪贻口述自传》，桂林：广西师范大学出版社，2010年5月。

何炳棣：《读史阅世六十年》，北京：中华书局，2012年6月。

杜运燮、张同道编选：《西南联大现代诗钞》，北京：中国文学出版社，1997年10月。

赵俪生、高昭一著：《赵俪生高昭一夫妇回忆录》，太原：山西人民出版社，2010年9月。

鲲西：《清华园感旧录》，上海：上海古籍出版社，2002年6月。

陈晓卿、李继锋、朱乐贤：《一个时代的侧影：中国1931—1945》，桂林：广西师范大学出版社，2005年8月。

赵瑞蕻：《离乱弦歌忆旧游——从西南联大到金色的晚秋》，上海：文汇出版社，2000年5月。

吴宓著、吴学昭整理：《吴宓日记》第6册（1936—1938），北京：生活·读书·新知三联书店，1998年6月。

吴宓著、吴学昭整理：《吴宓日记》第7册（1939—1940），北京：生活·读书·新知三联书店，1998年6月。

吴宓著、吴学昭整理：《吴宓日记》第8册（1941—1942），北京：生活·读书·新知三联书店，1998年6月。

吴宓著、吴学昭整理：《吴宓日记》第9册（1943—1945），北京：生活·读书·新知三联书店，1999年3月。

刘兆吉：《刘兆吉诗文选》，重庆：西南师范大学出版社，2003年4月。

何兆武：《上学记》，北京：三联书店，2008年2月。

浦薛凤：《浦薛凤回忆录》（中），合肥：黄山书社，2009年6月。

潘光旦著，潘乃穆、潘乃和编：《潘光旦日记》，北京：群言出版社，2014年12月。

西南联合大学北京校友会编：《国立西南联合大学校史》，北京：北京大学出版社，2018年5月。

柳无忌：《柳无忌散文选：古稀话旧》，北京：中国友谊出版公司，1984年9月。

冯友兰：《三松堂自序》，北京：人民文学出版社，2008年1月。

蒋梦麟：《西潮》，天津：天津教育出版社，2008年4月。

闻黎明：《抗日战争与中国知识分子：西南联合大学的抗战轨迹》，北京：社会科学文献出版社，2009年10月。

孙党伯、袁謇正主编：《闻一多全集》，武汉：湖北人民出版社，1993年12月。

钱穆：《八十忆双亲·师友杂忆》，三联书店，2006年4月。

易社强著、饶佳荣译：《战争与革命中的西南联大》，北京：九州出版社，2012年3月。

闻黎明：《闻一多传》，北京：人民出版社，2016年5月。

张寄谦编：《中国教育史上的一次创举——西南联合大学湘黔滇旅行团纪实》，北京：北京大学出版社，1999年12月。

张寄谦编：《联大长征》，北京：新星出版社，2010年11月。

西南联大《除夕副刊》主编：《联大八年》，北京：新星出版社，2011年1月。

冯友兰等：《联大教授》，北京：新星出版社，2010年11月。

王佐良：《心智文采：王佐良随笔》，北京：北京大学出版社，2007年7月。

王佐良：《中楼集》，沈阳：辽宁教育出版社，1995年10月。

［英］约翰·哈芬登著，张剑、王伟滨译：《威廉·燕卜荪传（第一卷）：在名流中间》，北京：外语教学与研究出版社，2016年4月。

王恩衷编译：《艾略特诗学文集》，北京：国际文化出版公司出版，1989年12月。

朱自清：《蒙自杂记》，原刊《新云南》第三期，1939年4月30日出版，转引自朱乔森编《朱自清全集》（第四卷），南京：江苏教育出版社，1990年12月。

西南联大校友会编：《笳吹弦诵在春城——回忆西南联大》，昆明：云南人民出版社，北京：北京大学出版社，1986年10月。

陈美延编：《陈寅恪集·诗集附唐筼诗存》，北京：三联书店，2001年5月。

陈达：《浪迹十年之联大琐记》，北京：商务印书馆，2013年10月。

卞之琳：《人与诗：忆旧说新》，北京：三联书店，1984年11月。

张洁宇：《荒原上的丁香：20世纪30年代北平"前线诗人"诗歌研究》，北京：中国人民大学出版社，2003年10月。

陈子善编：《叶公超批评文集》，珠海：珠海出版社，1998年10月。

陆建德：《艾略特文集·诗歌·导言》，上海：上海译文出版社，2012年6月。

李赋宁译注：《艾略特文学论文集》，南昌：百花洲文艺出版社，1994年9月。

艾略特著，裘小龙译：《四个四重奏》，桂林：漓江出版社，1985年9月。

陈岱孙：《往事偶记》，北京：商务印书馆，2016年5月。

汪曾祺：《蒲桥集》，北京：作家出版社，1992年10月。

汪曾祺：《汪曾祺全集》散文卷四、五、六，北京：人民文学出版社，2019年1月。

杨步伟：《杂记赵家》，桂林：广西师范大学出版社，2014年6月。

李光荣、宣淑君：《季节燃起的花朵——西南联大文学社团研究》，北京：中华书局，2011年12月。

许渊冲：《读书人生》，天津：百花文艺出版社，2003年1月。

王稼句编：《昆明梦忆》，天津：百花文艺出版社，2003年1月。

郑天挺：《郑天挺西南联大日记》，北京：中华书局，2018年1月。

罗常培：《苍洱之间》，合肥：黄山书社，2009年6月。

季培刚：《杨振声年谱》，北京：学苑出版社，2015年10月。

梅贻琦著，黄延复、王小宁整理：《梅贻琦西南联大日记》，北京：中华书局，2018年5月。

陈明远：《文化人与钱》，天津：百花文艺出版社，2001年1月。

多多、李章斌：《是我站在寂静的中心——多多、李章斌对谈录》（南京大学文学院，2018年9月29日），《文艺争鸣》2019年第3期。

杨天石：《找寻真实的蒋介石：蒋介石日记解读》，太原：山西人民出版社，2008年5月。

《文史资料选辑》编辑部编：《文史资料精选》，北京：中国文史出版社，1990年7月。

中国人民政治协商会议全国委员会、文史资料研究委员会编：《文史资料选辑》第八辑，北京：中华书局，1960年8月。

朱浤源、张瑞德访问，蔡说丽、潘光哲记录：《罗友伦先生访问记录》，台北"中央研究院"近代史研究所，1994年8月。

孙克刚：《中国远征军缅甸荡寇志》，沈阳：辽宁教育出版社，2005年9月。

朱锡纯：《野人山：一位远征军幸存老兵的战地日记》，北京：新世界出版社，2010年9月。

解志熙：《文本的隐与显：中国现代文学文献校读论稿》，北京：北京大学出版社，2016年6月。

鲁迅：《野草》，北京：人民文学出版社，1973年3月。

李金荣、杨筱：《烽火岁月：重庆大轰炸》，重庆：重庆出版社，2005年4月。

易彬：《穆旦诗编年汇校》，北京：北京大学出版社，2019年5月。

王鼎钧：《关山夺路》，北京：三联书店，2013年1月。

杨苡口述，余斌撰写：《一百年，许多人，许多事：杨苡口述自传》，译林出版社，2023年1月。

余斌：《西南联大的背影》，北京：三联书店，2017年7月。

袁可嘉：《论新诗现代化》，北京：三联书店，1988年1月。

吴小如：《心影萍踪》，上海：上海教育出版社，1998年11月。

唐湜：《新意度集》，北京：三联书店，1990年9月。

钱理群：《1948：天地玄黄》，香港：香港城市大学出版社，2017年3月。

黄裳：《黄裳文集》（卷五），上海：上海书店出版社，1998年4月。

黄裳：《拾落红集》，合肥：安徽教育出版社，2006年6月。